COLLECTION BTS CG

W0267204

PROCESSUS 3

Édition 2023-2024

Gestion des obligations fiscales

Sylvie Bony
Professeur d'économie-gestion,
membre de jury au BTS CG,
académie de Créteil

Françoise Feugas
Professeur d'économie-gestion,
membre de jury au BTS CG, professeur expert
VAE (BTS CG), académie de Versailles

Christelle Follenfant
Professeur d'économie-gestion,
académie de Versailles

Karim Guenfoud
Professeur d'économie-gestion,
académie de Versailles

DELAGRAVE

Sommaire

CONTEXTE 1 Centre de gestion agréé CGA-Conseils

Activité 3.1 Conduite de la veille fiscale

CONTEXTE 2 House Services

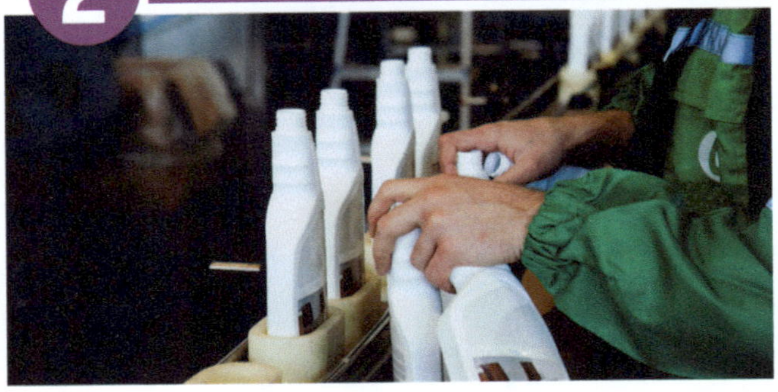

Activité 3.2 Traitement des opérations relatives à la TVA

CONTEXTE 3 Cabinet Brune

Activité 3.3 Traitement des opérations relatives aux impôts directs

CONTEXTE 4 L'EURL de Valérie Latour – L'Hair du Temps

Le référentiel de BTS CG, *JO* du 23 juin 2019.

www.lienmini.fr/7022-001

Les activités numériques
En accès gratuit pour tous

Tout au long du manuel, des liens ou codes à flasher vous donnent accès à des ressources numériques.

Des vidéos pour découvrir les notions du programme

VIDÉO

TVA collectée, TVA déductible

www.lienmini.fr/7022-202

Des fichiers pour réaliser des activités sur poste informatique > P7

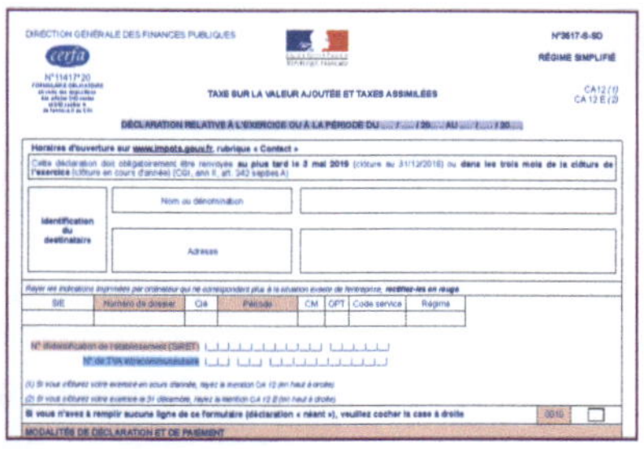

FICHIER

www.lienmini.fr/7022-420

16 QCM autocorrectifs pour tester ses connaissaces sur chaque chapitre

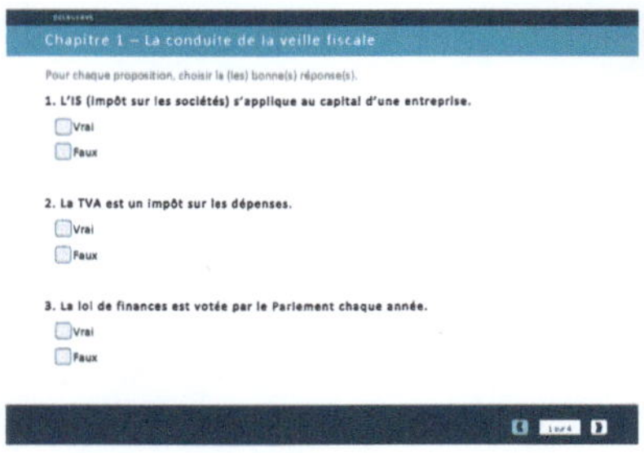

QCM

www.lienmini.fr/7022-101

Comment accéder à ces activités ?

- Depuis une tablette ou un smartphone, en scannant le QR Code.
- Depuis un ordinateur, en saisissant le lien mini dans un navigateur.

Crédits photographiques
© Adobe Stock

Vous utilisez un **manuel connecté Delagrave** qui comporte des **liens externes** vers des pages web ou des ressources complémentaires. Ces liens ne bénéficient pas toujours des dispositifs de protection et de sécurité des données à caractère personnel. Vous serez donc personnellement pleinement responsable des actions que vous accomplirez, et notamment votre consentement sera demandé pour l'utilisation de vos données personnelles (politique de cookies) lors de la consultation de ces pages web. Il est fortement recommandé dans tous les cas de ne pas créer un compte ou de fournir des données vous concernant qui ne seraient pas nécessaires pour visiter ces sites.

Les éditions Delagrave font leurs meilleurs efforts pour sécuriser la consultation et l'utilisation des ressources en ligne qu'elles éditent, produisent ou hébergent et ne sauraient être tenues responsables des interruptions de service liées au réseau Internet ou aux hébergeurs d'origine des ressources.

Édition : Judith Ajchenbaum
Coordination éditoriale : Claire Hervy
Conception maquette : Anne-Danielle Naname
Conception couverture : Christophe Trottier
Mise en page : Béatrice Gallo (PAO Magnard)

www.editions-delagrave.fr
ISBN : 978-2-206-10765-3

Sommaire des fiches ressource

Présentation du manuel

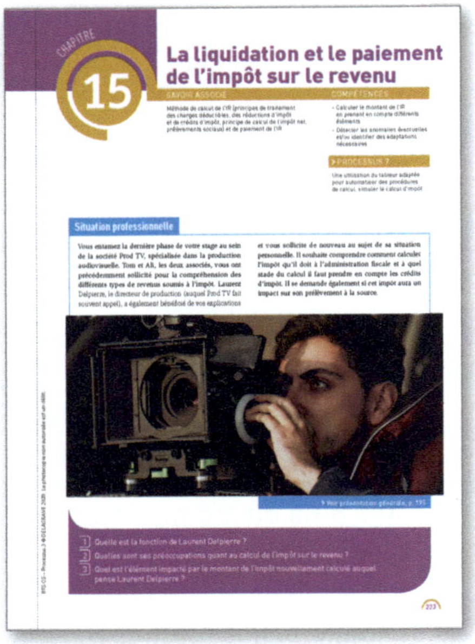

Des chapitres construits autour de **situations professionnelles** filées pour travailler en contexte.

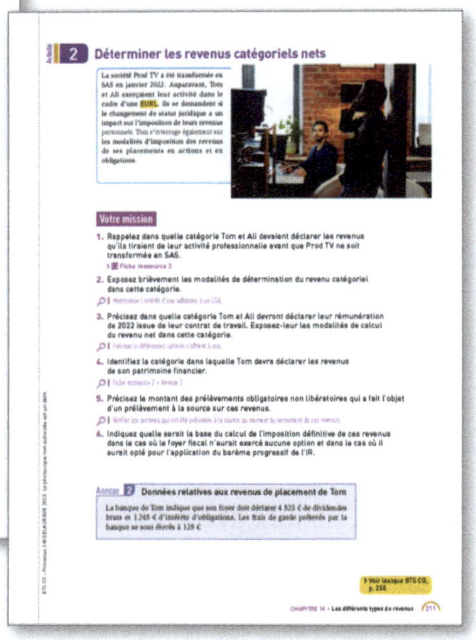

Des **activités professionnelles guidées** pour acquérir les compétences et les notions de façon progressive, avec des conseils et rappels utiles.

Un balisage **>P7** indique les questions relevant du **Processus 7**, pour favoriser la transversalité.

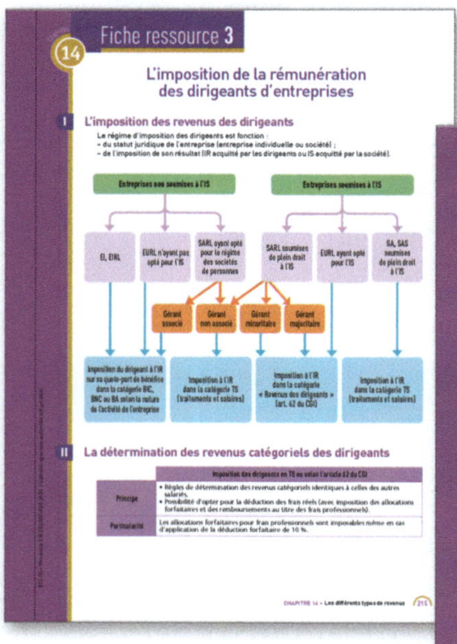

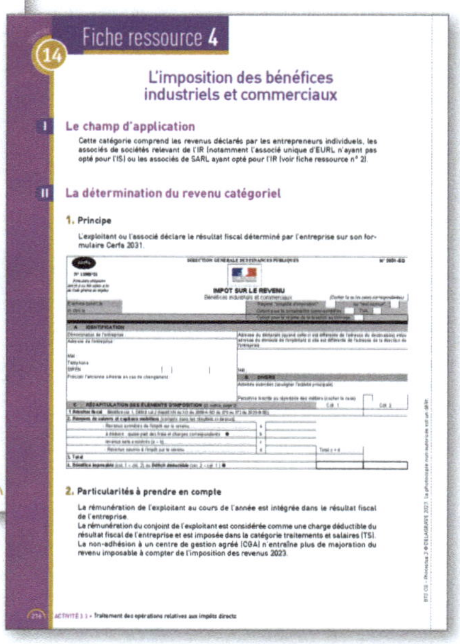

Des **fiches ressource** claires et synthétiques

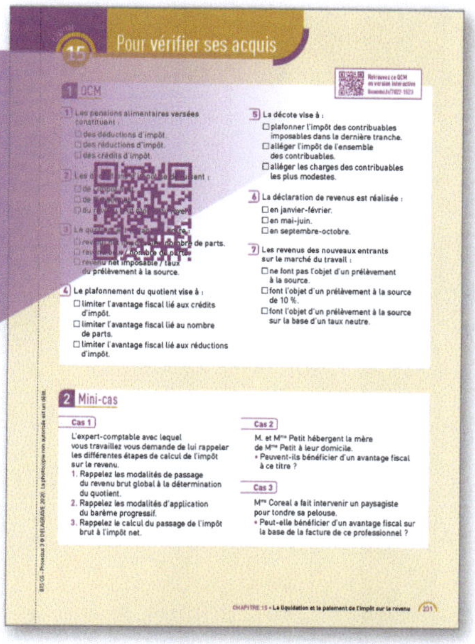

QCM
interactif

Des **QCM** également disponibles en version numérique et autocorrective

Vérifier ses acquis avec des exercices rapides sur les principales connaissances à acquérir

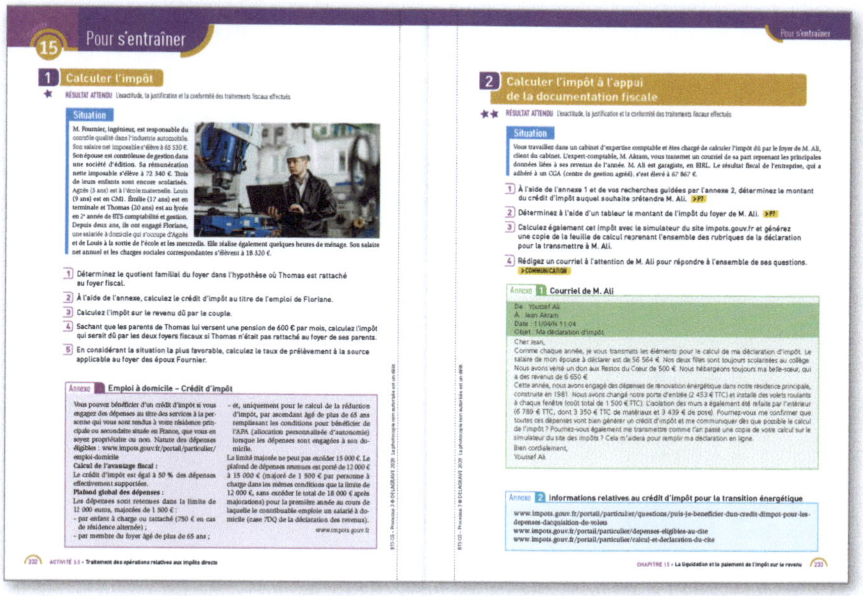

S'entraîner avec des **applications** nombreuses et graduées en deux niveaux de difficulté

Des applications spécifiques pour mobiliser le **PGI**

Faire le lien avec le stage/l'apprentissage pour lier les compétences du chapitre avec la réalité professionnelle

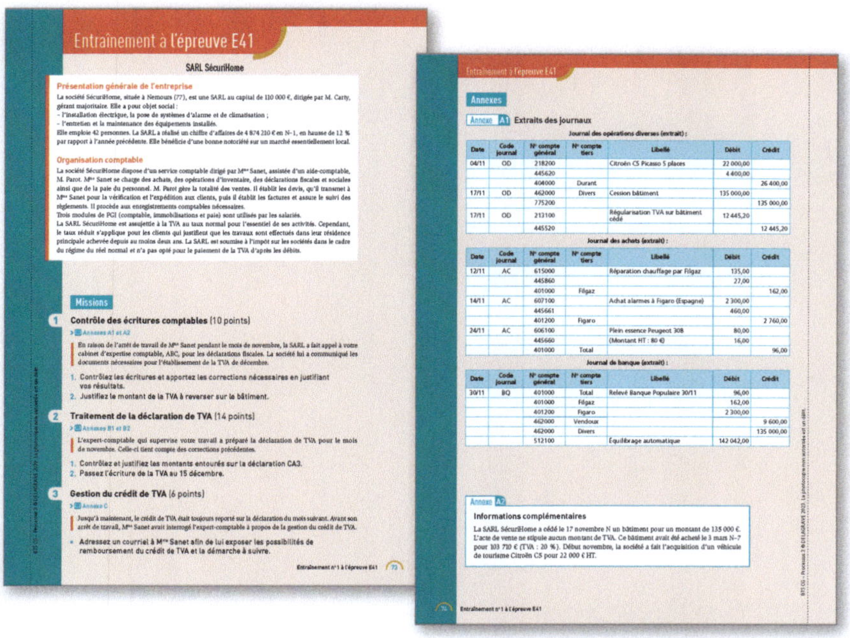

EN +

- **3 entraînements** à l'examen intermédiaires
- **1 entraînement** à l'examen synthétique
- **Un lexique** avec tous les mots-clés

Contexte 1

Présentation du centre de gestion agréé CGA-Conseils

Le CGA et son activité

FICHE D'IDENTITÉ

- **Dénomination sociale :** CGA-Conseils
- **Adresse :** 12, avenue de Paris 91150 Étampes
- **Téléphone :** 01 22 33 44 XX
- **Statut juridique :** Association loi 1901
- **Secteur d'activité (code APE ou NAF) :** 6920Z Conseils et contrôles
- **Effectif :** 10 salariés
- **Numéro de TVA intracommunautaire :** FR09 312468136
- **Régime de TVA :** réel normal
- **SIRET :** 312 468 136 00070
- **Numéro d'agrement :** 116798

Pour se faire aider en matière de gestion et de comptabilité, un chef d'entreprise dispose de plusieurs solutions. Il peut faire appel à un expert-comptable, à des associations agréées (AA) ou encore choisir d'adhérer à un centre de gestion agréé (CGA).

Le CGA s'adresse essentiellement aux petites entreprises (artisans, commerçants, prestataires de services, etc.). Il a pour objectif d'apporter aux entreprises une assistance technique en matière de gestion, de tenue de comptabilité et de fiscalité, mais aussi en termes de prévention des difficultés financières.

Un nouvel outil est mis à disposition des entreprises afin de s'assurer qu'elles respectent bien les règles fiscales : l'examen de conformité fiscale (ECF). Il s'agit d'un chemin d'audit visant à valider chaque année des points clés de la comptabilité.

Contexte 1

Présentation du CGA

Le président de CGA-Conseils est M. Foulon. Il a sous sa responsabilité dix collaborateurs, dont Mme Picardi, qui assure le tutorat des stagiaires.
CGA-Conseils a pour mission d'apporter une assistance à ses adhérents en matière de gestion et dans le domaine fiscal. Le centre fournit tous les ans à chaque adhérent un dossier de gestion (qui comprend des ratios sur la situation économique et financière de l'entreprise), une analyse de bilans et des comptes de résultat, etc. Il établit les déclarations fiscales des adhérents relevant du régime réel et peut les transmettre à l'administration fiscale si ces derniers en font le choix.
Le centre a aussi l'obligation de fournir à ses adhérents des services de formation à la comptabilité, à la fiscalité, au droit social. En revanche, CGA-Conseils n'établit pas les comptes et ne tient pas la comptabilité de ses adhérents.

Vous faites un stage au sein de CGA-Conseils, sous la responsabilité de Mme Picardi. Lors de votre arrivée, elle vous a communiqué votre adresse courriel professionnelle : assistant-comptable@cga-conseils.org

Votre mission

Mme Picardi vous demande de l'assister pour traiter les dossiers de deux clients :
- Mme Germain veut ouvrir une boutique de produits diététiques. Sur les conseils d'un membre de sa famille, elle a demandé à être reçue par Mme Picardi pour envisager d'adhérer à CGA-Conseils. N'ayant pas de notion de gestion, elle souhaite obtenir des renseignements sur la forme juridique à choisir, les impôts et les taxes auxquels elle sera soumise, les délais de paiement des impôts et le service auquel elle devra s'adresser. Elle espère que l'entretien l'aidera à démarrer son activité sur de bonnes bases.
- Parallèlement, M. Blanc, adhérent au CGA depuis la création de son entreprise individuelle de vente de matériel informatique (EURL BComputer), a demandé un rendez-vous auprès de Mme Picardi pour évoquer l'évolution de son entreprise et ses conséquences.

Comprendre le contexte

1. Que signifie le sigle « CGA » ?
2. Quel est le rôle d'un CGA ?
3. À quel type d'entreprises s'adresse principalement un CGA ?
4. Quelles sont les demandes de Mme Germain et de M. Blanc ?

CHAPITRE 1

La conduite de la veille fiscale

SAVOIRS ASSOCIÉS

- Organisation de l'administration fiscale et sources du droit fiscal
- Entreprises individuelles (EURL), associations, sociétés (SA, SAS, SARL)
- Classification des impôts et des taxes
- Notions de régime fiscal et de régime d'imposition des entreprises
- Centres de gestion et associations agréés
- Régimes fiscaux
- Régimes réels d'imposition

COMPÉTENCES

- Identifier les règles fiscales applicables à la situation et leurs évolutions
- Caractériser les régimes d'imposition de l'entreprise et prendre en compte les obligations réglementaires concernant l'entreprise

> PROCESSUS 7

- La conduite de veille régulière et documentée à l'aide des outils numériques
- La fiabilité des sources d'information

Situation professionnelle

Mme Germain et M. Blanc viennent de s'adresser au CGA afin d'obtenir des conseils sur la création et la gestion de leur entreprise.

Mme Germain envisage d'ouvrir une boutique de produits diététiques. Elle a trouvé un local en centre-ville et souhaite obtenir des informations sur le statut juridique qui conviendrait le mieux.

M. Blanc, exploitant de l'EURL BComputer, vente de matériel informatique, est adhérent au CGA depuis 5 ans. Son activité évoluant très vite, M. Blanc souhaite changer le statut de son entreprise et passer en société. Il a contacté un ami et lui a proposé de le rejoindre dans cette activité en entrant au capital de son entreprise.

Votre tutrice au sein de CGA Conseils, Mme Picardi, vous confie le traitement de ces deux dossiers.

> Voir présentation générale, p. 9

1 Quel est le conseil que Mme Germain attend du CGA ?

2 Quel est le besoin exprimé par M. Blanc ? Pourquoi ?

3 De combien de personnes sera composé le capital de la nouvelle structure de M. Blanc ?

CHAPITRE 1

Activités professionnelles guidées

Activité 1 Choisir une forme juridique avec un seul exploitant

Mme Picardi, votre tutrice, vient de recevoir Mme Germain au sujet de son projet de création d'entreprise (une boutique de produits diététiques). Elle a convenu de lui apporter tous les éléments de réponse dans les plus brefs délais. Elle profite de votre présence au sein du CGA pour vous associer à cette tâche.

Votre mission

1. Recherchez la forme juridique qui convient le mieux à l'entreprise de Mme Germain.

> Fiche ressource 2 + Annexe 1

Identifier clairement l'activité de cette entreprise : commerciale, industrielle ou prestataire de services.

Rechercher le statut juridique le plus adapté pour une gérance unique, sans oublier de prendre en compte le patrimoine personnel de Mme Germain.

2. Précisez les conséquences fiscales et comptables de cette forme juridique.

> Fiche ressource 3

Rechercher le régime fiscal (micro ou réel) qui se rapporte à la structure retenue. Le chiffre d'affaires va permettre de le déterminer.

Vérifier si Mme Germain doit appliquer la TVA sur ses factures de ventes.

> Fiche ressource 1

Indiquer les impôts et taxes auxquels Mme Germain sera soumise en tant que particulier et en tant qu'entrepreneur.

3. Récapitulez vos réponses dans une note adressée à votre tutrice. > COMMUNICATION

Annexe 1 Informations fournies par Mme Germain

Mme Germain souhaite créer seule une entreprise dont l'activité serait la vente de produits diététiques qu'elle achètera auprès de différents fournisseurs.
Elle fera appel à un collaborateur en contrat de professionnalisation, dans un premier temps, avant d'envisager par la suite d'embaucher en CDI une personne pour la tenue de son magasin.

- Le montant du capital apporté sera de 2 000 € et un emprunt bancaire viendra en complément pour le financement des divers investissements à envisager.
- Le montant prévisionnel de son chiffre d'affaires annuel s'élève à 150 000 € HT.
- Si l'activité devait entraîner des pertes successives, Mme Germain souhaite que son patrimoine personnel ne soit pas saisi.

> Voir lexique BTS CG, p. 255

Activité **2**

Choisir une forme juridique adaptée avec plusieurs associés

Mme Picardi, votre tutrice, vient de recevoir M. Blanc, exploitant d'une EURL, au sujet de la transformation du statut de son entreprise BComputer en société. Elle a convenu de lui apporter tous les éléments de réponse dans les plus brefs délais.

Votre mission

1. Recherchez le type de société qui sera le plus adapté au projet de M. Blanc.

> Fiches ressource 2 et 3 + Annexe 2

Vérifier que le chiffre d'affaires déclaré par l'entreprise correspond bien au régime d'imposition du réel simplifié.
Tenir compte du nombre d'associés, du futur statut de M. Blanc et contrôler le montant du capital détenu.
Vérifier que les obligations comptables et fiscales ainsi que le régime d'imposition sont bien modifiés.
En cas de changement de régime d'imposition, indiquer les conséquences sur la TVA et sur l'imposition des bénéfices.

> Fiche ressource 4

Déterminer le service auquel M. Blanc doit adresser ses déclarations fiscales, ainsi que les modalités de transmission.

2. Récapitulez vos réponses dans un courriel adressé à M. Blanc. > COMMUNICATION

Annexe 2 Informations fournies par M. Blanc

EURL BComputer
- Capital : 7 000 € (détenu par M. Blanc)
- Chiffre d'affaires HT de l'année précédente : 210 000 €
- Régime d'imposition : réel simplifié

Un ami a émis le souhait de travailler avec M. Blanc. Il est prêt à entrer dans le capital de l'entreprise et pense apporter la somme de 3 000 €. Dans l'EURL, M. Blanc n'avait pas le statut de salarié. Il tient absolument à ce statut dans la nouvelle société.
Courriel de M. Blanc : p.blanc@orange.fr

> Voir lexique BTS CG, p. 255

Activité 3 Assurer une veille fiscale

Vous avez entendu les collaborateurs du centre de gestion discuter de « veille informationnelle ». Vous en avez parlé à Mme Picardi, qui vous propose de travailler sur l'évolution du taux d'imposition des sociétés. Celui-ci a évolué depuis quelques années. Les entreprises doivent, obligatoirement, appliquer les dernières réglementations fiscales, notamment le bon taux sur leurs bénéfices.

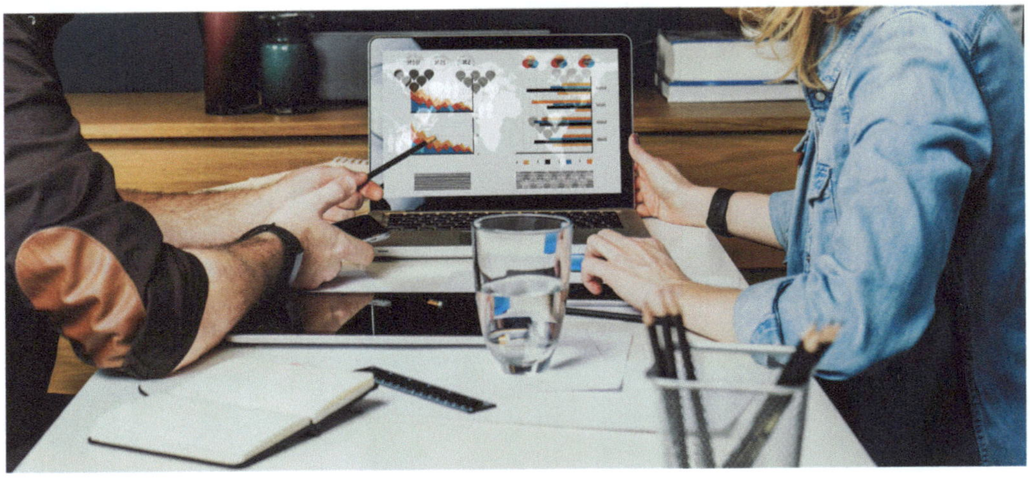

Votre mission

1. Recherchez les sites Internet qui vous permettront d'obtenir des informations. > P7

| Vérifier que les sites choisis sont fiables.

2. Collectez les informations demandées par Mme Picardi. > P7

| Rassembler les informations portant sur l'évolution du taux de l'IS sur les deux dernières années.
Ne tenir compte que des données pour les sociétés ayant un CA HT inférieur à 10 M€.

3. Calculez l'impôt sur les sociétés pour les deux dernières années.

> Annexe 3

| Pour l'instant, le montant de l'IS sera calculé de manière simple, par application du taux sur le montant des bénéfices.

4. Pourquoi cette veille fiscale est-elle importante pour l'entreprise ?

Annexe 3 Note de Mme Picardi

Voici quelques informations sur la nécessité d'une veille en entreprise.
Chaque année, les entreprises doivent se mettre à jour aussi bien en fiscalité, en juridique et en comptabilité. Les lois changent, des arrêtés paraissent. Les entreprises doivent être sûres que les déclarations fiscales et sociales respectent bien les nouveaux textes fiscaux.
Pour se tenir informé, des revues spécialisées dans la fiscalité, entre autres, existent. Les responsables des services comptabilité peuvent aussi consulter des sites sur Internet.
Afin que vous puissiez vous rendre compte de l'importance d'une veille fiscale, je vous demande de faire des recherches concernant l'évolution du taux d'imposition des sociétés sur les deux dernières années.
Je vous propose de tenir compte d'un bénéfice de 600 000 €. Calculez le montant de l'impôt pour ces deux années et tirez-en des conclusions.

> Voir lexique BTS CG, p. 255

CHAPITRE 1

Fiche ressource 1

La classification des impôts et des taxes

I Définition

Un impôt est un versement obligatoire et sans contrepartie aux administrations publiques. Il sert principalement à financer :
- les services publics (police, hôpital, armée, tribunaux, écoles, universités...) ;
- les prestations sociales (retraites, soins médicaux, logement, allocations familiales, allocations adultes handicapés...) ;
- le remboursement des intérêts de la dette de l'État.

L'entreprise est soumise à de nombreuses échéances fiscales liées au statut juridique et au régime d'imposition : imposition des bénéfices, TVA, CET (contribution économique territoriale), etc. Il est important de connaître les impôts et les taxes qui concernent les entreprises afin de prévoir les charges fiscales et d'anticiper les obligations déclaratives et de paiement. On peut classer les impôts différemment selon l'approche retenue. On distingue l'approche administrative et l'approche économique.

II La classification administrative

On distingue les impôts directs et les impôts indirects.

	Impôts directs	Impôts indirects
Caractéristiques	Le contribuable verse directement l'impôt à l'administration fiscale.	Le contribuable verse l'impôt à un intermédiaire, qui le reverse ensuite à l'administration fiscale.
Exemples	• IR (impôt sur le revenu des personnes physiques) • IS (impôt sur les sociétés)	• Taxe sur la valeur ajoutée (TVA) • TICPE (taxe intérieure sur la consommation des produits énergétiques)

III La classification économique

Les impôts sont répartis en trois catégories.

	Impôts sur le capital	Impôts sur la dépense	Impôts sur la personne
Méthode de calcul	Calculés sur la valeur du patrimoine	Calculés sur la consommation	Calculés sur les revenus des personnes physiques et morales
Exemples	• Impôts fonciers • Impôt sur la fortune immobilière (IFI) • Droits de succession • Taxe sur les véhicules de sociétés (TVS)	• TVA • TICPE • Taxe sur le tabac • Droits de douane	• IR, qui comprend les bénéfices industriels et commerciaux (BIC), les traitements et salaires (TS), les revenus de capitaux mobiliers (RCM) et les bénéfices agricoles (BA) • Impôt sur les sociétés (pour les personnes morales)

CHAPITRE 1

Fiche ressource 2

Le choix d'un statut juridique

I Entreprendre en individuel

	Association	SASU (société par action simplifiée unipersonnelle)	EURL (entreprise unipersonnelle à responsabilité limitée, appelée aussi SARL unipersonnelle)
Apport en capital	Pas de notion de capital	Librement fixé par l'associé dans les statuts	Librement fixé par l'associé dans les statuts
Gérance	Minimum 2 personnes : président et/ou secrétaire et/ou trésorier	Président	Gérant
Responsabilité du dirigeant	Pas de responsabilité de droit, sauf en cas de faute de gestion ou de confusion de patrimoine	Limitée au montant des apports de l'associé	Limitée au montant des apports de l'associé
Imposition des bénéfices	• Si activité non lucrative et gestion désintéressée : pas d'imposition • Si activité lucrative : impôts commerciaux	Associé unique imposé à l'IR	Associé unique imposé à l'IR
Régime fiscal de l'entreprise		Imposition à l'IS mais option possible pour l'IR. Dans ce cas, les bénéfices sont inclus dans les revenus de l'associé	• Gérant en tant que personne physique : impôt sur le revenu (BIC) • Gérant en tant que personne morale : impôt sur les sociétés
Régime social du dirigeant	Le dirigeant n'est pas salarié (en principe). Il a la qualité de bénévole	Régime assimilé salarié	Régime des travailleurs indépendants (si le gérant est un associé) ou assimilé salarié (si le gérant est un tiers)

II Entreprendre en société

	SARL	SAS (société par actions simplifiée)	SA
Associés	2 associés minimum – 100 maximum	1 associé minimum – pas de maximum	2 associés minimum pour les SA non cotées en Bourse, 7 dans le cas contraire – pas de maximum
Capital	Librement fixé par l'associé dans les statuts	Librement fixé par les actionnaires	Minimum de 37 000 €
Gérance	Un ou plusieurs gérants, associés ou tiers	Dirigeant	Conseil d'administration + un PDG
Responsabilité du dirigeant	Limitée au montant des apports des associés		
Imposition des bénéfices	Bénéfices soumis à l'IS. Pour la SARL, possibilité d'une option pour l'IR s'il s'agit d'une SARL familiale.		Les bénéfices relèvent de l'IS.
Régime fiscal de l'entreprise	Traitements et salaires pour le gérant		Traitements et salaires pour le PDG
Régime social du dirigeant	• Gérant minoritaire : assimilé salarié • Gérant majoritaire : travailleur non salarié	Gérant majoritaire et président minoritaire affiliés au régime général de sécurité sociale (assimilé salarié)	Régime assimilé salarié

SELARL : société d'exercice libéral à responsabilité limitée. Ce statut est destiné aux professions libérales qui souhaitent exercer leur activité sous forme de sociétés de capitaux.

Fiche ressource 3

Les régimes fiscaux

Le régime fiscal d'une entreprise correspond à son mode d'imposition. Selon sa nature juridique, celle-ci sera soumise soit à l'impôt sur le revenu, soit à l'impôt sur les sociétés.

I L'imposition des bénéfices

Impôt sur le revenu (IR)	Impôt sur les sociétés (IS)
EI – EURL SARL familiale (si option) SAS (si moins de 5 ans)	SARL – SAS – SA
Catégories de revenus : • BIC (bénéfices industriels et commerciaux) • BNC (bénéfices non commerciaux) • BA (bénéfices agricoles)	• Taux : 25 % depuis 2022 • Si régime PME : taux de 15 % jusqu'à 42 500 € de bénéfices, puis 25 % au-delà
Bénéfices soumis à l'impôt progressif calculé par l'administration fiscale	La société calcule elle-même l'impôt.

II Les régimes d'imposition

Que l'entreprise soit imposée à l'IR ou à l'IS, ses bénéfices relèvent de l'une des trois catégories : soit le régime du micro, soit le régime du réel simplifié, soit le régime du réel normal. Le choix s'effectue en fonction du chiffre d'affaires annuel HT et de l'activité de l'entreprise (commerciale ou de service).

<table>
<tr><th></th><th>Régime du micro</th><th>Régime du réel simplifié</th><th>Régime du réel normal</th></tr>
<tr><td rowspan="2">Forme juridique</td><td rowspan="2">Réservé aux entreprises individuelles et aux EURL avec possibilité d'option pour le régime du réel simplifié</td><td colspan="2">Les sociétés sont uniquement concernées par le régime réel.</td></tr>
<tr><td>Possibilité d'opter pour le régime du réel normal</td><td>De plein droit (voir seuils de CA ci-dessous) ou sur option</td></tr>
<tr><td>Seuils de CA</td><td>• CA HT < 188 700 € pour les entreprises d'achat-revente ou de fabrication
• CA HT < 77 700 € pour les prestataires de services</td><td>• CA HT < 840 000 € pour les entreprises d'achat-revente ou de fabrication
• CA HT < 254 000 € pour les prestataires de services</td><td>• CA HT ≥ 840 000 € pour les entreprises d'achat-revente ou de fabrication
• CA HT ≥ 254 000 € pour les prestataires de service</td></tr>
<tr><td>Calcul du bénéfice qui sert de base à l'impôt</td><td>Bénéfice forfaitaire calculé après application d'un taux sur le CA HT (29 % pour les ventes de biens et 50 % pour les services)</td><td colspan="2">Bénéfices est calculé par différence entre les produits et les charges</td></tr>
<tr><td>Obligations déclaratives</td><td>Les obligations comptables et fiscales sont allégées : tenue d'un livre de recettes et d'un registre des achats.</td><td colspan="2">Tenue d'une comptabilité : journaux, compte de résultat et bilan + tableaux annexes (liasse fiscale)</td></tr>
<tr><td>TVA</td><td>Franchise en base de TVA : l'entreprise ne facture pas de TVA lors de ses ventes et ne récupère pas la TVA lors de ses achats. Seuils de CA : 36 800 € pour les PS et 91 900 € pour les autres.</td><td>Une déclaration annuelle (CA 12) et paiement de 2 acomptes semestriels</td><td>Une déclaration mensuelle (CA 3)</td></tr>
</table>

Chapitre 1

Fiche ressource 4

Les sources du droit fiscal et la direction générale des Finances publiques (DGFiP)

I Les sources du droit fiscal

Les sources sont présentées selon la hiérarchie des sources du droit.

La Constitution → L'article 34 de la Constitution de 1958 précise que les règles applicables en matière fiscale sont fixées par la loi.

Les textes internationaux →
- Les conventions internationales signées entre deux pays (pour éviter la double imposition d'un revenu).
- Le droit de l'Union européenne : règle en matière d'assiette pour la TVA.

La loi de finances →
- La loi de finances est votée par le Parlement et promulguée en début d'année. La loi de finances rectificative intervient en cours d'année.
- La loi fiscale est rassemblée dans le Code général des impôts.

Les textes réglementaires → Décrets, arrêtés ministériels et ordonnances.

La jurisprudence → Décisions de justice prises lors de conflits portés devant les tribunaux.

II La direction générale des Finances publiques (DGFiP)

Ministère du Budget
↓
Secrétariat d'État chargé de la fonction publique
↓
DGFiP
- → Service des impôts des particuliers (SIP) : guichet unique des particuliers
- → Service des impôts des entreprises (SIE) : guichet unique des professionnels

III Les téléprocédures

Toutes les entreprises doivent recourir aux téléprocédures pour déclarer et régler la plupart de leurs impôts. Deux modes de transmission existent : le service en ligne sur le site des impôts (EFI) et les échanges de données informatisés (EDI).

Pour vérifier ses acquis

Retrouvez ce QCM en version interactive www.lienmini.fr/7022-101

1 QCM

1 L'IS (impôt sur les sociétés) s'applique au capital d'une entreprise.

☐ Vrai
☐ Faux

2 La TVA est un impôt sur les dépenses.

☐ Vrai
☐ Faux

3 La loi de finances est votée par le Parlement chaque année.

☐ Vrai
☐ Faux

4 Elle ne s'applique qu'aux entreprises.

☐ Vrai
☐ Faux

5 Les entreprises individuelles sont soumises à l'impôt sur les sociétés.

☐ Vrai
☐ Faux

6 Le bénéfice d'une EURL à activité commerciale, dans le cadre de l'IR, se rattache à la catégorie de revenus suivante :

☐ traitements et salaires.
☐ BIC.
☐ revenus de capitaux mobiliers.

7 Une SAS peut n'avoir qu'un seul associé.

☐ Vrai
☐ Faux

8 Un CGA a pour mission la tenue de la comptabilité des entreprises.

☐ Vrai
☐ Faux

9 La SELARL est une forme de société pour les professions libérales.

☐ Vrai
☐ Faux

2 Mini-cas

Cas 1

M. Breton veut créer une entreprise dont l'activité est la conception d'affiches publicitaires.
Il apporte 3 000 € en capital. Il est le seul associé.
• Quelle structure juridique lui proposez-vous ?

Cas 2

Une entreprise de service, SOS dépannage informatique particuliers, a déclaré un CA annuel HT en N–1 de 241 000 €.
1. Quel est le régime d'imposition : micro-BIC, réel simplifié ou réel normal ?
2. Est-il possible d'opter pour un régime d'imposition supérieur ?

Cas 3

• Associez le régime d'imposition (micro, réel simplifié, réel normal) aux cas suivants :
– EURL industrielle dont le CA HT est de 910 000 € ;
– SARL commerciale dont le CA HT est de 165 000 € ;
– EURL prestataire de services dont le CA HT est de 65 000 €.

CHAPITRE 1

Pour s'entraîner

Déterminer le régime d'imposition

★ RÉSULTAT ATTENDU L'identification des sources d'information

Situation

Vous postulez pour un stage de cinq semaines au sein du cabinet comptable Fiduc'Conseils. Un collaborateur, M. Giraut, vous reçoit afin de vous faire passer un test. Il vous remet des données sur différentes entreprises, clientes du cabinet (annexe 1), ainsi qu'une documentation (annexe 2).

1 À l'aide des annexes 1 et 2, déterminez le régime d'imposition pour chacune des entreprises pour l'année N et précisez si une option est possible.

2 Préparez un tableau synthétisant les régimes d'imposition possibles selon la nature juridique des entreprises, en illustrant avec des exemples.

3 Rédigez un courriel à l'attention de M. Giraut pour lui faire part de vos réponses.
> COMMUNICATION

Annexe 1 Informations sur différentes entreprises, clientes du cabinet comptable

- **Client 1 :** SASU – activité : nettoyage industriel – CA annuel HT en N–1 : 310 000 €
- **Client 2 :** SA – activité : vente de produits de peinture – CA annuel HT en N–1 : 890 000 €
- **Client 3 :** SARL – activité : librairie – CA annuel HT en N–1 : 165 000 €
- **Client 4 :** EURL – activité : boulanger – CA annuel HT en N–1 : 110 000 €
- **Client 5 :** EURL – activité : vente de véhicules et réparation – CA annuel HT pour l'activité de vente en N–1 : 480 000 € – CA annuel HT pour l'activité réparation en N–1 : 310 000 €
- **Client 6 :** SARL – activité : bijouterie – CA annuel HT en N–1 : 155 000 €

Annexe 2 Extrait du mémento fiscal 2023 des éditions Francis Lefebvre

Régime d'imposition – 85440 Activité mixte
Dans le cas où une entreprise exerce simultanément une activité de vente à emporter ou à consommer sur place et une activité de prestation de services, le régime micro n'est applicable que si, l'année précédente, le chiffre d'affaires global n'excédait pas 188 700 €, et si le seuil de 77 700 € prévu à l'égard des prestations de services est respecté. Ces seuils sont appréciés hors taxe.
Exemple : le régime micro est applicable en 2023 si une entreprise réalise, en 2022, 146 000 € de ventes et 15 000 € de prestations de services.

Contexte 2

Présentation de l'entreprise House Services

L'entreprise et son activité

FICHE D'IDENTITÉ

- **Dénomination sociale :** SARL House Services
- **Adresse :** 10, rue Saint-Martin 91150 Étampes
- **Téléphone :** 01 12 34 56 XX
- **Statut juridique :** SARL
- **Secteur d'activité (code APE ou NAF) :**
  8121Z Nettoyage courant des bâtiments
  2041Z Fabrication de savons, détergents et produits d'entretien
- **Effectif :** 80 salariés
- **Numéro de TVA intracommunautaire :** FR 12 567 432 987
- **Régime de TVA :** réel normal

House Services est une SARL au capital du 150 000 € créée en 2006 par M. Chanlou, qui en est le gérant. L'entreprise exerce une activité industrielle de fabrication de produits d'entretien. Ses partenaires, clients et fournisseurs sont implantés en France et dans de nombreux autres pays européens et non européens. Récemment, l'entreprise s'est lancée sur le marché canadien.

Elle a développé une deuxième activité de service sur le territoire français, qui s'adresse à une clientèle d'entreprises et de particuliers : entretien des locaux professionnels, commerciaux et des habitations (allées de jardins, intérieurs des maisons). Elle achète certaines matières premières dans des pays hors Union européenne, et les accessoires pour l'entretien des locaux en Union européenne et en France.

En N–1, son chiffre d'affaires HT s'est élevé à 975 000 €.

Contexte 2

L'activité du service comptable

Mme Bartin est la responsable comptable de l'entreprise. Le service comptabilité est équipé d'un PGI pour la réalisation des différentes opérations quotidiennes : le contrôle et la comptabilisation des différentes pièces comptables, la facturation clients et fournisseurs, la réalisation des déclarations fiscales (par exemple les déclarations de TVA). Les opérations d'achats et de ventes sont traitées à l'aide du module de gestion commerciale. Les écritures comptables correspondantes sont automatiquement intégrées dans le module de comptabilité.
Un cabinet d'expertise comptable se charge des obligations sociales de la SARL et accompagne Mme Bartin au moment des opérations périodiques (vérification de la balance et réalisation des documents de synthèse).

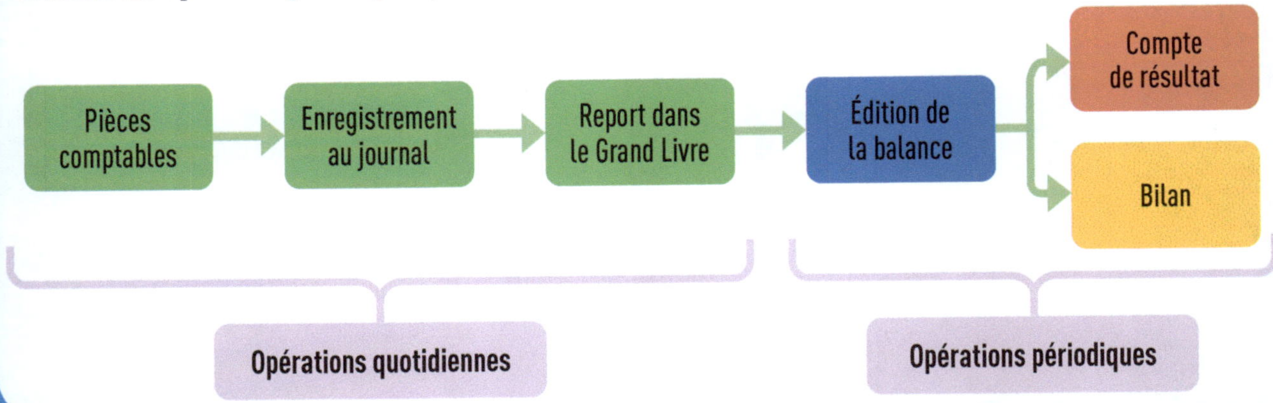

Le régime d'imposition

La SARL House Services est soumise à l'impôt sur les sociétés pour l'imposition de ses bénéfices et peut prétendre au taux réduit réservé aux PME.

Le traitement de la TVA

L'entreprise est soumise au régime normal d'imposition pour la TVA. Elle n'a pas opté pour les débits pour son activité de services. Elle utilise le compte d'attente intitulé « TVA collectée sur les encaissements ». Il en va de même pour la TVA déductible sur les achats de services auprès des fournisseurs n'ayant pas opté pour les débits. Celle-ci est comptabilisée dans le compte « TVA en attente de décaissements ».

Plan de comptes TVA adapté aux besoins de l'entreprise

445200	État, TVA due intracommunautaire
445510	État, TVA à décaisser
445620	État, TVA déductible sur immobilisations
445640	État, TVA en attente de décaissement
445664	État, TVA déductible sur biens et services 20 %
445670	Crédit de TVA à reporter
445711	État, TVA collectée 20 %
445712	État, TVA collectée 10 %
445714	État, TVA collectée sur les encaissements
445879	TVA sur acomptes facturés
445869	TVA sur acomptes versés

Comprendre le contexte

1 Quelle est l'activité de l'entreprise House Services ?

2 Quel est le taux de TVA pratiqué sur cette activité ?

3 À quel régime d'imposition est-elle soumise ?

4 Où se situent les partenaires de l'entreprise ?

CHAPITRE 2

L'exigibilité de la TVA

SAVOIR ASSOCIÉ

Fait générateur et exigibilité

COMPÉTENCE

Appliquer les règles fiscales d'exigibilité

› PROCESSUS 7

Traitement de la TVA avec un tableur

Situation professionnelle

La SARL House Services a pour activité la fabrication de produits d'entretien. Elle assure également le nettoyage de locaux. L'entreprise n'a pas opté pour la TVA sur les débits.

Mme Bartin, responsable comptable, vient de signer votre convention de stage pour une période de cinq semaines. Elle vous propose de travailler sur la TVA des mois d'octobre et novembre. Elle évoque les notions de « fait générateur » et d'« exigibilité », que vous ne maîtrisez pas encore très bien. Mme Bartin vous demande donc de vous familiariser avec ces notions indispensables au traitement de la TVA. En effet, la nature double de l'activité de l'entreprise (livraison de biens mais aussi prestation de services) a des conséquences sur l'exigibilité de la TVA.

Dans un premier temps, elle vous a signalé des opérations de vente de biens réalisées en octobre. Elle vous rappelle que le taux de TVA normal est de 20 %, et le taux réduit (pour les prestations de services) de 10 %.

› Voir présentation générale, p. 21

1. Rappelez la double nature de l'activité de cette entreprise.
2. Que signifie le sigle « TVA » ?
3. Que signifie l'expression « exigibilité de la TVA » ?
4. Quels sont les taux de TVA appliqués dans cette entreprise ?

CHAPITRE 2

Activités professionnelles guidées

Activité 1

Appliquer les règles fiscales d'exigibilité pour une vente de biens

Vous commencez par travailler sur la notion d'exigibilité pour les ventes de biens.

Votre mission

1. **Déterminez la date d'exigibilité des différentes opérations.**
   > Fiche ressource 2

   À l'aide du schéma de la fiche ressource, déterminer la date à laquelle la TVA sur les ventes sera exigible.

2. **Calculez, pour chaque opération de vente de produits du mois d'octobre N, le net à payer. Attention, celles-ci sont exprimées TTC.**
   > Annexe 1

   Présenter les calculs pour chaque opération en indiquant d'abord le HT, puis le montant de la TVA, le TTC et le net à payer (sous déduction de l'acompte).

3. **Calculez la TVA exigible pour le mois d'octobre N.**

Annexe 1 Liste des opérations de vente de produits d'entretien pour octobre N

Date	Nature de l'opération	Éléments de la facture	Taux TVA	Conditions de paiement
02/10	Facture de vente V23	Montant HT : 6 400 € Remise : 5 %	20 %	Paiement pour le 10/11
10/10	Facture de vente V24	Montant HT : 11 205 € Remise : 10 %	20 %	Paiement le 10/10 pour 50 %, le solde au 15/11
12/10	Facture de vente V25	Montant HT : 8 950 €	20 %	Paiement comptant
22/10	Facture de vente V26	Montant HT : 1 675 € Remises : 2 % et 5 %	20 %	Acompte versé le 20/09 à déduire pour 360 € TTC Paiement sous 30 jours
27/10	Facture de vente V27	Montant HT : 13 110 € Remise : 5 %	20 %	Paiement 20 % comptant, le solde à 30 jours
29/10	Facture de vente V28	Montant HT : 24 210 € Remise : 10 %	20 %	Acompte versé le 25/09 à déduire pour 1 332 € TTC Paiement sous 30 jours

> Voir lexique BTS CG, p. 255

Activité 2

Appliquer les règles fiscales d'exigibilité pour une prestation de services

Vous continuez votre travail sur l'exigibilité de la TVA pour les services facturés par l'entreprise à ses clients.

Votre mission

1. Déterminez la date d'exigibilité des différentes opérations de prestation de services du mois de novembre N.

> Fiches ressource 1 et 3 + Annexe 2

Pour chaque opération, présenter les différentes dates et événements selon le schéma présenté dans la fiche ressource 3.
Porter une attention particulière aux acomptes : ceux-ci sont exprimés TTC. Isoler la TVA.

2. Déterminez le montant de la TVA exigible pour ces prestations.

Vérifier le taux de TVA appliqué aux factures adressées aux particuliers.
Pour chaque opération, vérifier que le montant total de la TVA exigible est égal au montant de la TVA de la facture.

3. Calculez le montant total de la TVA exigible pour le mois de novembre N.

Annexe 2 Factures de services adressées aux clients pour le mois de novembre N

Date	Nature de l'opération	Éléments de la facture	Taux TVA	Conditions de paiement
04/11	Facture S32 Nettoyage des locaux d'une entreprise	Montant HT : 700 €	20 %	Paiement comptant
08/11	Facture S33 Nettoyage des locaux d'un particulier	Montant HT : 480 €	10 %	Paiement comptant
12/11	Facture S34 Nettoyage des locaux d'une entreprise	Montant HT : 2 230 €	20 %	Acompte de 900 € TTC versé le 10/10 à déduire Paiement sous 30 jours
18/11	Facture S35 Nettoyage des locaux d'une entreprise	Montant HT : 1 975 €	20 %	Paiement en deux fois : 20 % comptant, le solde à 30 jours
20/11	Facture S36 Nettoyage des locaux d'un particulier	Montant HT : 450 €	10 %	Paiement comptant
22/11	Facture S37 Nettoyage des locaux d'une entreprise	Montant HT : 4 780 €	20 %	Acompte de 1 200 € TTC versé le 22/10 à déduire Paiement 30 % comptant, le solde le 15/12
26/11	Facture S38 Nettoyage des locaux d'une entreprise	Montant HT : 1 890 €	20 %	Paiement comptant
27/11	Facture S39 Nettoyage des locaux d'une entreprise	Montant HT : 2 270 €	20 %	Acompte de 240 € TTC versé le 02/11 à déduire Paiement le 02/12

Activités professionnelles guidées

Activité 3

Appliquer les règles fiscales d'exigibilité avec option sur les débits

L'assistant comptable de l'entreprise se demande s'il ne faudrait pas opter pour les débits pour la partie prestation de services. Il vous demande de faire une simulation de la TVA exigible pour les opérations de novembre N.

Votre mission

1. Déterminez les dates d'exigibilité de la TVA pour le mois de novembre N avec option sur les débits.

> Fiche ressource 3 + Annexe 3

Attention : l'entreprise souhaite opter pour la TVA sur les débits. La date d'exigibilité va être modifiée pour certaines opérations de novembre N.
Pour chaque opération, indiquer la date d'exigibilité en vous aidant du schéma élaboré dans l'activité 2.

2. Calculez le montant total de la TVA exigible pour le mois de novembre N.

Pour chaque opération, contrôler que le montant total de la TVA exigible est égal au montant de la TVA de la facture.

3. À l'aide du tableur, récapitulez dans un tableau les résultats obtenus pour les activités 2 et 3. > P7

Reprendre les informations obtenues dans les deux activités précédentes.
Calculer le montant de la TVA exigible pour les deux situations.
Repérer le cas où l'entreprise doit faire une avance de trésorerie pour le versement de la TVA.

4. Quelles sont vos conclusions sur le montant de la TVA exigible pour le mois de novembre N ?

Répondre à la question posée par l'assistant comptable : faut-il opter pour les débits pour l'activité prestation de services ?

Annexe 3 Factures de services adressées aux clients pour le mois de novembre N

Date	Nature de l'opération	Base HT	Montant TVA	Acompte TTC	Net à payer	Conditions de paiement
04/11	Facture S32	700 €	140 €		840 €	Paiement comptant
08/11	Facture S33	480 €	48 €		528 €	Paiement comptant
12/11	Facture S34	2 230 €	446 €	900 €	1 776 €	Paiement sous 30 jours
18/11	Facture S35	1 975 €	395 €		2 370 €	Paiement en deux fois : 20 % comptant, le solde à 30 jours
20/11	Facture S36	450 €	45 €		495 €	Paiement comptant
22/11	Facture S37	4 780 €	956 €	1 200 €	4 536 €	Paiement 30 % comptant, le solde le 15/12
26/11	Facture S38	1 890 €	378 €		2 268 €	Paiement comptant
27/11	Facture S39	2 270 €	454 €	240 €	2 484 €	Paiement le 02/12

CHAPITRE 2

Fiche ressource 1

Le mécanisme de la TVA

VIDÉO
TVA collectée, TVA déductible
www.lienmini.fr/7022-202

I Définition

La TVA (taxe sur la valeur ajoutée) est un impôt indirect sur les consommations de biens et de services. Les entreprises collectent la TVA sur leurs clients pour la reverser ensuite à l'État. Elles peuvent en revanche la déduire de leurs achats de biens et de services. La TVA ne représente ni une charge, ni un produit pour l'entreprise. Seul le consommateur final supporte le coût de la TVA.

1. La TVA collectée

C'est le montant que l'entreprise collecte lorsqu'elle facture la vente de biens (ou les livraisons de biens meubles corporels) et lors de la vente de prestations de services. Le montant de la TVA se calcule en appliquant un taux à un prix hors taxes (HT).

Principaux taux de TVA	
Normal (20 %)	Opérations ne relevant pas des autres taux
Intermédiaire (10 %)	Restauration, ventes de produits alimentaires préparés, transports…
Réduit (5,5 %)	Produits alimentaires de première nécessité, livres, places de cinéma…
Super réduit (2,10 %)	Médicaments remboursés par la Sécurité sociale, presse…

2. La TVA déductible

C'est le montant que l'entreprise paye lorsqu'elle acquitte une facture d'achat de biens ou de services. Elle est dite « déductible » car elle sera déduite de la TVA que l'entreprise aura collectée durant la même période.

3. La TVA à reverser à l'État

L'entreprise reverse à l'État la différence entre la TVA collectée et la TVA déductible.

TVA à reverser = TVA collectée – TVA déductible sur les biens et les services

Il peut arriver que la TVA collectée soit d'un montant moins élevé que la TVA déductible, on parle alors de « crédit de TVA ». L'entreprise a une créance sur l'État.

Crédit de TVA = TVA déductible – TVA collectée

II Les formules de calcul de la TVA

Pour un prix HT de 150 € et un taux de TVA de 20 % :

Montant TVA	Prix HT × taux	150 × 20 % = 30 €
Prix TTC	Prix HT + montant TVA	150 + 30 = 180 €
Prix HT à partir du prix TTC	Prix TTC / (1 + taux de TVA)	180 / (1 + 0,20) = 150 € ou 180 / (1,20) = 150 €
Prix TTC à partir du prix HT	Prix HT × (1 + taux de TVA)	150 × (1 + 0,20) = 180 € ou 150 × (1,20) = 180 €

CHAPITRE 2

Fiche ressource 2

Fait générateur et exigibilité de la TVA lors de la livraison de biens

I Définitions

Deux notions définies par l'article 269 du Code général des impôts (CGI) sont indispensables pour établir la déclaration de TVA : le fait générateur et l'exigibilité.

1. Le fait générateur

Le fait générateur est « le fait par lequel sont réalisées les conditions légales nécessaires pour l'exigibilité ». C'est l'événement qui donne naissance à l'obligation fiscale.

2. L'exigibilité

L'exigibilité est « le droit que le Trésor peut faire valoir, à partir d'un moment donné, auprès du redevable pour obtenir le paiement de la taxe ». C'est la date à partir de laquelle l'État peut demander le paiement de la créance de la TVA.
C'est cette dernière notion qui est importante pour le comptable. En effet, lorsqu'il y a exigibilité de la TVA, celle-ci doit être comptabilisée dans le compte de TVA collectée. La règle s'applique aussi pour le client : il imputera la TVA dans le compte de TVA déductible.

II Application de ces deux notions à la livraison de biens

Le fait générateur de la TVA est la livraison du bien. L'exigibilité de la TVA correspond à la date de livraison (ou de facturation) de ce bien, sauf pour les acomptes. Depuis le 1er janvier 2023, la TVA sur les acomptes de biens est exigible lors de l'encaissement de l'acompte. La TVA est exigible à la date de livraison, quelles que soient les conditions de paiement convenues avec le client. En pratique, c'est la date de la facture qui est retenue.

Exemple 1 : le 12/09, une entreprise livre des marchandises accompagnées de la facture pour un montant HT de 1 350 €. La TVA s'élève à 270 € (20 %). Le règlement est prévu le 15/10.
La TVA de 270 € est exigible le 12/09.

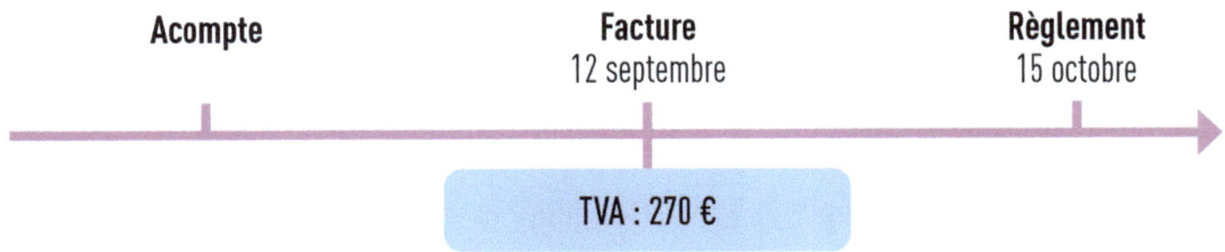

Exemple 2 : un acompte sur une commande de biens est reçu le 15/09 pour un montant de 600 € TTC. La facture et la livraison sont envoyées au client le 02/10.
Prix HT = 2 310 € et TVA = 462 € (20 %). Le solde est payé le 15/10, soit 2 172 €.

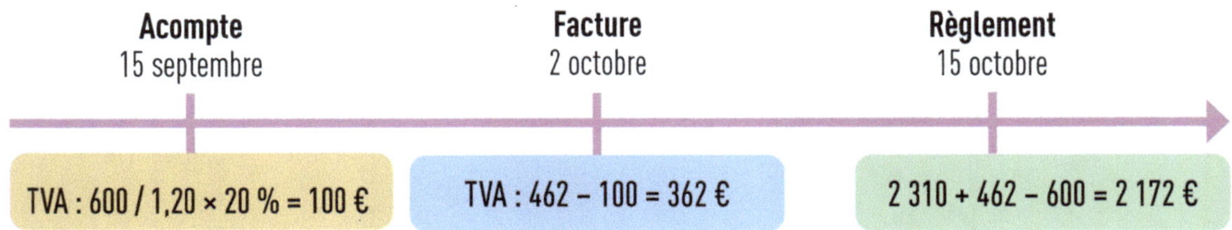

Depuis le 1er janvier 2023, la TVA est exigible sur les acomptes de livraisons de biens. Ceci afin d'être en accord avec le droit communautaire. Cette TVA sur acompte doit être comptabilisée au crédit du compte 44571 État, TVA collectée. Un acompte de TVA à régulariser sur acompte est débité en contrepartie.

Chapitre 2

Fiche ressource 3

Fait générateur et exigibilité de la TVA lors de la prestation de services

I Le régime de la TVA sur les encaissements

1. Principe de fonctionnement

Les entreprises prestataires de services sont soumises au régime de la TVA sur les encaissements : la TVA est exigible lors de l'encaissement (règlement effectif par le client). Il est important de distinguer le fait générateur et l'exigibilité pour les services. En effet, le fait générateur correspond à la fin de l'exécution du service, et l'exigibilité à son encaissement. L'acompte sur un service est exprimé TTC. Il fait donc ressortir la TVA qui est exigible.

2. Exemples

Exemple 1 : une entreprise de transport livre des marchandises le 20/09. La facture accompagne cette livraison. Le client règle cette facture le 10/10.
Fait générateur : 20/09 (exécution du service).
Exigibilité : 10/10 (paiement de la facture par le client).
C'est l'encaissement qui déclenche l'exigibilité de la TVA. Celle-ci sera reversée à l'État en octobre (mois d'encaissement).

Exemple 2 : une entreprise de nettoyage adresse un devis à un client le 20/10 et demande un acompte de 600 €. Les travaux de nettoyage sont terminés le 13/11. Une facture est adressée au client :
- montant HT : 2 220 € ;
- TVA : 444 € ;
- déduction de l'acompte de 600 € ;
- net à payer pour le 15/12 : 2 064 €.

La TVA de la facture est exigible en deux temps : au moment de l'acompte (100 €) et au moment de l'encaissement de la facture (344 €).

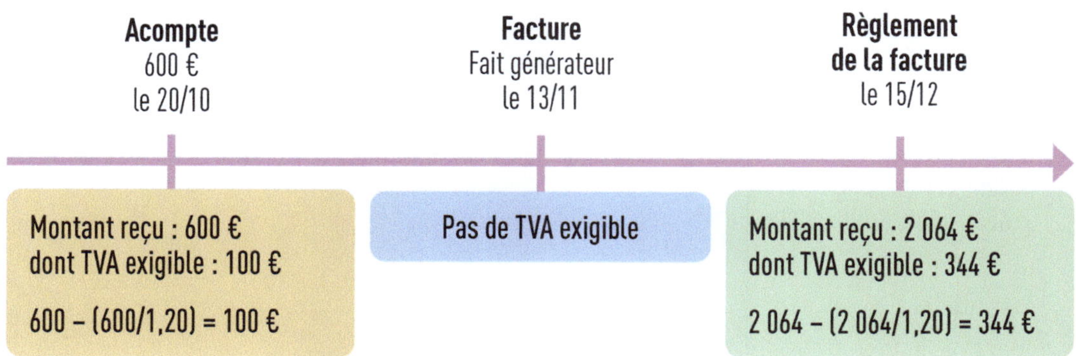

Contrôle : la TVA de 444 € a bien été encaissée pour 100 € en octobre et 344 € en décembre.

3. Conséquences sur la trésorerie

Le régime de TVA sur les encaissements permet aux entreprises de ne pas faire d'avance de trésorerie. En effet, les entreprises encaissent le règlement des clients et perçoivent donc la TVA collectée. Elle est reversée le même mois au Trésor public.

II L'option pour la TVA sur les débits

1. Principe de fonctionnement

Les prestataires de services sont soumis par défaut au régime des encaissements. Ils peuvent cependant demander à opter pour la TVA sur les débits. Par « débits », on entend l'inscription au compte client. Ainsi, l'exigibilité de la TVA sur les services correspond à la facturation et non plus à l'encaissement. Cependant, l'encaissement des acomptes donne toujours lieu à l'exigibilité de la TVA.
Cette option permet de s'aligner sur le régime des livraisons de biens. Elle est donc intéressante pour les entreprises ayant une activité mixte. Le prestataire de services qui opte pour les débits doit indiquer sur ses factures la mention « TVA sur les débits ». Ainsi, le client peut déduire la TVA au moment de la facture.

2. Exemples

Exemple 1 : on reprend l'exemple 1 de la page 28. Cette fois-ci, l'entreprise de transport a opté pour les débits.
Livraison des marchandises le 20/09. La facture accompagne cette livraison.
Le client règle cette facture le 10/10.
Fait générateur : 20/09 (exécution du service).
Exigibilité : 20/09 (date de la facture).
C'est la facture qui déclenche l'exigibilité de la TVA. Celle-ci sera reversée à l'État en septembre.

Exemple 2 : on reprend l'exemple 1 de la page 28. L'entreprise de nettoyage a opté pour les débits.
Elle adresse un devis à un client le 20/10 et demande un acompte de 600 € TTC.
Les travaux de nettoyage sont terminés le 13/11. Une facture est adressée au client :
- montant HT : 2 220 € ;
- TVA : 444 € ;
- déduction de l'acompte de 600 € ;
- net à payer pour le 15/12 : 2 064 €.

La TVA de la facture est exigible en deux temps : au moment de l'acompte (100 €) et au moment de l'exécution des travaux (à réception de la facture 344 €).

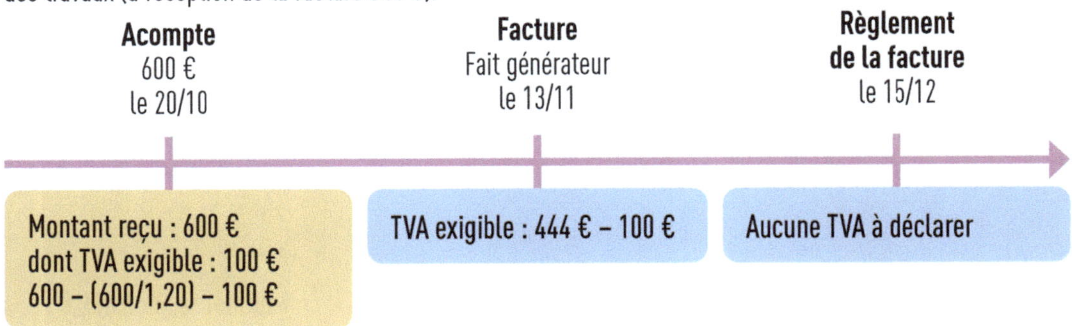

CHAPITRE 2

Pour vérifier ses acquis

Retrouvez ce QCM en version interactive www.lienmini.fr/7022-203

1 QCM

1 L'encaissement d'un acompte sur une vente de biens donne lieu à une TVA collectée.

☐ Vrai
☐ Faux

2 L'encaissement d'un acompte sur un service donne lieu à une TVA collectée même en cas d'option pour la TVA d'après les débits.

☐ Vrai
☐ Faux

3 L'option pour les débits permet de préserver sa trésorerie.

☐ Vrai
☐ Faux

4 Une prestation de service est facturée le 15/06. Montant : 4 233,60 € TTC (TVA : 20 %). Paiement le 15/10. La TVA de 705,60 € est exigible le 15/06.

☐ Vrai
☐ Faux

2 Mini-cas

Cas 1

L'entreprise Le Tout Cuir, grossiste en maroquinerie, facture le 10/07 une vente pour un montant HT de 4 590 €. Une remise de 5 % est appliquée. L'entreprise applique un taux de TVA de 20 %. Le paiement est prévu en août.

1. Quel est le montant de la TVA ?
2. À quelle date la TVA sera-t-elle exigible ?

Cas 2

L'entreprise Le Tout Cuir a encaissé le 20/06 un acompte de 852 € TTC (TVA 20 %). La facture est émise le 02/07 pour un montant HT de 1 775 €, TVA 355 €, TTC 2 130 €, déduction de l'acompte de 852 €, soit un net à payer de 1 278 €. Le paiement est prévu sous 15 jours.

1. Quel est le montant de la TVA comprise dans l'acompte ? À quelle date est-elle exigible ?
2. Quel est le montant de la TVA exigible en juillet ?

Cas 3

L'entreprise de transport RapidPress a facturé le 15/07 une prestation HT de 2 875 € (TVA 20 %). Un acompte de 360 € TTC a été reçu le 28/06. Les conditions de paiement précisent 30 % à la facture, le solde à 30 jours.

1. Quel est le montant de la TVA comprise dans l'acompte ? À quelle date est-elle exigible ?
2. Calculez la TVA sur la prestation.
3. Indiquez les dates d'exigibilité de la TVA.

Cas 4

L'entreprise Alarm'Elec est spécialisée dans la vente et la pose d'alarmes auprès d'entreprises et de particuliers. Cette entreprise a opté pour l'option sur les débits.

1. Rappelez la signification de cette option.
2. Pour quel type d'activité s'applique-t-elle : livraison de biens ou prestation de services ?
3. Soit une facture de prestation de juin pour un montant HT de 380 € + 76 € de TVA, paiement prévu en juillet. Quelle est la date d'exigibilité de la TVA ?

Pour s'entraîner

1 Calculer la TVA sur les encaissements sans acompte

★ RÉSULTAT ATTENDU La mise en œuvre et la vérification des procédures de traitement de la TVA

Situation

L'entreprise Lafond est spécialisée dans la location de mobilier et d'accessoires pour des fêtes et des réceptions. Sa clientèle est composée pour moitié de particuliers et pour moitié d'entreprises et de collectivités locales. Son activité est soumise à la TVA au taux normal, et elle suit le régime de la TVA sur les encaissements. La TVA collectée de juin a été calculée par un stagiaire (2 101 €). Vous êtes chargé de vérifier ces montants.

1 Quelles sont les entreprises concernées par le régime de la TVA sur les encaissements ?

2 Dans une note adressée au stagiaire, expliquez ce régime en quelques lignes.
> COMMUNICATION

3 À l'aide de l'annexe, vérifiez le montant de la TVA collectée obtenu par le stagiaire (2 101 €) pour le mois de juin N.

Annexe Opérations de juin N (règlements reçus exprimés TTC)

07/06	Réception d'un règlement de 1 776 € du client Noro Facture comptabilisée en mai
09/06	Réception d'un règlement de 438 € du client Falloux Facture jointe au règlement
12/06	Facture au client Gallois pour un montant HT de 810 €
15/06	Facture au client Dejoie pour un montant HT de 2 775 €
16/06	Réception d'un règlement de 1 182 € du client Jean Facture comptabilisée en mai
18/06	Facture au client Michel pour un montant HT de 2 345 €
20/06	Facture au client Falloux pour un montant HT de 710 € Règlement joint à la facture
22/06	Réception du règlement de Gallois
23/06	Facture au client Martinez pour un montant HT de 3 500 €
30/06	Réception du règlement du client Michel

2 Calculer la TVA sur les encaissements avec acompte

★★ **RÉSULTAT ATTENDU** La mise en œuvre et la vérification des procédures de traitement de la TVA

Situation

L'entreprise Nerval Concept est spécialisée dans l'installation d'abris en bois pour les jardins. Elle est située en Dordogne, à Gourdon. Sa clientèle est essentiellement composée de particuliers. L'entreprise n'a pas opté pour les débits. TVA au taux normal.

1. **À l'aide de l'annexe 1, calculez la TVA collectée pour le mois de septembre N.**
2. **Indiquez, au 30/09, le solde des deux comptes de TVA mentionnés dans l'annexe 2.**
3. **Calculez la TVA collectée au 30/09 dans l'hypothèse où l'entreprise opte pour les débits.**

Annexe 1 Opérations de septembre N

Date	Opérations	TVA en attente	TVA exigible
02/09	Acompte reçu pour un montant de 3 132 € du client Touboul		
07/09	Facturation au client Paul pour un montant TTC de 12 612 € Acompte de 1 261,20 € encaissé en août, à déduire		
10/09	Facturation au client Hubert pour un montant TTC de 4 380 €		
15/09	Réception du règlement du client Paul		
22/09	Acompte reçu pour un montant de 2 412 € du client Queré		
25/09	Facturation du client Touboul pour un montant TTC de 18 504 € Acompte à déduire		
28/09	Réception du règlement du client Hubert		
30/09	Réception du règlement du client Valmi Facture comptabilisée en août pour un montant TTC de 11 100 €		

Annexe 2 Extrait des comptes de TVA

445710	TVA collectée
445714	TVA collectée sur les encaissements

3 Calculer la TVA pour une activité mixte

★★ RÉSULTAT ATTENDU La mise en œuvre et la vérification des procédures de traitement de la TVA

Situation

M. Picmal dirige la société Acobin, dont l'activité est la réparation de matériels électroniques et optiques. Cette société propose également la vente d'optiques. Pour l'activité de réparation, l'entreprise n'a pas formulé d'option sur les débits. Les conditions de paiement sont au comptant ou à crédit sous 30 jours. Un acompte peut être demandé selon le montant des travaux de réparation.

1 Complétez l'annexe 2 à l'aide de l'annexe 1.

2 À l'aide de l'annexe 1, complétez les tableaux des annexes 3 et 4. Déduisez-en le montant de la TVA collectée pour le mois de mars.

3 Réalisez le même travail pour le mois d'avril en complétant les annexes 5 et 6.

Annexe 1 Factures de mars et avril N

ACOBIN
Toulouse — Virement le 10/03
Adep
Toulouse
N° fact : R001/03
Toulouse, le 05/03

Réparation matériel optique		
HT		13 100,00 €
TVA	20 %	2 620,00 €
TTC		**15 720,00 €**
Règlement au comptant		

ACOBIN
Toulouse — Chèque le 10/03
BAT+
Colomiers
N° fact : R002/03
Toulouse, le 09/03

Acompte sur réparation		
HT		2 130,00 €
TVA	20 %	426,00 €
TTC		**2 556,00 €**

ACOBIN
Toulouse — Virement le 12/04
Lebot
Toulouse
N° fact : R003/03
Toulouse, le 10/03

Réparation matériel optique		
HT		9 260,50 €
TVA	20 %	1 852,10 €
Acompte versé le 20/02		– 1 200,00 €
TTC		**9 912,60 €**
Règlement à 30 jours		

ACOBIN
Toulouse — Virement le 28/03
Vatan Optique
Cugnaux
N° fact : V001/03
Toulouse, le 12/03

Vente d'optique		
HT		1 398,25 €
TVA	20 %	279,65 €
TTC		**1 677,90 €**

Annexe 1 (suite) Factures de mars et avril N

ACOBIN Toulouse — Virement le 27/04

SAS Carl
Toulouse
N° fact : R004/03

Toulouse, le 25/03

Réparation matériel d'optique			
HT			12 110,75 €
TVA	20 %		2 422,15 €
Acompte versé le 25/02			– 2 550,00 €
TTC			**11 982,90 €**
Règlement à 30 jours			

ACOBIN Toulouse — Virement le 30/03

EURL Garnier
Levignac
N° fact : R005/03

Toulouse, le 28/03

Acompte s/réparation			
HT			1 710,00 €
TVA	20 %		342,00 €
TTC			**2 052,00 €**
Règlement au comptant			

ACOBIN Toulouse

BAT+
Colomiers
N° fact : R006/04

Toulouse, le 07/04

Réparation matériel optique			
HT			13 290,30 €
TVA	20 %		2 658,06 €
Acompte versé le 10/03			– 2 556,00 €
TTC			**13 392,36 €**
Règlement à 30 jours			

ACOBIN Toulouse

Optique+
Toulouse
N° fact : V002/04

Toulouse, le 10/04

Vente d'optique			
HT			2 784,45 €
TVA	20 %		556,89 €
TTC			**3 341,34 €**
Règlement à 30 jours			

ACOBIN Toulouse — Virement le 30/04

ADM
Colomiers
N° fact : R007/04

Toulouse, le 15/04

Réparation matériel optique			
HT			19 054,65 €
TVA	20 %		3 810,93 €
Acompte versé le 27/02			– 3 852,00 €
TTC			**19 013,58 €**
Règlement à 30 jours			

ACOBIN Toulouse — Chèque le 17/04

Pal'Optique
Toulouse
N° fact : V003/04

Toulouse, le 16/04

Acompte sur vente d'optique			
HT			2 000,00 €
TVA	20 %		400,00 €
Net à payer			**2 400,00 €**
Règlement comptant			

Annexe 2 Justification de la TVA sur les acomptes reçus en février

Date	Montant de l'acompte TTC	Calcul de la TVA sur acompte
20/02		
25/02		
27/02		

Annexe 3 Calculs de la TVA collectée pour le mois de mars (hors acompte)

Date	Client/Facture	Objet de la facture	Montant de la TVA	TVA collectée	TVA en attente
05/03	Adep	Réparation	2 620,00 €		2 620,00 €
			Total de la TVA collectée		

Annexe 4 Encaissements reçus en mars

Date	Client/Facture réglée	Montant du règlement	TVA collectée (oui/non)	Si oui, montant de la TVA
			Total de la TVA collectée	

Annexe 5 Calculs de la TVA collectée pour le mois d'avril (hors acompte)

Date	Facture	Objet de la facture	Montant de la TVA	TVA collectée	TVA en attente
			Total de la TVA collectée		

Annexe 6 Encaissements reçus en avril

Date	Client/Facture réglée	Montant du règlement	TVA collectée (oui/non)	Si oui, montant de la TVA
			Total de la TVA collectée	

CHAPITRE 3

La déductibilité de la TVA

SAVOIRS ASSOCIÉS

- Champ d'application de la TVA
- Règles de territorialité de la TVA
- Déductibilité de la TVA
- Régularisations de la TVA

COMPÉTENCE

Appliquer les règles fiscales de déductibilité et de territorialité de la TVA

› PROCESSUS 7

Traitement de la TVA avec un tableur

Situation professionnelle

La SARL House Services a pour activité la fabrication de produits d'entretien. Elle assure également le nettoyage des locaux et n'a pas opté pour la TVA sur les débits. L'entreprise travaille avec des partenaires installés à l'étranger, soit dans l'Union européenne, soit hors Union européenne. La maîtrise des règles fiscales en matière de TVA a donc toute son importance. De plus, certains achats effectués par l'entreprise ne donnent pas lieu à une déduction de TVA.

Vous sollicitez Mme Bartin, responsable comptable, pour vous éclairer sur ces spécificités, notamment concernant la territorialité (l'espace où s'applique la TVA française) et la déductibilité de la TVA.

› Voir présentation générale, p. 21

1 Rappelez le principe général en matière de déductibilité de la TVA.

2 Pourquoi est-il important de maîtriser la notion de territorialité dans le cas de la SARL House Services ?

CHAPITRE 3

Activités professionnelles guidées

Activité 1

Déterminer le champ d'application de la TVA et la territorialité

Mme Bartin, responsable comptable, vous remet une liste d'opérations réalisées par l'entreprise. Elle vous demande de les analyser pour préciser si elles sont imposables ou non et de traiter les opérations réalisées avec des partenaires étrangers.

Votre mission

1. Déterminez si les opérations listées sont imposables ou non. Justifiez vos réponses.

> Fiche ressource 1 + Annexe 1

Déterminer si l'opération est imposable par nature, par une disposition expresse de la loi, exonérée ou hors champ.

2. Recherchez les opérations faites avec les partenaires étrangers.

> Fiche ressource 2 + Annexe 1

Distinguer les opérations réalisées en Union européenne et hors Union européenne.
Repérer les acquisitions intracommunautaires, les importations, les exportations et les livraisons intracommunautaires.

3. Calculez la TVA au taux normal sur les opérations imposables.

En tenant compte des travaux précédents, appliquer le taux de 20 % sur le montant HT des opérations soumises à la TVA.

Annexe 1 Liste d'opérations hors taxe réalisées par l'entreprise

Opérations	Montant	Imposable (oui/non)	Justification
Ventes en France de produits d'entretien	6 740 €		
Réception de la facture d'honoraires de l'expert-comptable de l'entreprise	1 235 €		
Achats de matières premières en provenance de Chine	32 900 €		
Intérêts annuels des emprunts	1 895 €		
Ventes en Allemagne de produits d'entretien	9 050 €		
Cession de l'ordinateur de la secrétaire	700 €		
Ventes de produits à un client habitant Montréal	3 015 €		
Salaires versés au personnel	42 660 €		
Cotisations sociales	26 460 €		
Achats d'accessoires en Belgique	17 560 €		
Ventes de services en France	310 €		
Achats de fournitures de bureau	160 €		
Taxes diverses	235 €		

Activité **2**

Appliquer les règles de déductibilité de la TVA

Vous travaillez sur la notion de déductibilité de la TVA. Mme Bartin vous remet des opérations liées à des achats de biens ou de services et vous rappelle que l'exigibilité de la TVA sur les services s'applique aussi aux clients.

Votre mission

1. Pour chaque opération réalisée par l'entreprise au mois de novembre, déterminez si la TVA est déductible. Justifiez vos réponses.

> Fiche ressource 3 + Annexe 2

Attention : pour certaines opérations, la TVA n'est déductible que partiellement.

2. Calculez le montant total de la TVA déductible pour le mois de novembre.

Attention : respecter les informations portées sur les factures d'achats de services. La TVA n'est déductible que lors du décaissement si le fournisseur n'a pas opté pour les débits.

Annexe 2 Opérations réalisées par l'entreprise en novembre

Opérations	Montant	TVA déductible	
		Oui/Non	Montant
Achat d'un camion neuf	32 000 € HT		
Facture de la réparation du camion de livraison	500 € HT (paiement immédiat)		
Remboursement des frais d'hébergement du commercial lors de ses visites chez les clients (justificatifs fournis)	325 € HT		
Remboursement des frais de restaurant du commercial (sans alcool)	115 € HT		
Achat de gazole pour les camions de livraison	1 200 € HT		
Acquisition d'un véhicule de tourisme (VP) pour les déplacements de M. Chanlou	27 500 € HT		
Achats de gazole pour le véhicule de M. Chanlou	60 € HT		
Achats de 25 cadeaux destinés aux clients	Prix unitaire : 30 € HT		
Facture d'achat de matières premières	10 221 € HT		
Facture d'honoraires du cabinet comptable, paiement à 30 jours (la facture indique la mention « TVA sur les débits »)	725 € HT		
Achat de fioul pour le chauffage des ateliers	6 500 € HT		
Location durant 15 jours d'un véhicule de tourisme pour un commercial.	195 € HT		
Facture de la société d'entretien des espaces verts, paiement prévu en décembre (le fournisseur n'a pas opté pour les débits)	1 645 € HT		

Activité 3 — Déterminer les régularisations de TVA

L'entreprise House Services a cédé des immobilisations au cours du mois d'octobre N. Mme Bartin vous propose d'analyser sur le plan fiscal la cession d'un petit bâtiment, celle d'un véhicule de tourisme et celle d'une camionnette.

Votre mission

1. Indiquez quelles sont les immobilisations pour lesquelles une régularisation de la TVA sera nécessaire.

> Fiche ressource 4 + Annexe 3

Tenir compte de la règle suivante : un bien acheté soumis à la TVA déductible sera imposé à la TVA collectée lors de sa vente. Parmi les trois immobilisations, repérer celle pour laquelle cette règle s'applique. Les deux autres immobilisations peuvent donner lieu à une remise en cause de la TVA déduite lors de l'achat.

2. Calculez le montant de la régularisation de la TVA pour le bâtiment.

Vérifier l'application de la règle de la TVA déductible sur le bien et de la TVA collectée sur sa vente. Si cette règle n'est pas respectée, calculer pendant combien d'années l'entreprise a détenu le bâtiment. Calculer la TVA déduite lors de l'achat, puis calculer le montant de la TVA à reverser au Trésor public.

3. Calculez le montant de la régularisation de la TVA pour le véhicule de tourisme.

> Fiche ressource 4 + Annexe 3

Rappeler la particularité de la TVA sur un véhicule de tourisme. Repérer à qui est vendu ce véhicule et si l'entreprise a soumis cette vente à la TVA. Vérifier si la règle énoncée précédemment est respectée.

Dans le cas contraire, calculer pendant combien d'années l'entreprise a détenu le véhicule. Calculer le montant de la TVA à récupérer auprès du Trésor public.

4. Reprenez la question précédente en supposant que le véhicule est vendu à un utilisateur.

Annexe 3 Informations relatives à la cession des trois immobilisations

Bâtiment	Véhicule de tourisme	Camionnette
Achat d'un bâtiment neuf • Prix : 130 000 € HT • Date : 15/06/N–7 • TVA : 20 %	Achat d'un véhicule Renault Captur • Date : 20/09/N–2 • Prix : 24 450 € TTC	Achat d'une camionnette • Prix : 36 870 € HT • Date : 13/03/N–4
Cession du bâtiment • Date : 10/10/N • Prix : 142 000 €	Cession du véhicule à un négociant d'occasion • Prix : 11 800 € HT • Date : 05/10/N	Cession du véhicule par l'intermédiaire d'un garagiste • Prix : 23 780 € HT • Date : 08/10/N
L'entreprise n'a pas soumis cette cession à la TVA. 	La cession a été soumise à la TVA. 	

> Voir lexique BTS CG, p. 255

Fiche ressource 1

Le champ d'application de la TVA

L'entreprise doit calculer et facturer la TVA à ses clients (TVA collectée). En contrepartie, elle dispose du droit de déduire la TVA qui lui a été facturée par ses fournisseurs (TVA déductible). L'entreprise verse à l'État la différence (TVA à payer) :

TVA à payer = TVA collectée – TVA déductible

Mais la TVA ne s'applique pas sur toutes les opérations. Le champ d'application définit les opérations imposables. Une opération hors du champ d'application de la TVA n'est pas soumise à cette taxe.

I Les opérations imposables à la TVA par nature

Pour être imposable à la TVA, une opération doit répondre à 3 critères cumulatifs :
- correspondre à une livraison de biens ou de prestations de service ;
- être réalisée par un assujetti (qui réalise des opérations économiques de manière indépendante) ;
- relever d'une activité économique indépendante effectuée à titre onéreux, c'est-à-dire avec paiement.

Exemple : une entreprise vend des appareils ménagers à des clients installés en France. L'activité de cette entreprise est la livraison de biens contre rémunération. Cette opération est soumise à la TVA car elle répond aux 3 critères.

II Les opérations imposables par disposition expresse de la loi

Les livraisons à soi-même de biens ou de services (LASM) : il n'est pas nécessaire qu'une opération économique soit réalisée avec un tiers pour qu'elle soit imposable à la TVA.
- Cas 1 : s'il s'agit de biens acquis par l'entreprise et prélevés sur ses stocks pour ses propres besoins et si la TVA sur l'achat des biens a été déduite, alors la LASM n'est pas soumise à TVA.
- Cas 2 : si le bien est utilisé à des fins privées et si la TVA sur l'achat a été déduite, alors la LASM est soumise à TVA.

Les cessions d'immobilisations sont également imposables (voir certains cas particuliers dans la fiche ressource 4).

III Les opérations exonérées de TVA

Cependant, le Code général des impôts exonère certaines opérations de TVA alors qu'elles remplissent les trois critères.

Exemple : les activités d'enseignement, certaines activités médicales, certaines activités bancaires, les opérations faites avec des clients étrangers (exportations, livraisons intracommunautaires, voir fiche ressource 2)...

IV Les opérations hors champ d'application

Ce sont les opérations qui ne sont pas réalisées par un assujetti ou qui ne sont pas effectuées à titre onéreux, par exemple : les salaires, les ventes faites par un particulier, la perception de revenus d'actions...

CHAPITRE 3

Fiche ressource 2

Les règles de territorialité

L'application des règles de territorialité détermine si une opération doit être soumise à la TVA en France ou si elle y échappe (lieu de destination de l'opération hors de France). Le territoire français comprend le territoire métropolitain, y compris la Corse, les départements d'outre-mer (sauf la Guyane et Mayotte) et la principauté de Monaco.

I Les opérations réalisées avec les pays de l'Union européenne (UE)

L'Union européenne comprend 27 pays, dont la France. Les entreprises qui réalisent des échanges commerciaux avec les pays de l'UE doivent être en possession d'un numéro d'identification de TVA. En France, ce numéro commence par les lettres FR suivies d'une clé de 2 chiffres, puis se termine par le numéro de SIREN. Exemple : FR 02 345 678 890.

1. Les livraisons intracommunautaires

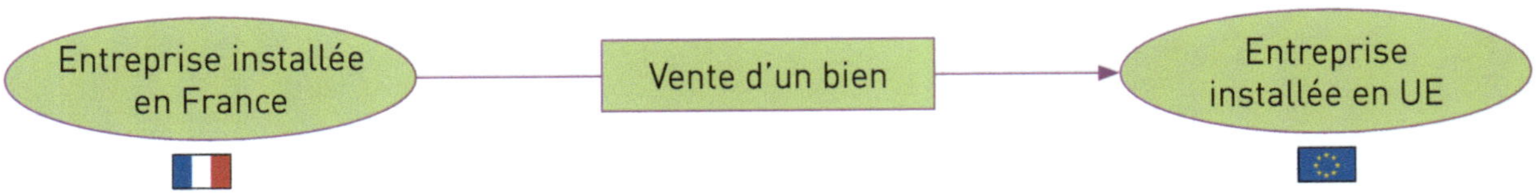

Cette vente est exonérée de TVA. La facture adressée par le fournisseur français sera présentée hors taxe. C'est la TVA du pays destinataire qui sera appliquée.

2. Les acquisitions intracommunautaires

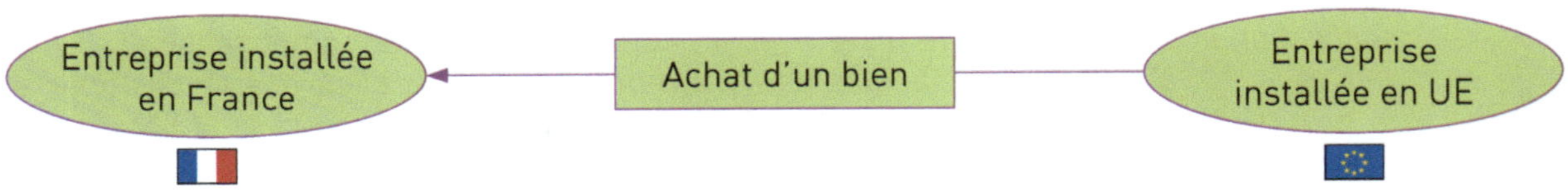

La facture destinée au client français sera présentée hors taxe. Mais, comme il s'agit d'un bien entrant en France, l'entreprise française va devoir calculer la TVA, qui sera à la fois considérée comme une TVA collectée et une TVA déductible. C'est le principe de l'autoliquidation de la TVA.

II Les opérations réalisées avec les pays hors de l'Union européenne

1. Les exportations

Il s'agit de la vente d'un bien d'une entreprise française vers un pays hors UE. Le montant de la facture est exprimé hors taxe. C'est la TVA du pays destinataire qui sera appliquée.

2. Les importations

C'est l'achat d'un bien d'une entreprise française à un fournisseur hors UE.
Depuis le 1er janvier 2022, la taxe sur les importations est déclarée et payée lors de la déclaration de la TVA.
Lors de l'importation, une déclaration en douane est nécessaire. Celle-ci est transmise à l'administration fiscale tous les mois. Cela permet à cette dernière de pré-remplir la déclaration de TVA.

Chapitre 3

Fiche ressource 3

Les règles de déductibilité de la TVA

I Les conditions ouvrant droit à la déductibilité

La TVA déductible ne peut être récupérée que si les conditions suivantes sont respectées.

1. Les conditions de fonds

Trois conditions doivent être vérifiées pour ouvrir droit à la déductibilité de la TVA.
- L'achat porte sur un bien ou un service nécessaire à l'exploitation, à l'exclusion des dépenses réputées somptuaires (yachts, dépenses de chasse ou de pêche, par exemple) et des dépenses visant à satisfaire les besoins personnels des dirigeants et du personnel (logement ou nourriture par exemple).
- L'achat porte sur un bien ou un service utilisé pour la réalisation d'une vente imposable à la TVA.
- La TVA porte sur un bien ou un service dont la déduction n'est pas interdite par une disposition légale (voir ci-dessous).

2. Les conditions de forme

La TVA à récupérer doit figurer sur un document justificatif :
- une facture pour les achats ;
- un document douanier pour les importations ;
- une mention sur la déclaration de TVA pour une livraison à soi-même ou pour une acquisition intracommunautaire.

II Les exclusions (ou non) du droit à déduction

Certaines dépenses, en fonction de leur destination, peuvent être ou non soumises au droit de déductibilité de la TVA.

1. Les dépenses de logement des dirigeants et du personnel

TVA non déductible	TVA déductible
Dépenses d'hébergement au bénéfice des dirigeants et du personnel salarié, qu'elles soient réalisées dans l'intérêt de l'entreprise ou non.	• Dépenses de logement gratuit du personnel de sécurité, de gardiennage, de surveillance des chantiers ou des locaux de l'entreprise. • Dépenses de logement au bénéfice de tiers. • Locaux et matériels mis à la disposition du personnel sur les lieux de travail (cantine, crèche, infirmerie…).

2. Les véhicules ou engins de transport de personnes

TVA non déductible	TVA déductible
Véhicules de transport de personnes ainsi que les pièces détachées et accessoires de ces véhicules (véhicules particuliers ou de tourisme).	• Véhicules utilitaires. • Véhicules ou engins acquis par les entreprises de transport public de voyageurs (avion, cars, taxis, ambulances…). • Véhicules routiers de plus de 9 places assises utilisés par des entreprises pour amener leur personnel sur leur lieu de travail.

3. Les dépenses de transport

TVA non déductible	TVA déductible
Dépenses pour le transport des personnes, quels que soient les moyens utilisés (route, fer, eau, air).	• Transports réalisés pour le compte d'une entreprise de transport public de voyageurs • Transports réalisés en vertu d'un contrat permanent de transport conclu par les entreprises pour amener le personnel sur le lieu de travail

4. Les carburants

TVA non déductible	TVA déductible
Huile de graissage pour les véhicules de tourisme.	• TVA sur le gazole (diesel) et essence pour les véhicules utilitaires • TVA sur le GPL (gaz de pétrole liquéfié) et GNV (gaz naturel pour véhicule)
TVA partiellement déductible (sur les véhicules de tourisme)	
• Gazole et superéthanol (E85) : TVA déductible à hauteur de 80 %. • Essence sans plomb : TVA déductible à hauteur de 80 %.	

Exemple : une entreprise a fait l'acquisition d'un véhicule de tourisme pour 13 120 € HT (TVA : 2 624 €). Elle a fait le plein de carburant (essence sans plomb) pour 71 € TTC. La TVA sur le véhicule de tourisme n'est pas déductible. Le prix du véhicule est comptabilisé TTC dans le compte 2182 Matériel de transport. La TVA sur l'essence n'est déductible qu'à hauteur de 80 %, soit : 71 / 1,20 × 20 % × 80 % = 9,47 €. Le complément sera ajouté au prix HT dans le compte de charge concerné.

5. Les biens cédés sans rémunération

TVA non déductible	TVA déductible
Cadeaux et libéralités	• Articles d'une valeur unitaire TTC inférieure à 73 € par an et par bénéficiaire • Échantillons et spécimens

Exemple : une entreprise a fait l'achat de cadeaux de fin d'année pour ses clients, à savoir 50 stylos à 15 € HT l'unité et une caisse de champagne pour 110 € HT. La TVA sur les stylos est déductible : le prix unitaire TTC (15 × 1,20 = 18 €) est inférieur à 73 € TTC. La TVA sur la caisse de champagne n'est pas déductible. Le prix unitaire TTC (110 × 1,20 = 132 €) est supérieur à 73 € TTC.

6. Les services afférents aux biens exclus du droit à déduction

Pour les biens exclus du droit à déduction, les services s'y rattachant sont aussi exclus du droit à déduction, par exemple : la réparation et la location d'un véhicule de tourisme.

CHAPITRE 3

Fiche ressource 4

Les remises en cause de la déduction de la TVA

I La règle générale

En principe, la TVA déduite ou non lors de l'achat d'une immobilisation est définitive. Cependant, la cession d'un immeuble ou d'un véhicule de tourisme peut entraîner une régularisation de la TVA initiale. Cette règle générale ne s'applique pas pour deux types de biens, principalement : les immeubles et les véhicules de tourisme.

II La cession d'un bien immeuble

Pour les immeubles neufs et terrains à bâtir, on distingue deux périodes.

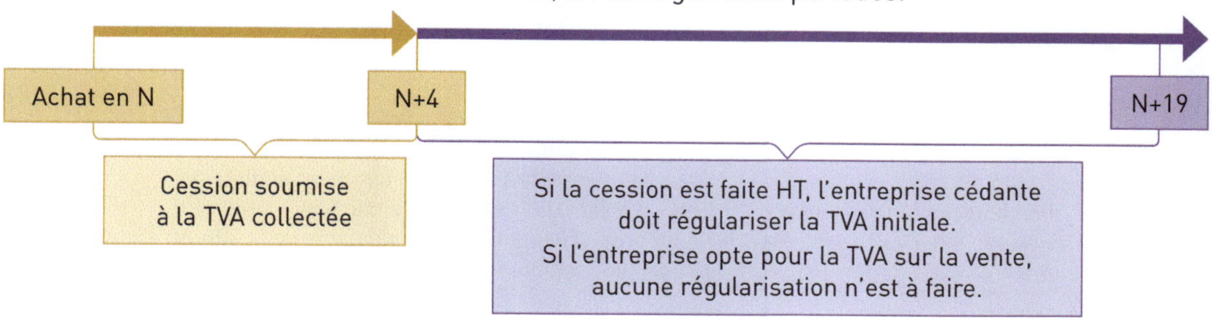

1. Cession dans les 5 ans

Si la cession est réalisée dans les 4 années qui suivent l'année d'achèvement du bien, la cession est soumise à la TVA.

2. Cession après 5 ans

La vente d'un immeuble achevé depuis moins de 5 ans (ou d'un terrain à bâtir) doit être soumise à la TVA. Le vendeur est le redevable de cette taxe. Aucune régulation de TVA n'est à réaliser.
En revanche, si le bâtiment cédé date de plus de 5 ans, la vente n'est pas soumise de plein droit à la TVA. Deux situations sont alors possibles.

Situation 1 **Il n'y a pas d'option à la TVA, la cession est HT.**	**Situation 2** **Une option à la TVA sur la cession est émise par l'entreprise cédante.**
• Il faut régulariser la TVA initialement déduite lors de l'achat. • La période de régularisation s'étend sur 20 ans.	• Il y a TVA collectée et aucune régularisation de la TVA initialement déduite.
Exemple • En mai N, une entreprise cède un immeuble acquis neuf en septembre N–6 pour 370 000 € (taux de TVA : 20 % en N–6). • Le prix de cession est de 420 000 €. Lors de la cession, aucune option relative à la TVA n'a été formulée par le vendeur. • Montant de la TVA déduite lors de l'achat : 370 000 × 20 % = 74 000 €. • L'entreprise a conservé l'immeuble pendant 7 années (calcul en années entières). • Elle doit reverser au Trésor public le complément, soit : montant de la TVA à régulariser = 74 000 × (20 – 7) / 20 = 48 100 €. • L'entreprise cédante reverse au Trésor public la TVA de 48 100 €.	**Exemple** • En mai N, une entreprise cède un immeuble acquis neuf en avril N–7 pour 210 000 € (TVA : 20 % en N–7). • Le prix de cession est de 302 000 €. • L'entreprise cédante a opté pour la TVA sur la cession. • Le montant de la TVA collectée est de : 302 000 × 20 % = 60 400 €. • Il n'y a pas de régularisation de la TVA déduite lors de l'achat.

III La cession d'un véhicule de tourisme

Les véhicules de tourisme n'ouvrent pas droit à déduction en matière de TVA. Cette non-déductibilité peut être remise en cause en cas de cession du véhicule de tourisme dans les cas suivants. Si la cession est réalisée dans une période de 5 ans, deux situations sont étudiées.

1. Cession auprès d'un utilisateur

Si la cession est faite auprès d'un utilisateur (par exemple, un particulier), elle n'est pas soumise à la TVA. Il n'y a pas de régularisation de la TVA initialement non déduite.

2. Cession auprès d'un négociant d'occasion

Si la cession est faite auprès d'un négociant d'occasion, deux situations sont possibles.

Situation 1 La vente n'est pas soumise à la TVA.	Situation 2 Si la vente est soumise à la TVA.
Il ne faut pas régulariser la TVA non initialement déduite.	• Il faut régulariser la TVA non initialement déduite. • Cette régularisation est calculée par 1/5e. • L'entreprise cédante récupère une partie de la TVA qu'elle n'a pas pu déduire lors de l'acquisition.
Exemple • En mai N, une entreprise cède à un utilisateur un véhicule de tourisme acquis en juin N–1 pour 14 250 € TTC. • La cession ne sera pas soumise à la TVA. • Il n'y aura pas de régularisation de la TVA non déduite lors de l'achat.	**Exemple** • En mai N, une entreprise cède à un négociant en biens d'occasion un véhicule de tourisme acquis en septembre N–2 pour 25 260 € TTC (TVA : 20 % en N–2). • Le prix de cession HT est de 9 500 € (TVA : 20 %). • Montant de la TVA non déduite lors de l'achat : (25 260 / 1,20) × 20 % = 4 210 €. • Montant de la TVA à régulariser : 4 210 × (5 – 3) / 5 = 1 684 €. • Sur un délai de régularisation de 5 ans, le véhicule a été utilisé pendant 3 ans. • L'entreprise récupère 2 ans de TVA.

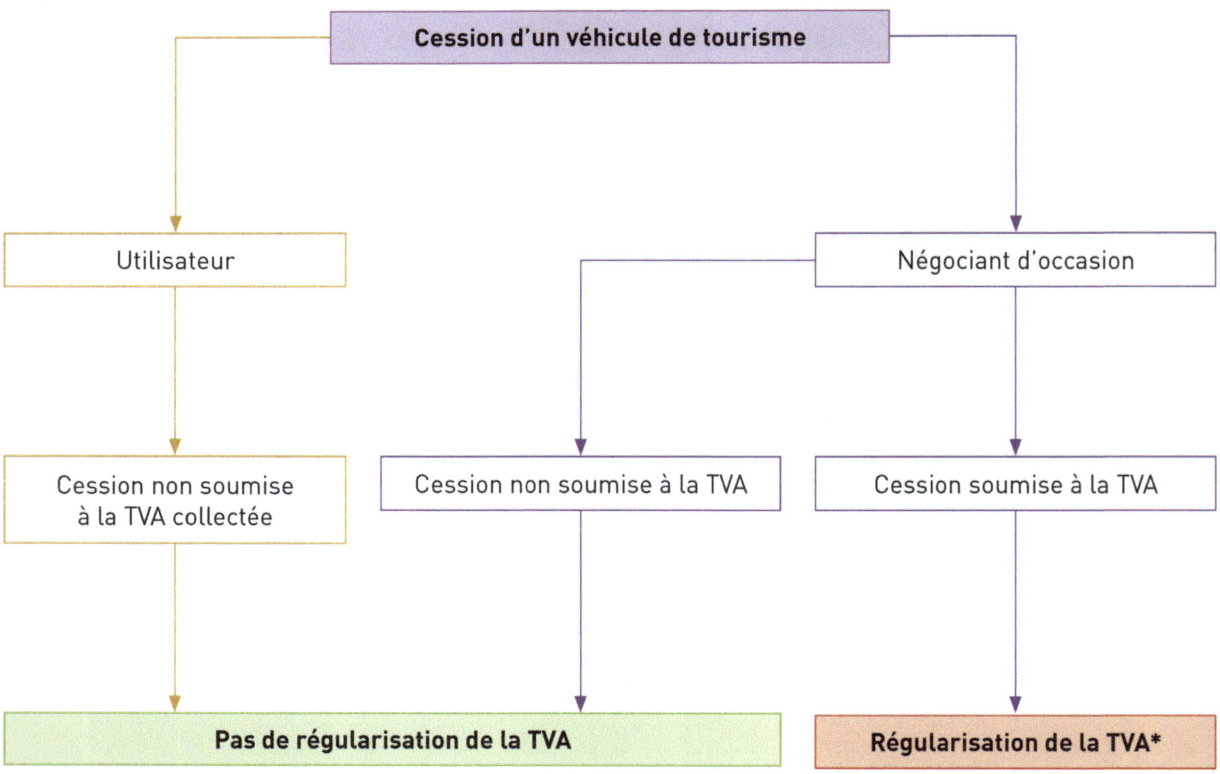

* Montant de la TVA à récupérer : TVA non déduite × (5 – nombre d'années de détention) / 5.

CHAPITRE 3

Pour vérifier ses acquis

Retrouvez ce QCM en version interactive www.lienmini.fr/7022-304

1 QCM

1 La vente d'un produit par une entreprise française à un client italien est une exportation.

☐ Vrai
☐ Faux

2 Un achat par une entreprise française auprès d'un fournisseur canadien est soumis à la TVA canadienne.

☐ Vrai
☐ Faux

3 La TVA est toujours déductible sur un achat de biens ou de services.

☐ Vrai
☐ Faux

4 La TVA sur le gazole pour un véhicule de tourisme est déductible à hauteur de 80 %.

☐ Vrai
☐ Faux

5 La TVA sur un cadeau à la clientèle est déductible à partir de 73 € TTC.

☐ Vrai
☐ Faux

6 La TVA sur un véhicule utilitaire n'est pas déductible.

☐ Vrai
☐ Faux

2 Mini-cas

Cas 1

Une entreprise achète et vend des produits en France et à l'étranger.

Achats de produits en France pour 2 500 € HT
Ventes de produits en Belgique pour 789 € HT
Ventes de produits en France pour 12 578 € HT
Achats de produits en Russie pour 12 106 € HT
Achats de produits aux Pays-Bas pour 1 510 € HT

- Justifiez, pour chaque opération, si la TVA française s'applique et, si oui, calculez son montant.

Cas 2

Une entreprise a réalisé les opérations suivantes au cours du mois d'octobre.

Achats de fournitures de bureau pour 450 € HT
Paiement de la redevance de crédit-bail sur un véhicule de tourisme : 600 € TTC
Achats de cadeaux pour la clientèle (150 stylos) pour 3 750 € HT
Paiement comptant du carburant (gazole) pour la camionnette : 75 € TTC
Note du restaurant (sans alcool) pour le déplacement du commercial : 70 € HT

- Calculez la TVA déductible pour le mois d'octobre.

Cas 3

Le 15/07/N, une entreprise cède un bâtiment pour 210 000 € HT. Ce bâtiment avait été acheté neuf le 12/09/N–8 pour 185 000 € HT (TVA à 20 %). L'entreprise a choisi de soumettre la vente à la TVA au taux de 20 %.
- Analysez cette cession au regard de la TVA.

CHAPITRE 3

Pour s'entraîner

1 Calculer la TVA déductible

★ RÉSULTAT ATTENDU La mise en œuvre et la vérification des procédures de traitement de la TVA

Situation

Le cabinet comptable ABC vous confie l'examen des comptes de l'entreprise Plomberie Varoise. Son activité est l'installation, la réparation de la plomberie et la vente de chaudières. Vous devez déterminer le montant de la TVA déductible pour le mois de novembre.

1 À l'aide de l'annexe, analysez chaque opération en indiquant si la TVA est déductible ou non et à quelle période elle le sera. Justifiez vos réponses.

2 Calculez le montant total de la TVA déductible pour le mois de novembre N.

Annexe Opérations réalisées en novembre N

Opérations	Montants
Achat de chaudières	3 490 € HT
Achat de ramettes de papier pour l'imprimante	425 € HT
Remboursement du commercial pour ses déplacements : • Note de restaurant (sans alcool) • Note de l'hôtel	 140 € HT 130 € HT
Acquisition d'une nouvelle camionnette	23 790 € HT
Frais de gazole pour la camionnette	65 € HT
Location d'une Peugeot 2008 (VP) pendant 8 jours suite à une panne sur le véhicule du gérant	395 € HT
Facture du garagiste pour la réparation du véhicule du gérant	310 € HT
Achat de diverses pièces de plomberie	687 € HT
Facture de révision des véhicules : • Camionnette • Véhicule de tourisme Ford	 458,35 € HT 296,58 € HT
Facture de maintenance du système informatique de l'entreprise Le fournisseur n'a pas opté pour les débits. La facture sera réglée début décembre.	710 € HT
Facture des téléphones portables Paiement par prélèvement au 20/11	115 € HT
Note de carburant (essence) des véhicules de tourisme	175 € HT
Facture d'honoraires du cabinet comptable L'échéance est fixée au 10/12. Le cabinet a opté pour les débits.	255 € HT

2 Calculer la TVA déductible et collectée

★★ RÉSULTAT ATTENDU La mise en œuvre et la vérification des procédures de traitement de la TVA

Situation

La SARL Hubert a pour activité la vente de matériel électrique ainsi que les installations électriques. Son marché s'étend en France et en Europe. La comptabilité est tenue par Mme Hubert, mais elle fait appel à un cabinet comptable pour des points particuliers.
Mme Hubert vous demande de l'aider dans la préparation de la déclaration de TVA du mois de juin. La SARL n'a pas opté pour les débits. Tous les partenaires commerciaux de la SARL ont fourni leur numéro de TVA intracommunautaire. Le taux de TVA est de 20 %.

1 **À l'aide de l'annexe, calculez la TVA collectée et la TVA déductible pour juin.**

2 **Déduisez le montant à devoir au Trésor public au titre de juin.**

Annexe **Opérations réalisées en juin**

Opérations	Montants
Factures pour ventes de matériel électrique à des clients français	18 250 € HT
Facturation d'installations	21 980 € HT
Achat de pièces électriques et de fournitures diverses	4 762,45 € HT
Acquisition de plusieurs immobilisations : • un ordinateur • un véhicule Captur (VP) • du matériel industriel	 1 125 € HT 20 300 € HT 8 250 € HT
Encaissements des factures d'installations du mois précédent	23 814 € TTC
Factures d'achats de services du mois de juin	815 € HT (dont 310 € HT de factures ne portant pas la mention « option sur les débits »)
Facturation de matériels électriques à un client en Suisse	4 769 € HT
Cession d'une cisaille	425 € HT
Achats de cadeaux publicitaires pour la clientèle : • 10 calculatrices • 4 lampes de bureau • 40 stylos-bille	 45 € HT l'unité 135 € HT l'unité 242,80 € HT
Achats de pièces électriques en provenance d'Allemagne	3 876,10 € HT
Encaissements des ventes de matériels électriques	20 942,40 € TTC
Encaissements d'acomptes sur des installations électriques	1 800 € TTC

3 Calculer la TVA déductible

★★ RÉSULTAT ATTENDU La mise en œuvre et la vérification des procédures de traitement de la TVA

Situation

La SAS Jeu+, installée à Brest, a pour activité la vente de jouets et de jeux aux particuliers et aux comités d'entreprises. Cette SAS est soumise au régime du réel normal en matière de TVA. Vous êtes chargé de déterminer le montant de la TVA déductible pour le mois de février N.

1 À l'aide de l'annexe 2, analysez chaque facture reçue afin de savoir si la TVA mentionnée peut être récupérée. Présentez vos résultats dans le tableau de l'annexe 1.

2 Calculez la TVA déductible pour février N.

Annexe 1 Tableau d'analyse de la TVA sur les achats

Facture	TVA déductible en	Justification

Annexe 2 Factures d'achats de février N

PAPO TOYS
PARIS

SAS JEU+
FR34758145989

Brest, le 05/02

Jouets musicaux 1er âge			
HT	30	35,9	1 077,00 €
TVA	20 %		215,40 €
TTC			1 292,40 €

INFO+
BREST

SAS JEU+
FR34758145989

Brest, le 10/02

Maintenance système informatique			
HT			1 310,00 €
TVA	20 %		262,00 €
TTC			1 572,00 €
TVA sur les encaissements			

BURO PLUS
BREST

SAS JEU+
FR34758145989

Brest, le 12/02

Fournitures diverses	
TTC	63,20 €

FELICIDAD DE LOS NIÑOS
MADRID – ESPAGNE
ES 78 795 329 123

SAS JEU+
FR34758145989

Madrid, el 16/02

Jugetes de madera	
Neto a pagar	4 510,00 €

NET'SERVICES
BREST

SAS JEU+
FR34758145989

Brest, le 20/02

Nettoyage des locaux			
HT			254,00 €
TVA	20 %		50,80 €
TTC			304,80 €
TVA d'après les débits			

DARTY
BREST

SAS JEU+
FR34758145989

Brest, le 20/02

Photocopieur Samsung			
HT			826,90 €
TVA	20 %		165,38 €
TTC			992,28 €

GARAGE JP
BREST

SAS JEU+
FR34758145989

Brest, le 22/02

Renault Captur Essence			
HT			19 310,00 €
TVA	20 %		3 862,00 €
TTC			23 172,00 €

HÔTEL ERMITAGE
PARIS

SAS JEU+
FR34758145989

Paris, le 24/02

Déplacement du commercial			
2 nuitées d'hôtel			145,00 €
3 repas (sans alcool)			75,00 €
TVA	10 %		22,00 €
TTC			242,00 €

GARAGE JP
BREST

SAS JEU+
FR34758145989

Brest, le 25/02

Carburant de la Captur			
Essence			63,00 €
TVA	20 %		12,60 €
TTC			75,60 €

RESTAURANT TERRE ET MER
BREST

SAS JEU+
FR34758145989

Brest, le 28/02

Commercial et le fournisseur			
2 repas			100,00 €
TVA	10 %		10,00 €
TVA	20 %		20,00 €
TTC			130,00 €

RESTAURANT TERRE ET MER
BREST

SAS JEU+
FR34758145989

Brest, le 28/02

Venue du fournisseur			
1 nuitée d'hôtel			130,00 €
TVA	10 %		13,00 €
TTC			143,00 €

METRO
BREST

SAS JEU+
FR34758145989

Brest, le 28/02

À offrir aux 20 meilleurs clients			
20 bouteilles grands crus			1 300,00 €
TVA	20 %		260,00 €
TTC			1 560,00 €

4 Calculer les régularisations de TVA

★★ RÉSULTAT ATTENDU La mise en œuvre et la vérification des procédures de traitement de la TVA

Situation

La société Lawson est spécialisée dans la sécurité informatique. Elle travaille avec les grands groupes tels que Airbus, Thales… Au cours de l'année N, elle a cédé plusieurs immobilisations.
La société a opté pour la TVA sur les cessions d'immobilisations. Vous êtes chargé(e) d'analyser ces cessions pour la partie TVA.

1. À l'aide de l'annexe, calculez les régularisations de TVA et la TVA collectée que vous jugez nécessaires.
2. Selon l'hypothèse où le véhicule de tourisme aurait été cédé à un particulier, quels sont les changements à apporter concernant la TVA ?
3. Quelle aurait été la conséquence sur la TVA dans le cas où l'entreprise n'applique pas la TVA à la vente (option) ?

Annexe Cessions d'immobilisations de l'exercice N

Immobilisations	Justifications et calculs
Cession d'une imprimante multifonction • Date d'achat : 15/09/N–2 • Prix HT : 1 490 € • Date de vente : 10/03/N • Prix HT : 800 €	
Cession d'un véhicule de tourisme à un marchand d'occasion • Date d'achat : 10/05/N–3 • Prix TTC : 21 450 € • Date de vente : 04/04/N • Prix HT : 10 390 €	
Cession d'un bâtiment • Date d'achat : 01/10/N–7 • Prix HT : 282 000 € (TVA à 20 %) • Date de vente : 01/07/N • Prix HT : 315 000 € • Option à la TVA	

CHAPITRE 4

Les déclarations de TVA

SAVOIRS ASSOCIÉS

- Déclaration et paiement de la TVA : les règles générales communes
- Modalités spécifiques à chaque régime
- Traitement des crédits de TVA
- Traitement comptable de la liquidation de la TVA
- Options en matière d'assujettissement

COMPÉTENCES

- Établir, contrôler les déclarations régulières de TVA
- Effectuer l'enregistrement comptable de la déclaration de TVA et les paiements correspondants
- Formuler des conseils en matière de régime de TVA
- Détecter les anomalies éventuelles et proposer des améliorations dans les procédures de traitement de la TVA

> PROCESSUS 7

Une utilisation adaptée du tableur pour automatiser des procédures de calcul de la TVA

Situation professionnelle

La SARL House Services n'a pas opté pour la TVA sur les débits. L'entreprise travaille avec des partenaires installés à l'étranger, soit dans l'Union européenne, soit hors Union européenne. Vous avez traité le dossier sur la TVA ventes et achats. Il est temps maintenant de procéder à la déclaration mensuelle de TVA pour la SARL House Services.

Mme Bartin vous demandera aussi d'intervenir sur un dossier comptable personnel, dont le régime pour la TVA est le réel simplifié.

> Voir présentation générale, p. 21

1) Pourquoi est-il important de savoir que House Services n'a pas opté pour la TVA sur les débits pour réaliser la déclaration de TVA ?

2) Rappelez les limites de chiffre d'affaires pour les régimes du réel simplifié et du réel normal.

Activités professionnelles guidées

Activité 1 Analyser la déclaration de TVA au régime du réel normal

Pour que vous puissiez réaliser votre première déclaration de TVA, Mme Bartin a exporté les informations nécessaires pour réaliser le calcul de la TVA à devoir au titre du mois de décembre. De plus, elle a complété la déclaration CA3 et vous demande de la vérifier.

Votre mission

1. Calculez le CA HT encaissé sur les prestations et sur les biens en décembre.

> Fiche ressource 1 + Annexes 1 à 3

Retrouver le montant de la ligne 01 de la déclaration CA3 (annexe 3) qui comprend les ventes HT de biens et les ventes de services HT encaissées.
Attention : les ventes de prestations de services de l'annexe 2 sont exprimées TTC.
Il faut appliquer le bon calcul pour retrouver le montant HT.

2. Justifiez le calcul de chaque élément de la déclaration de TVA.

> Fiche ressource 1 + Annexe 3

Pour chaque montant, indiquer le ou les comptes concernés avec le calcul si cela est nécessaire.

3. Présentez l'écriture de la déclaration de TVA en date du 31 décembre N.

Annexe 1 Extrait de la balance des comptes du 01/12/N au 31/12/N

Numéro	Intitulé de compte	Solde débit	Solde crédit
445200	TVA due intracommunautaire		420,00
445620	TVA sur immobilisations	2 390,00	
445660	TVA déductible sur acquisitions de biens et services	1 963,37	
445662	TVA déductible sur acquisition intracommunautaire	420,00	
445670	Crédit de TVA à reporter[1]	912,00	
445711	TVA collectée 20 %		14 776,65
445712	TVA collectée 10 %		309,80
445714	TVA collectée en attente d'encaissement		208,00
706100	Prestations de services 10 %		3 675,00
706200	Prestations de services 20 %		8 257,20
701100	Ventes de produits finis France		66 780,00
701200	Ventes de produits finis UE		7 073,90
701300	Ventes de produits finis hors UE		5 698,30

1. Crédit de TVA du mois de novembre.

Annexe 2 Informations complémentaires

Durant le mois de décembre, l'entreprise a encaissé pour 8 523,90 € TTC de prestations de services à 20 %, et 3 407,80 € TTC de prestations de services à 10 %.

Annexe 3 Déclaration CA3 de TVA de décembre

A MONTANT DES OPÉRATIONS RÉALISÉES

	OPÉRATIONS TAXÉES (HT.)				OPÉRATIONS NON TAXÉES		
A1	Ventes, prestations de services	0979	76 981	E1	Exportations hors UE	0032	5 698
A2	Autres opérations imposables	0981		E2	Autres opérations non imposables	0033	
A3	Achats de prestations de services intracommunautaires (article 283-2 du code général des impôts)	0044		E3	Ventes à distance taxables dans un autre État membre au profit des personnes non assujetties	0047	
A4	Importations (autres que les produits pétroliers)	0056		E4	Importations (autres que les produits pétroliers)	0052	
A5	Sorties de régime fiscal suspensif (autres que les produits pétroliers)	0051		E5	Sorties de régime fiscal suspensif (autres que les produits pétroliers)	0053	
B1	Mises à la consommation de produits pétroliers	0048		E6	Importations placées sous régime fiscal suspensif (autres que les produits pétroliers)	0054	
B2	Acquisitions intracommunautaires	0031	2 100	F1	Acquisitions intracommunautaires	0055	
B3	Livraisons d'électricité, de gaz naturel, de chaleur ou de froid imposables en France	0030		F2	Livraisons intracommunautaires à destination d'une personne assujettie	0034	7 074

B DÉCOMPTE DE LA TVA À PAYER

	TVA BRUTE		Base hors taxe	Taxe due
	Opérations réalisées en France métropolitaine			
08	Taux normal 20 %	0207	75 983	15 197
09	Taux réduit 5,5 %	0105		
9B	Taux réduit 10 %	0151	3 098	310
	Opérations réalisées dans les DOM			
15	TVA antérieurement déduite à reverser (dont TVA sur les produits pétroliers ....) (dont TVA sur les produits importés hors produits pétroliers ....)	0600		
5B	Sommes à ajouter, y compris acompte congés (exprimées en euro)	0602		
16	**Total de la TVA brute due (lignes 08 à 5B)**			15 507
17	**Dont TVA sur acquisitions intracommunautaires**	0035		420
18	**Dont TVA sur opérations à destination de Monaco**	0038		

La ligne 11 ne concerne que les DOM. Les autres opérations relevant du taux de 2,1 % sont déclarées sur l'annexe 3310 A-SD.

	TVA DÉDUCTIBLE		
19	Biens constituant des immobilisations	0703	2 390
20	Autres biens et services	0702	2 383
21	Autre TVA à déduire (dont régularisation de : - TVA sur les produits pétroliers : - TVA sur les produits importés hors produits pétroliers : - TVA collectée sur autres produits ou PS [cf. notice] ou déductible :)	0059	
22	Report du crédit apparaissant ligne 27 de la précédente déclaration	8001	912
2C	Sommes à imputer, y compris acompte congés (exprimées en euro)	0603	
23	**Total TVA déductible (ligne 19 à 2C)**		5 685
24	Dont TVA déductible sur importations hors produits pétroliers	0710	
2E	Dont TVA déductible sur les produits pétroliers	0711	

22A Indiquer le coefficient de taxation unique applicable pour la période s'il est différent de 100 .... %

	CRÉDIT				TAXE À PAYER		
25	Crédit de TVA (ligne 23 – ligne 16)	0705		28	**TVA nette due (ligne 16 – ligne 23).**		9 822
26	Remboursement de crédit demandé sur formulaire n° 3519 joint	8002		29	Taxes assimilées calculées sur annexe n° 3310 A-SD	9979	
AA	Crédit de TVA transféré à la société tête de groupe sur la déclaration récapitulative 3310-CA3G	8005		AB	Total à payer acquitté par la société tête de groupe sur la déclaration récapitulative 3310-CA3G (lignes 28 + 29)	9991	
27	Crédit à reporter (ligne 25 – ligne 26 – ligne AA) (Cette somme est à reporter ligne 22 de la prochaine déclaration)	8003		32	**Total à payer (lignes 28 + 29 – AB)** (N'oubliez pas de joindre le règlement correspondant)		9 822

Attention ! Une situation de TVA créditrice (ligne 25 servie) ne dispense pas du paiement des taxes assimilées déclarées ligne 29.

Activité 2

Compléter la déclaration de TVA au régime du réel simplifié

Après une période de chômage, le conjoint de Mme Bartin s'est reconverti dans la fabrication de poteries et a créé sa propre entreprise : Poteries de la Juine. L'originalité de ses produits fait que son chiffre d'affaires a progressé et, actuellement, l'entreprise a opté pour le régime simplifié. C'est Mme Bartin qui tient sa comptabilité. Elle vous confie la déclaration de TVA CA12. L'activité est soumise au taux normal de 20 %.

Votre mission

1. Rappelez les dates de versement des acomptes pour l'année N et contrôlez leurs montants.

> Fiche ressource 2 + Annexe 4

Calculer la TVA collectée et la TVA déductible sur biens et services. Appliquer les deux taux 55 % et 40 %. Attention à la TVA déductible sur immobilisations : faut-il en tenir compte ?

2. Calculez la TVA à devoir pour l'année N.

> Fiche ressource 2 + Annexe 5

Faire la différence entre la TVA collectée et les TVA déductibles sans oublier de déduire les acomptes versés en N.

3. Calculez les acomptes dus pour l'année N+1.

Reprendre la procédure utilisée à la question 1.

4. Complétez la déclaration de TVA CA12.

> Déclaration de TVA CA12 : www.lienmini.fr/7022-420

Attention : les montants portés sur la déclaration sont arrondis à l'euro le plus proche.

5. Présentez les écritures passées pour chaque acompte versé l'année N, puis passez l'écriture de TVA du 4 mai N+1.

Contrôler que le compte d'acompte est bien soldé au 4 mai N+1. Attention : les comptes de TVA doivent être mouvementés pour leur montant exact. Veiller à utiliser le compte 658 ou le compte 758 pour les arrondis, selon la situation.

Annexe 4 Données pour le calcul des acomptes de N

- Ventes de produits pour l'année N–1 : 99 753,45 €.
- Acquisition d'un nouveau tour de potier en juillet N–1 : 895 € HT.
- Achats de biens et de services divers pour l'année N–1 : 43 788,45 € HT.

Annexe 5 Extrait du Grand Livre de l'entreprise Poteries de la Juine

4456200	TVA sur immobilisations	300,00	
4456600	TVA sur autres biens et services	14 288,89	
4457100	TVA collectée		22 944,07
4458100	Acomptes – Régime simplifié d'imposition	10 633,00	
7010000	Ventes de produits		114 720,33

Fiche ressource 1

La déclaration de TVA du réel normal (CA3)

Les entreprises relèvent de l'un des trois régimes suivants : franchise en base, réel normal ou réel simplifié.

I Les entreprises relevant du régime du réel normal

Le régime d'imposition du réel normal s'applique de plein droit aux entreprises respectant les seuils de chiffre d'affaires (CA) suivants :
- CA HT ≥ 840 000 € pour les entreprises d'achat-revente ou de fabrication ;
- CA HT ≥ 254 000 € pour les prestataires de services.

Les entreprises doivent déclarer tous les mois la TVA due au Trésor public, c'est-à-dire la différence entre la TVA collectée et la TVA déductible. Les entreprises dont le CA HT est compris dans la limite des seuils du régime simplifié d'imposition et qui déclarent plus de 15 000 € de TVA par an doivent aussi fournir une déclaration mensuelle.
Une exception est faite si la TVA payée chaque année est inférieure à 4 000 €. Dans ce cas, il est possible d'opter pour une déclaration et un versement trimestriels.

II La présentation de la déclaration CA3 : exemple

1. Les étapes de calcul

Toutes les informations concernant le calcul de la TVA pour le mois de décembre N de l'entreprise Delta sont indiquées dans le tableau ci-dessous. La TVA est au taux normal.

Informations sur le calcul de la TVA	Montants HT
Ventes de produits finis en France	187 000,00 €
Ventes de produits finis en Argentine	26 000,00 €
Ventes de produits finis en Allemagne	31 000,00 €
Acquisition d'un matériel industriel en France	32 000,00 €
Achats de matières premières en France	95 000,00 €
Achats de matières premières en Italie	44 500,00 €

Les numéros d'identification intracommunautaire du client et du fournisseur ont toujours été régulièrement portés sur les factures.

Calcul de la TVA collectée	
Ventes de produits finis en France	187 000 × 20 % = 37 400 €
Achats de matières premières en Italie (acquisition intracommunautaire)	44 500 × 20 % = 8 900 €
Total	**46 300 €**
Attention : les ventes en Argentine (exportations) et les ventes en Allemagne (livraisons intracommunautaires) ne sont pas soumises à la TVA française.	
Calcul de la TVA déductible sur les immobilisations	
Acquisition d'un matériel industriel en France	32 000 × 20 % = 6 400 €
Calcul de la TVA déductible sur les achats de biens et services	
Achats de matières premières en France	95 000 × 20 % = 19 000 €
Achats de matières premières en Italie	44 500 × 20 % = 8 900 €
Total	**27 900 €**
Calcul de la TVA due	
TVA due au titre de décembre N	46 300 – 6 400 – 27 900 = 12 000 €

2. La déclaration CA3

Cadre A : montant des opérations soumises à la TVA

A	MONTANT DES OPÉRATIONS RÉALISÉES						
	OPÉRATIONS TAXÉES (HT.)				**OPÉRATIONS NON TAXÉES**		
A1	Ventes, prestations de services	0979	187 000	E1	Exportations hors UE	0032	26 000
A2	Autres opérations imposables	0981		E2	Autres opérations non imposables	0033	
A3	Achats de prestations de services intracommunautaires (article 283-2 du code général des impôts)	0044		E3	Ventes à distance taxables dans un autre État membre au profit des personnes non assujetties	0047	
A4	Importations (autres que les produits pétroliers)	0056		E4	Importations (autres que les produits pétroliers)	0052	
A5	Sorties de régime fiscal suspensif (autres que les produits pétroliers)	0051		E5	Sorties de régime fiscal suspensif (autres que les produits pétroliers)	0053	
B1	Mises à la consommation de produits pétroliers	0048		E6	Importations placées sous régime fiscal suspensif (autres que les produits pétroliers)	0054	
B2	Acquisitions intracommunautaires	0031	44 500	F1	Acquisitions intracommunautaires	0055	
B3	Livraisons d'électricité, de gaz naturel, de chaleur ou de froid imposables en France	0030		F2	Livraisons intracommunautaires à destination d'une personne assujettie	0034	31 000

Ventes en France HT — Achats en Italie — Ventes en Argentine — Ventes en Allemagne

Cadre B : la TVA brute

B	DÉCOMPTE DE LA TVA À PAYER		Base hors taxe	Taxe due
	TVA BRUTE			
	Opérations réalisées en France métropolitaine			
08	Taux normal 20 %	0207	231 500	46 300
09	Taux réduit 5,5 %	0105		
9B	Taux réduit 10 %	0151		
	Opérations réalisées dans les DOM			
10	Taux normal 8,5 %	0201		
11	Taux réduit 2,1 %	0100		
	Opérations imposables à un autre taux (France métropolitaine ou DOM)			
13	Anciens taux	0900		
14	Opérations imposables à un taux particulier (décompte effectué sur annexe 3310 A)	0950		
	Produits pétroliers			
P1	Taux normal 20 %	0208		
P2	Taux réduit 13 %	0152		
15	TVA antérieurement déduite à reverser (dont TVA sur les produits pétroliers ....) (dont TVA sur les produits importés hors produits pétroliers ....)	0600		
5B	Sommes à ajouter, y compris acompte congés (exprimées en euro)	0602		
16	**Total de la TVA brute due (lignes 08 à 5B)**			46 300
17	**Dont TVA sur acquisitions intracommunautaires**	0035		8 900
18	**Dont TVA sur opérations à destination de Monaco**	0038		

La ligne 11 ne concerne que les DOM. Les autres opérations relevant du taux de 2,1 % sont déclarées sur l'annexe 3310 A-SD.

Ventilation des opérations imposables selon le taux de TVA. Contrôle : le total des opérations imposables du cadre A doit se retrouver en totalisant les montants des colonnes Bases HT.

TVA sur les achats en UE (calculée sur la base en ligne B2 du cadre A). Contrôle : si la ligne B2 est complétée, alors la ligne 17 aussi.

La TVA déductible

	TVA DÉDUCTIBLE		
19	Biens constituant des immobilisations	0703	6 400
20	Autres biens et services	0702	27 900
21	Autre TVA à déduire (dont régularisation de : - TVA sur les produits pétroliers : - TVA sur les produits importés hors produits pétroliers : - TVA collectée sur autres produits ou PS [cf. notice] ou déductible :)	0059	
22	Report du crédit apparaissant ligne 27 de la précédente déclaration	8001	
2C	Sommes à imputer, y compris acompte congés (exprimées en euro)	0603	
22A	Indiquer le coefficient de taxation unique applicable pour la période s'il est différent de 100 ..... %		
23	**Total TVA déductible (ligne 19 à 2C)**		34 300
24	Dont TVA déductible sur importations hors produits pétroliers	0710	

Crédit de TVA du mois précédent

Solde des deux comptes de TVA : 44562 et 44566

La TVA à payer ou le crédit de TVA

Cette partie constate soit une TVA due au Trésor public (si TVA collectée > TVA déductible), soit un crédit de TVA remboursé par le Trésor public (si TVA collectée < TVA déductible).

CRÉDIT			
25	Crédit de TVA (ligne 23 – ligne 16)	0705	....
26	Remboursement de crédit demandé sur formulaire n° 3519 joint	8002	....
AA	Crédit de TVA transféré à la société tête de groupe sur la déclaration récapitulative 3310-CA3G	8005	....
27	Crédit à reporter (ligne 25 – ligne 26 – ligne AA) (Cette somme est à reporter ligne 22 de la prochaine déclaration)	8003	....
	Attention ! Une situation de TVA créditrice (ligne 25 servie) ne dispense pas du paiement des taxes assimilées déclarées ligne 29.		

28	**TVA nette due (ligne 16 – ligne 23).**		12 000
29	Taxes assimilées calculées sur annexe n° 3310 A-SD	9979	....
AB	Total à payer acquitté par la société tête de groupe sur la déclaration récapitulative 3310-CA3G (lignes 28 + 29)	9991	....
32	**Total à payer (lignes 28 + 29 – AB)** (N'oubliez pas de joindre le règlement correspondant)		12 000

TVA collectée (46 300 €) – TVA déductible (34 300 €) = 12 000 €
Montant reporté en ligne 32

III La gestion du crédit de TVA

Le crédit de TVA existe lorsque la TVA déductible est plus élevée que la TVA collectée. Il est indiqué à la ligne 25 de la déclaration de TVA CA3. L'entreprise a le choix entre trois possibilités pour gérer ce crédit de TVA.

- Elle peut en demander le remboursement : cela n'est possible que si le montant du crédit de TVA est supérieur ou égal à 760 € (150 € pour la dernière déclaration de l'année). Le montant du crédit de TVA sera reporté en ligne 26, et la déclaration CA3 sera accompagnée d'une demande de remboursement (imprimé n° 3519 SD).
- Elle peut reporter le crédit de TVA sur la déclaration du mois suivant : la ligne 27 sera complétée. Lors de la déclaration du mois suivant, la ligne 22 sera complétée du montant du crédit de TVA du mois précédent.

IV Le paiement de la TVA par télédéclaration

Le site impots.gouv.fr permet aux entreprises de télédéclarer la TVA mensuelle et de procéder au télépaiement de celle-ci. En règle générale, la déclaration est télédéclarée et télépayée le mois M+1.

V La comptabilisation de la déclaration CA3

L'écriture consiste à annuler les comptes de TVA.

Exemple (suite) :

Date	Code journal	N° compte	Intitulé du compte/Libellé	Débit	Crédit
15 M+1	OD	445710	TVA collectée	37 400 €	
		445200	TVA due sur acquisitions intracommunautaires	8 900 €	
		445620	TVA déductible sur immobilisations		6 400 €
		445660	TVA déductible sur acquisitions de biens et services		27 900 €
		445510	TVA à décaisser		12 000 €

Si l'entreprise dégage un crédit de TVA en fin de mois, celui-ci sera comptabilisé au débit du compte 44567 (crédit de TVA à reporter).

Fiche ressource 2

La déclaration du régime réel simplifié

Le régime d'imposition du réel simplifié s'applique dans les limites de chiffre d'affaires suivantes :
– pour les entreprises d'achat-revente ou de fabrication, 188 700 € < CA HT ≤ 840 000 € ;
– pour les prestataires de services, 77 700 € < CA HT ≤ 254 000 €.
Les entreprises au réel simplifié ayant déclaré une TVA exigible (hors TVA sur immobilisations) l'année précédente d'un montant supérieur à 15 000 € doivent déclarer mensuellement la TVA (déclaration CA3).

I La procédure de déclaration annuelle (CA12)

L'entreprise transmet une seule déclaration annuelle (CA12) et procède au paiement de deux acomptes semestriels.

	Date	Base	Taux
1er acompte semestriel	Entre le 15/07/N et le 24/07/N	(TVA collectée N–1) – (TVA déductible sur biens et services N–1)	55 %
2e acompte semestriel	Entre le 15/12/N et le 24/12/N	(TVA collectée N–1) – (TVA déductible sur biens et services N–1)	40 %
Déclaration CA12	Deuxième jour ouvré à partir du 1er mai N+1	TVA collectée N – TVA déductible sur immobilisations N – TVA déductible sur biens et services N – total des acomptes versés en N	

II Exemple

TVA collectée N–1	95 000 €
TVA déductible sur biens et services N–1	61 725 €
TVA déductible sur immobilisations N–1	5 780 €

• **Calcul de la base des acomptes pour N :** 95 000 – 61 725 = 33 275 € (remarque : on ne tient pas compte de la TVA sur les immobilisations).

• **Calcul des acomptes :**

Acompte de juillet N	55 % × 33 275 = 18 301,25 € (arrondis à 18 301 €)
Acompte de décembre N	40 % × 33 275 = 13 310 €
Total des acomptes	18 301 + 13 310 = 31 611 €

Écriture pour chaque acompte : le compte 44581 Acomptes – régime simplifié est débité par le compte 512 Banque. Ce compte est soldé lors de l'écriture de la TVA.

• **Calcul du montant net (année N) :**

TVA collectée N	132 695 €
TVA déductible sur acquisitions de biens et services N	80 360 €
TVA déductible sur immobilisations N	7 035 €
Montant de la TVA due pour l'année N	132 695 – 80 360 – 7 035 = 45 300 €
Sous déduction des deux acomptes versés au cours de l'année N	31 611 €
Montant net à devoir	45 300 – 31 611 = 13 689 €

III La modulation des acomptes

Les acomptes semestriels peuvent faire l'objet de modulations à la baisse dans les conditions suivantes.

1. Modulation en fonction de la TVA due au titre de l'année

Cas 1 : suspension de l'acompte.
L'entreprise peut suspendre le paiement du deuxième acompte si elle estime que le montant de celui-ci est supérieur au montant de la TVA due pour l'année.

Exemple :

Acompte de juillet	6 795 €
Acompte de décembre	4 942 €
Montant estimé au titre de l'année N	6 670 €

L'entreprise peut se dispenser de verser l'acompte de décembre : le montant dû est couvert par l'acompte de juillet.

Cas 2 : diminution de l'acompte.
L'entreprise peut diminuer le montant du deuxième acompte si elle estime que celui-ci est supérieur au montant de la taxe qui reste à devoir.

Exemple :

Acompte de juillet	6 795 €
Acompte de décembre	4 942 €
Montant estimé au titre de l'année N	9 739 €

L'entreprise peut verser 2 944 € (9 739 – 6 795) au titre de l'acompte de décembre.

2. Modulation en fonction de la TVA sur immobilisations

L'entreprise peut estimer que le montant dû pour un semestre est inférieur au montant de l'acompte de ce semestre en raison d'une TVA sur immobilisations.

Cas 3 : remboursement de la TVA sur immobilisations.
Elle peut demander le remboursement de la TVA sur immobilisations si celle-ci est supérieure à 760 €.

Exemple :

Acompte du 1er semestre N (versement en juillet)	5 720 €
TVA due pour le 1er semestre N	5 105 € dont TVA sur immobilisations de 1 610 €

Le montant de l'acompte est supérieur à la TVA due pour le semestre en raison de la TVA sur immobilisations. Celui-ci est > à 760 €, l'entreprise peut demander le remboursement des 1 610 € et verser l'acompte de 5 720 €.

Cas 4 : diminution d'un acompte.
L'entreprise peut diminuer l'acompte si le montant de la TVA due (calculée en tenant compte de la TVA sur immobilisations) pour le semestre est inférieur de 10 % du montant de l'acompte.

Exemple :

Acompte du 1er semestre N (versement en juillet) : 5 720 €.
La TVA due pour le 1er semestre N : 5 105 € dont TVA sur immobilisations de 1 610 €.
Le montant de l'acompte réduit de 10 % : 5 720 – (5 720 × 10 %) = 5 148 €.
Montant dû : 5 105 < 5 148. L'entreprise peut verser 5 105 € à titre d'acompte au lieu de 5 720 €.

CHAPITRE 4

Fiche ressource 3

La franchise en base de TVA

La franchise en base de TVA dispense les entreprises de la déclaration et du paiement de la TVA sur les prestations ou les ventes qu'elles réalisent. Ce régime fiscal s'applique à toutes les entreprises dont le chiffre d'affaires de l'année précédente ne dépasse pas certains seuils. Remarque : depuis le 1er janvier 2022, les entreprises qui bénéficient de la franchise en base doivent remplir une déclaration de TVA CA3 dès lors qu'elles procèdent à des importations (et payer la TVA sur ces importations, comme pour leurs propres achats effectués en France).

I Les limites du chiffre d'affaires pour la TVA

Activités commerciales	Le chiffre d'affaires annuel hors taxes ne doit pas dépasser 91 900 € l'année civile précédente (seuil majoré de 101 000 €).
Prestations de services	Le chiffre d'affaires annuel hors taxes ne doit pas dépasser 36 800 € l'année civile précédente (seuil majoré de 39 100 €).

II Les conséquences de la franchise en base

Les ventes ou les prestations de services sont obligatoirement facturées hors taxes. Sur chaque facture doit figurer la mention « TVA non applicable – Article 293 B du CGI ». Dans ce cas, l'entreprise ne peut pas déduire la TVA sur ses achats de biens et de services. Ceux-ci sont donc comptabilisés TTC.

Exemple : facture d'achat d'une immobilisation par un artisan.

Buroplus
60, rue de Belleville
75020 Paris
01 37 44 66 XX

Chambon, artisan
25, rue de Mesly
94000 Créteil

Doit
Facture n° 3808
Date : 13/05/N

Libellé	Quantité	Prix HT	Montant
Imprimante HP	1	615,00 €	615,00 €
		Net à payer	615,00 €

Paiement par CB
TVA non applicable – Article 293 B du CGI

Journal de trésorerie

218300	615	
512100		615

Ce régime s'adresse aux toutes petites entreprises, mais celles-ci peuvent demander à opter pour le paiement de la TVA. En effet, si les entreprises achètent des immobilisations, il est préférable qu'elles puissent récupérer la TVA sur ces biens étant donné son importance.

III Le dépassement du chiffre d'affaires (seuils majorés)

Activités commerciales	La franchise en base de TVA est maintenue au cours de l'année du dépassement si le chiffre d'affaires ne dépasse pas 101 100 €.
Prestations de services	La franchise en base de TVA est maintenue au cours de l'année du dépassement si le chiffre d'affaires ne dépasse pas 39 100 €.

Pour vérifier ses acquis

Retrouvez ce QCM en version interactive www.lienmini.fr/7022-419

1 QCM

1 Une entreprise déclare les montants suivants :

TVA collectée	23 200 €
TVA déductible sur immobilisations	1 450 €
TVA déductible sur acquisitions de biens et services	7 090 €

La TVA due pour le mois de mars s'élève à 14 660 €.

☐ Vrai
☐ Faux

2 Une entreprise déclare un crédit de TVA en fin de mois de 750 €. Elle peut en demander le remboursement.

☐ Vrai
☐ Faux

3 Dans le régime du réel simplifié, les entreprises doivent établir deux déclarations de TVA dans l'année.

☐ Vrai
☐ Faux

4 Dans l'écriture de la déclaration de TVA, les comptes de TVA collectée sont crédités et les comptes de TVA déductible sont débités.

☐ Vrai
☐ Faux

2 Mini-cas

Cas 1

Les comptes de TVA de l'entreprise Samens pour le mois de mai se présentent ainsi :

445620	TVA déductible sur immobilisations	24 400,00 €
445660	TVA déductible sur acquisitions de biens et services	64 210,00 €
445670	Crédit de TVA d'avril	820,00 €
445710	TVA collectée	115 930,00 €

- Calculez la TVA due ou le crédit de TVA pour le mois de mai.

Cas 2

On relève dans la balance de février de l'entreprise Samens les comptes suivants :

445200	TVA due intracommunautaire	12 610,25 €
445620	TVA déductible sur immobilisations	7 065,00 €
445660	TVA déductible sur ABS	58 335,75 €
445662	TVA déductible sur acquisitions intracommunautaires	12 610,25 €
445710	TVA collectée	107 290,92 €
445510	TVA à décaisser	41 890,00 €

- Présentez l'écriture de la déclaration de TVA de février.

Pour s'entraîner

1 Calculer et présenter la déclaration de TVA CA3

★ **RÉSULTAT ATTENDU** L'exactitude et la conformité des traitements fiscaux liés à la déclaration de TVA effectués, le respect des délais de transmission de paiement

Situation

Le cabinet comptable ABC vous confie l'examen des comptes de la laiterie Brimont. Son activité est la fabrication des fromages de Brie. Elle vend sa production en France et à l'étranger. Elle achète ses matières premières en France et parfois d'autres biens destinés à des investissements dans les pays hors UE.

1 À l'aide de l'annexe 1, calculez la TVA à devoir ou le crédit de TVA au titre du mois de mars N.

2 Complétez la déclaration de TVA (annexe 2).

> Déclaration de TVA CA3 : www.lienmini.fr/7022-421

3 Présentez l'écriture sur le bordereau en date du 31 mars N.

Annexe 1 Opérations réalisées en mars N

Ventes de produits finis du mois (en euros hors taxe) – Taux de TVA : 5,5 %	
En France	282 090,25 €
Vers les pays de l'Union européenne	75 873,90 €
Vers les pays hors Union européenne	182 640,55 €
Achats de matières premières du mois (en euros hors taxe) – Taux de TVA : 5,5 %	
En France	110 784,85 €
Achats de biens divers du mois (en euros hors taxe) – Taux de TVA : 20 %	
Acquisition d'un véhicule de tourisme	20 080,00 €
Acquisition de containers en provenance de Chine	9 575,00 €
Achats de services divers du mois (en euros hors taxe) – Taux de TVA : 20 %	
Fournisseurs ayant opté pour les débits	35 887,65 €
Fournisseurs n'ayant pas opté pour les débits	4 629,65 €
Paiements des fournisseurs de services pour le mois (montants TTC)	
Avec option pour les débits	27 865,18 €
Sans option pour les débits	3 210,50 €

Remarque : les numéros d'identification intracommunautaire ont été communiqués entre les partenaires commerciaux.

Annexe 2 Imprimé CA3 – déclaration de TVA de mars

A MONTANT DES OPÉRATIONS RÉALISÉES

	OPÉRATIONS TAXÉES (HT.)		
A1	Ventes, prestations de services	0979	…………
A2	Autres opérations imposables	0981	…………
A3	Achats de prestations de services intracommunautaires (article 283-2 du code général des impôts)	0044	…………
A4	Importations (autres que les produits pétroliers)	0056	…………
A5	Sorties de régime fiscal suspensif (autres que les produits pétroliers)	0051	…………
B1	Mises à la consommation de produits pétroliers	0048	…………
B2	Acquisitions intracommunautaires	0031	…………
B3	Livraisons d'électricité, de gaz naturel, de chaleur ou de froid imposables en France	0030	…………
B4	Achats de biens ou de prestations de services réalisés auprès d'un assujetti non établi en France (article 283-1 du code général des impôts)	0040	…………
B5	Régularisations (important : cf. notice)	0036	…………

	OPÉRATIONS NON TAXÉES		
E1	Exportations hors UE	0032	…………
E2	Autres opérations non imposables	0033	…………
E3	Ventes à distance taxables dans un autre État membre au profit des personnes non assujetties	0047	…………
E4	Importations (autres que les produits pétroliers)	0052	…………
E5	Sorties de régime fiscal suspensif (autres que les produits pétroliers)	0053	…………
E6	Importations placées sous régime fiscal suspensif (autres que les produits pétroliers)	0054	…………
F1	Acquisitions intracommunautaires	0055	…………
F2	Livraisons intracommunautaires à destination d'une personne assujettie	0034	…………
F3	Livraisons d'électricité, de gaz naturel, de chaleur ou de froid non imposables en France	0029	…………
F4	Mises à la consommation de produits pétroliers	0049	…………
F5	Importations de produits pétroliers placées sous régime fiscal suspensif	0050	…………
F6	Achats en franchise	0037	…………
F7	Ventes de biens ou prestations de services réalisées par un assujetti non établi en France (article 283-1 du code général des impôts)	0043	…………
F8	Régularisations (important : cf. notice)	0039	…………

B DÉCOMPTE DE LA TVA À PAYER

	TVA BRUTE		Base hors taxe	Taxe due
	Opérations réalisées en France métropolitaine			
08	Taux normal 20 %	0207	…………	…………
09	Taux réduit 5,5 %	0105	…………	…………
9B	Taux réduit 10 %	0151	…………	…………
	Opérations réalisées dans les DOM			
10	Taux normal 8,5 %	0201	…………	…………
11	Taux réduit 2,1 %	0100	…………	…………
	Opérations imposables à un autre taux (France métropolitaine ou DOM)			
13	Anciens taux	0900	…………	…………
14	Opérations imposables à un taux particulier (décompte effectué sur annexe 3310 A)	0950	…………	…………
	Produits pétroliers			
P1	Taux normal 20 %	0208	…………	…………
P2	Taux réduit 13 %	0152	…………	…………
	Importations			
I1	Taux normal 20 %	0210	…………	…………
15	TVA antérieurement déduite à reverser (dont TVA sur les produits pétroliers …………) (dont TVA sur les produits importés hors produits pétroliers …………)	0600		…………
5B	Sommes à ajouter, y compris acompte congés (exprimées en euro)	0602		…………
16	**Total de la TVA brute due (lignes 08 à 5B)**			…………
17	**Dont TVA sur acquisitions intracommunautaires**	0035		…………
18	**Dont TVA sur opérations à destination de Monaco**	0038		…………

**La ligne 11 ne concerne que les DOM.
Les autres opérations relevant du taux de 2,1 % sont déclarées sur l'annexe 3310 A-SD.**

	TVA DÉDUCTIBLE		
19	Biens constituant des immobilisations	0703	…………
20	Autres biens et services	0702	…………
21	Autre TVA à déduire (dont régularisation de : - TVA sur les produits pétroliers : - TVA sur les produits importés hors produits pétroliers : - TVA collectée sur autres produits ou PS [cf. notice] ou déductible :)	0059	…………
22	Report du crédit apparaissant ligne 27 de la précédente déclaration	8001	…………
2C	Sommes à imputer, y compris acompte congés (exprimées en euro)	0603	…………
22A	Indiquer le coefficient de taxation unique applicable pour la période s'il est différent de 100 ……… %		
23	**Total TVA déductible (ligne 19 à 2C)**		…………
24	Dont TVA déductible sur importations hors produits pétroliers	0710	…………
2E	Dont TVA déductible sur les produits pétroliers	0711	…………

	CRÉDIT		
25	Crédit de TVA (ligne 23 – ligne 16)	0705	…………
26	Remboursement de crédit demandé sur formulaire n° 3519 joint	8002	…………
AA	Crédit de TVA transféré à la société tête de groupe sur la déclaration récapitulative 3310-CA3G	8005	…………
27	Crédit à reporter (ligne 25 – ligne 26 – ligne AA) (Cette somme est à reporter ligne 22 de la prochaine déclaration)	8003	…………

Attention ! Une situation de TVA créditrice (ligne 25 servie) ne dispense pas du paiement des taxes assimilées déclarées ligne 29.

	TAXE À PAYER		
28	**TVA nette due (ligne 16 – ligne 23).**		…………
29	Taxes assimilées calculées sur annexe n° 3310 A-SD	9979	…………
AB	Total à payer acquitté par la société tête de groupe sur la déclaration récapitulative 3310-CA3G (lignes 28 + 29)	9991	…………
32	**Total à payer (lignes 28 + 29 – AB)** (N'oubliez pas de joindre le règlement correspondant)		…………

2 Établir la déclaration de TVA CA3

★★ RÉSULTAT ATTENDU Des enregistrements comptables, la mise à jour des comptes de TVA et l'archivage des justificatifs fiscaux selon la réglementation

Situation

La SA Charpentier est spécialisée dans la fabrication de meubles en chêne et en merisier haut de gamme, vendus en France et à l'étranger, et dans la restauration de meubles anciens.
Votre responsable au sein du service comptable vous demande d'établir la déclaration de TVA du mois de septembre N.
La société a opté pour les débits sur l'activité travaux.

1. À l'aide de l'annexe 1, présentez sur tableur les calculs de la TVA due pour le mois de septembre N. >P7
2. Complétez la déclaration de TVA (annexe 2).
   > Déclaration de TVA CA3 : www.lienmini.fr/7022-421
3. Enregistrez la déclaration de TVA en date du 30 septembre.
4. Enregistrez son règlement.

Annexe 1 Mouvements de certains comptes généraux pour le mois de septembre N

Compte centralisateur	Intitulé du compte	Montant débit	Montant crédit
445200	TVA due intracommunautaire		48 100,00
445620	TVA déductible sur immobilisations	20 600,00	
445622	TVA déductible sur immobilisations intracommunautaires	8 900,00	
445660	TVA déductible sur acquisition de biens et services	198 160,00	3 367,00
445662	TVA déductible sur achats intracommunautaires	39 200,00	
445670	Crédit de TVA à reporter	4 000,00	
445710	TVA collectée	14 240,00	427 858,00
[…]			
701010	Ventes produits finis France	42 800,00	1 218 600,00
701020	Ventes produits finis Union européenne		320 200,00
701030	Ventes produits finis exportation		290 100,00
704010	Travaux effectués France	15 500,00	841 500,00
708500	Ports facturés		2 390,00
709102	RRR accordés sur produits finis France	71 200,00	
775210	Produits des cessions d'immobilisations		135 100,00

Remarque : la société ne demande pas le remboursement de son crédit de TVA.

Annexe 2 Imprimé CA3 – déclaration de TVA de septembre N

A MONTANT DES OPÉRATIONS RÉALISÉES

OPÉRATIONS TAXÉES (HT.)			
A1	Ventes, prestations de services	0979	…
A2	Autres opérations imposables	0981	…
A3	Achats de prestations de services intracommunautaires (article 283-2 du code général des impôts)	0044	…
A4	Importations (autres que les produits pétroliers)	0056	…
A5	Sorties de régime fiscal suspensif (autres que les produits pétroliers)	0051	…
B1	Mises à la consommation de produits pétroliers	0048	…
B2	Acquisitions intracommunautaires	0031	…
B3	Livraisons d'électricité, de gaz naturel, de chaleur ou de froid imposables en France	0030	…
B4	Achats de biens ou de prestations de services réalisés auprès d'un assujetti non établi en France (article 283-1 du code général des impôts)	0040	…
B5	Régularisations (important : cf. notice)	0036	…

OPÉRATIONS NON TAXÉES			
E1	Exportations hors UE	0032	…
E2	Autres opérations non imposables	0033	…
E3	Ventes à distance taxables dans un autre État membre au profit des personnes non assujetties	0047	…
E4	Importations (autres que les produits pétroliers)	0052	…
E5	Sorties de régime fiscal suspensif (autres que les produits pétroliers)	0053	…
E6	Importations placées sous régime fiscal suspensif (autres que les produits pétroliers)	0054	…
F1	Acquisitions intracommunautaires	0055	…
F2	Livraisons intracommunautaires à destination d'une personne assujettie	0034	…
F3	Livraisons d'électricité, de gaz naturel, de chaleur ou de froid non imposables en France	0029	…
F4	Mises à la consommation de produits pétroliers	0049	…
F5	Importations de produits pétroliers placées sous régime fiscal suspensif	0050	…
F6	Achats en franchise	0037	…
F7	Ventes de biens ou prestations de services réalisées par un assujetti non établi en France (article 283-1 du code général des impôts)	0043	…
F8	Régularisations (important : cf. notice)	0039	…

B DÉCOMPTE DE LA TVA À PAYER

TVA BRUTE			Base hors taxe	Taxe due
	Opérations réalisées en France métropolitaine			
08	Taux normal 20 %	0207	…	…
09	Taux réduit 5,5 %	0105	…	…
9B	Taux réduit 10 %	0151	…	…
	Opérations réalisées dans les DOM			
10	Taux normal 8,5 %	0201	…	…
11	Taux réduit 2,1 %	0100	…	…
	Opérations imposables à un autre taux (France métropolitaine ou DOM)			
13	Anciens taux	0900	…	…
14	Opérations imposables à un taux particulier (décompte effectué sur annexe 3310 A)	0950	…	…
	Produits pétroliers			
P1	Taux normal 20 %	0208	…	…
P2	Taux réduit 13 %	0152	…	…
	Importations			
I1	Taux normal 20 %	0210	…	…
15	TVA antérieurement déduite à reverser (dont TVA sur les produits pétroliers ……) (dont TVA sur les produits importés hors produits pétroliers ……)	0600		…
5B	Sommes à ajouter, y compris acompte congés (exprimées en euro)	0602		…
16	**Total de la TVA brute due (lignes 08 à 5B)**			…
17	**Dont TVA sur acquisitions intracommunautaires**	0035		…
18	**Dont TVA sur opérations à destination de Monaco**	0038		…

La ligne 11 ne concerne que les DOM.
Les autres opérations relevant du taux de 2,1 % sont déclarées sur l'annexe 3310 A-SD.

TVA DÉDUCTIBLE			
19	Biens constituant des immobilisations	0703	…
20	Autres biens et services	0702	…
21	Autre TVA à déduire (dont régularisation de : - TVA sur les produits pétroliers : - TVA sur les produits importés hors produits pétroliers : - TVA collectée sur autres produits ou PS [cf. notice] ou déductible :)	0059	…
22	Report du crédit apparaissant ligne 27 de la précédente déclaration	8001	…
2C	Sommes à imputer, y compris acompte congés (exprimées en euro)	0603	…
22A	Indiquer le coefficient de taxation unique applicable pour la période s'il est différent de 100 : … %		
23	**Total TVA déductible (ligne 19 à 2C)**		[ ]
24	Dont TVA déductible sur importations hors produits pétroliers	0710	…
2E	Dont TVA déductible sur les produits pétroliers	0711	…

CRÉDIT			
25	Crédit de TVA (ligne 23 – ligne 16)	0705	…
26	Remboursement de crédit demandé sur formulaire n° 3519 joint	8002	…
AA	Crédit de TVA transféré à la société tête de groupe sur la déclaration récapitulative 3310-CA3G	8005	…
27	Crédit à reporter (ligne 25 – ligne 26 – ligne AA) (Cette somme est à reporter ligne 22 de la prochaine déclaration)	8003	…

Attention ! Une situation de TVA créditrice (ligne 25 servie) ne dispense pas du paiement des taxes assimilées déclarées ligne 29.

TAXE À PAYER			
28	**TVA nette due (ligne 16 – ligne 23).**		…
29	Taxes assimilées calculées sur annexe n° 3310 A-SD	9979	…
AB	Total à payer acquitté par la société tête de groupe sur la déclaration récapitulative 3310-CA3G (lignes 28 + 29)	9991	…
32	**Total à payer (lignes 28 + 29 – AB)** (N'oubliez pas de joindre le règlement correspondant)		[ ]

3 Contrôler la déclaration de TVA CA3

★★ RÉSULTAT ATTENDU Des enregistrements comptables, la mise à jour des comptes de TVA et l'archivage des justificatifs fiscaux selon la réglementation

Situation

La SA Charbonnier réalise des ventes ainsi que des prestations de services (installations de meubles). La déclaration de TVA relative au mois de novembre N doit être établie. La SA Charbonnier n'a pas opté pour le paiement de la TVA d'après les débits pour les prestations de services qu'elle réalise. Toutes les opérations sont soumises au taux normal de TVA de 20 %, sauf certaines prestations de services soumises au taux réduit de 10 %. Ces dernières apparaissent dans le compte 706010 Prestations installations 10 %, qui concerne notamment les installations de cuisines chez des clients résidant dans un local d'habitation de plus de deux ans. Pour les opérations intracommunautaires, les numéros d'identification nécessaires ont tous été communiqués.

1 Dans l'annexe 3, justifiez le solde des différents comptes de TVA en vous aidant des annexes 1 et 2, puis calculez la TVA due pour novembre N.

2 Remplissez l'imprimé CA3 du mois de novembre N.

› Déclaration de TVA CA3 : www.lienmini.fr/7022-421

3 Présentez l'écriture de déclaration de TVA du mois de novembre N.

Annexe 1 Informations comptables de novembre N

Données issues des journaux VE – AC – OD	Montants HT ou TTC (selon règle fiscale)
Prestations installations 20 % (706020)	67 800,00 €
Ventes marchandises France 20 %	860 012,50 €
Acquisition d'immobilisations[1]	42 500,00 €
Achats de biens (20 %)	316 849,90 €
Acquisitions intracommunautaires (achats de biens)	9 990,00 €
Achats de services (20 %), dont factures sans option sur les débits (75 230,95 €)	351 986,40 €
Prestations installations 10 % (706010)	32 887,45 €
Ventes export	83 900,00 €
Données issues du journal de banque	**Montants TTC**
Encaissements des ventes de marchandises	789 840,25 €
Paiements aux fournisseurs de services (sans option sur les débits)	57 910,80 €
Encaissements des prestations de services (10 %)	24 824,80 €
Paiements aux fournisseurs de services (avec option sur les débits)	309 616,80 €
Encaissements des prestations de services (20 %)	62 976,00 €

1. Au cours du mois de novembre N, l'entreprise a fait l'acquisition d'un véhicule de tourisme pour 22 310 € TTC.

Annexe 2 Extrait du Grand Livre de l'entreprise Charbonnier

Nos comptes	Intitulés des comptes	Soldes débiteurs	Soldes créditeurs
445200	TVA intracommunautaire due		1 998,00
445620	TVA déductible sur immobilisations	4 038,00	
445660	TVA déductible sur autres biens et services	128 372,87	
445662	TVA déductible sur acquisitions intracommunautaires	1 998,00	
445710	TVA collectée à 10 %		2 256,80
445720	TVA collectée à 20 %		182 498,50
445740	TVA collectée en attente		4 095,95
445866	TVA déductible en attente (services)	5 394,39	

Annexe 3 Justification des comptes de TVA de novembre N

Nos comptes	Montants	Explications et calculs
445200	1 998,00 €	
445620	4 038,00 €	
445660	128 372,87 €	
445662	1 998,00 €	
445710	2 256,80 €	
445720	182 498,50 €	

4 Établir la déclaration de TVA CA12

★★ **RÉSULTATS ATTENDUS**

Des enregistrements comptables, la mise à jour des comptes de TVA et l'archivage des justificatifs fiscaux
Un compte rendu intégrant des propositions argumentées en termes d'option fiscale et évaluant leur impact

Situation

M. Bouvier est l'exploitant de l'entreprise individuelle Biolive. L'activité porte sur la vente au détail d'huile d'olive bio et de produits divers. L'entreprise est soumise au régime simplifié pour la TVA. La vente d'huile d'olive est soumise au taux de TVA de 5,5 % et la TVA de 20 % est appliquée sur les produits divers. Les partenaires intracommunautaires, assujettis à la TVA, ont toujours fourni leur numéro individuel d'identification.

1 En tenant compte des informations des annexes 2 et 3, indiquez dans une note si l'entreprise aurait pu moduler l'acompte du premier semestre en raison de la TVA sur immobilisations. Présentez ce travail à l'aide d'un tableur en simulant les deux hypothèses : réduction de l'acompte et remboursement de la TVA sur immobilisations. > COMMUNICATION

2 Après avoir retenu l'hypothèse la plus intéressante pour la trésorerie de l'entreprise, calculez la TVA due pour l'année N à l'aide de l'annexe 1 en tenant compte de votre décision précédente.

3 Présentez la déclaration CA12 (annexe 4) et déduisez-en les acomptes à verser pour l'année N+1.

> Déclaration de TVA CA12 : www.lienmini.fr/7022-420

Annexe 1 Informations comptables de l'année N

Opérations	Montants HT
Ventes d'huile d'olive en France	300 000 €
Ventes d'huile d'olive en Allemagne	23 000 €
Ventes d'huile d'olive en Suisse	10 000 €
Ventes de produits dérivés en France	200 000 €
Ventes de produits dérivés en Suisse	8 400 €
Ventes de produits dérivés en Allemagne	3 670 €
Cession d'une machine	2 050 €
Achats d'huile d'olive en France	250 000 €
Achats de produits dérivés en France	32 750 €
Achats de biens en Italie	365 700 €
Achats de services en France[1]	90 000 €
Acquisition d'une machine en France	23 000 €

1. Toutes les factures portent la mention « Option sur les débits ».

Annexe 2 Acomptes de l'année N

Montant des acomptes de TVA pour N :
– Semestre 1 : 8 535 € – Semestre 2 : 3 262 €

Annexe 3 Informations du premier semestre N

TVA collectée à 5,5 %	9 900 €
TVA collectée à 20 %	24 000 €
TVA déductible sur acquisitions de biens et services à 5,5 %	8 250 €
TVA déductible sur acquisition de biens et services à 20 %	14 730 €
TVA déductible sur immobilisations à 20 %	3 410 €

Annexe 4 Déclaration de TVA CA12 de l'année N

I – TVA BRUTE

	OPÉRATIONS NON TAXÉES		Base hors taxe		OPÉRATIONS NON TAXÉES		Base hors taxe
01	Achats en franchise	0037	....				
02	Exportations hors UE	0032	....	04	Livraisons intracommunautaires à destination d'une personne assujettie	0034	....
03	Autres opérations non imposables	0033	....				
3A	Ventes à distance taxables dans un autre État membre au profit de personnes non assujetties –	0047	....	4B	Ventes de biens ou prestations de services réalisées par un assujetti non établi en France (article 283-1 du code général des impôts)	0043	....
3B	Mises à la consommation de produits pétroliers	0049	....	4D	Livraisons d'électricité, de gaz naturel, de chaleur ou de froid non imposables en France	0029	....

	OPÉRATIONS TAXÉES		*Base hors taxe*	*Taxe due*
	– réalisées en France métropolitaine			
5A	Taux normal 20 %	0207	....	....
5B	Taux normal 20 % sur les produits pétroliers	0208	....	....
06	Taux réduit 5,5 %	0105	....	....
6C	Taux réduit 10 %	0151	....	....
	– réalisées dans les DOM			
07	Taux normal 8,5 %	0201	....	....
08	Taux réduit 2,1 %	0100	....	....
	– à un autre taux (France métropolitaine ou DOM)			
09	Opérations imposables à un taux particulier	0950	....	....
9A	Taux réduit 13 % sur les produits pétroliers	0152	....	....
10	Anciens taux	0900	....	....
	– autres opérations			
AA	Achats d'électricité, de gaz naturel, de chaleur ou de froid imposables en France	0030	....	....
AB	Achats de biens ou de prestations de services réalisés auprès d'un assujetti non établi en France (article 283-1 du code général des impôts)	0040	....	....
AC	Achats de prestations de services auprès d'un assujetti non établi en France (article 283-2 du code général des impôts)	0044	....	....
11	Cessions d'immobilisations	0970	....	....
12	Livraisons à soi-même	0980	....	....
13	Autres opérations imposables	0981	....	....
16	***TOTAL DE LA TAXE DUE (ligne 5A à 13)***			....

VI – RÉCAPITULATION

49	Solde excédentaire (report de la ligne 35)		....	X5	Crédit de TIC imputé sur la TVA (report de la ligne X4)	8103	....
50	Remboursement de crédit de TVA demandé au cadre VII	8002	....	54	TVA nette due (ligne 33 – ligne X5)	8901	....
51	Crédit à reporter (cette somme est à reporter ligne 24 de la prochaine déclaration CA 12 / CA 12 E)	8003	....	55	Taxes assimilées (total lignes 36 à 94)		....
52	Crédit imputé sur les prochains acomptes	8004	....	Z5	Total des taxes intérieures de consommation dues (report de la ligne Z4)	8123	....
Y5	Remboursement de reliquat de TIC demandé (report de la ligne Y4)	8113	....		**ATTENTION ! UNE SITUATION DE TVA CRÉDITRICE (LIGNE 49 SERVIE) NE DISPENSE PAS DU PAIEMENT DES TAXES ASSIMILÉES DÉCLARÉES LIGNE 55 ET DES TAXES INTÉRIEURES DE CONSOMMATION (TIC) DÉCLARÉES LIGNE Z5.**		
	Acomptes (cochez les cases correspondant aux acomptes déduits l. 30). Précisez l'année.						
58	☐ Juillet |_|_|_|_| ☐ Décembre |_|_|_|_|			56	**TOTAL À PAYER** *(lignes 54 + 55 + Z5)* (N'oubliez pas d'effectuer le règlement correspondant)	9992	....
	BASE DE CALCUL DES ACOMPTES DUS AU TITRE DE L'EXERCICE SUIVANT						
57	TVA [ligne 16 – (lignes 11 + 12 + 22)]						....

Annexe 4 Déclaration de TVA CA12 de l'année N (suite)

	Autre TVA DUE		
17	Remboursements provisionnels obtenus en cours d'année ou d'exercice	0983	....
18	TVA antérieurement déduite à reverser dont TVA sur les produits pétroliers	0600	....
AD	Sommes à ajouter	0602	....
19	***TOTAL DE LA TVA BRUTE DUE (lignes 16 + 17 + 18 + AD)***		....
	II – TVA DÉDUCTIBLE		
	AUTRES BIENS ET SERVICES		***Taxe déductible***
20	Déductions sur factures (1)	0702	....
21	Déductions forfaitaires (1)	0704	....
22	***TOTAL (lignes 20 + 21)***		....
	IMMOBILISATIONS		
23	TVA déductible sur immobilisations (1)	0703	....
	AUTRE TVA À DÉDUIRE		
24	Crédit antérieur non imputé et non remboursé	0058	....
25	Omissions ou compléments de déductions dont régularisations TVA déductible sur les produits pétroliers	0059	....
25A	(1) Compte-tenu, le cas échéant, du coefficient de déduction .... %		
AE	Sommes à imputer	0603	....
26	***TOTAL DE LA TVA DÉDUCTIBLE (lignes 22 + 23 + 24 + 25 + AE)***		....
2E	Dont TVA déductible sur les produits pétroliers	0711	....

	III – TVA NETTE					
	RÉSULTAT DE LA LIQUIDATION					***Taxe***
28	TVA due : (Ligne 19 – ligne 26) ou				8900	....
29	CRÉDIT : (Ligne 26 – ligne 19)				0705	....
	IMPUTATIONS/RÉGULARISATIONS DES ACOMPTES					
		Col. 1 : Montant **effectivement payé**	Col. 2 : Montant **restant à payer**	30 Acomptes payés et / ou restant dus (Tot. 1 + Tot. 2)	0018	....
	Acompte 1	....	....			
	Acompte 2	....	....			
		Tot. 1	**Tot. 2**			
	RÉSULTAT NET					
33	**SOLDE DÛ** si ligne 28 – (lignes 29 + 30) ≥ 0 ou					....
34	**EXCÉDENT DE VERSEMENT :** si ligne 30 – ligne 28 ≥ 0					....
35	**SOLDE EXCÉDENTAIRE :** (lignes 29 + 34)				0020	....

5 Faire le lien avec le stage/l'apprentissage

Durant votre stage/apprentissage, avez-vous travaillé sur la déclaration de TVA ?

1. Quel type de déclaration avez-vous préparé ?
2. La déclaration était-elle réalisée à l'aide d'un logiciel ? Si oui, lequel ?
3. Comment était vérifié le montant de la TVA due ?
4. Quel était le mode de transmission de la déclaration au service des impôts ?

Entraînement à l'épreuve E41

SARL SécuriHome

Présentation générale de l'entreprise

La société SécuriHome, située à Nemours (77), est une SARL au capital de 110 000 €, dirigée par M. Carty, gérant majoritaire. Elle a pour objet social :
- l'installation électrique, la pose de systèmes d'alarme et de climatisation ;
- l'entretien et la maintenance des équipements installés.

Elle emploie 42 personnes. La SARL a réalisé un chiffre d'affaires de 4 874 210 € en N–1, en hausse de 12 % par rapport à l'année précédente. Elle bénéficie d'une bonne notoriété sur un marché régional.

Organisation comptable

La société SécuriHome dispose d'un service comptable dirigé par Mme Sanet, assistée d'un aide-comptable, M. Parot. Celui-ci gère la totalité des ventes et procède aux enregistrements comptables sur PGI. Mme Sanet se charge de toutes les autres opérations courantes et déclarations.

La SARL SécuriHome est assujettie à la TVA au taux normal pour l'essentiel de ses activités. Cependant, le taux réduit s'applique pour les clients qui justifient que les travaux sont effectués dans leur résidence principale achevée depuis au moins deux ans. La SARL est soumise à l'impôt sur les sociétés dans le cadre du régime du réel normal et n'a pas opté pour le paiement de la TVA d'après les débits.

Missions

1 Contrôle des écritures comptables (10 points) > Annexes A1 et A2

En raison de l'arrêt de travail de Mme Sanet pendant le mois de novembre, la SARL a fait appel à votre cabinet d'expertise comptable, ABC, pour les déclarations fiscales. La société lui a communiqué les documents nécessaires pour l'établissement de la TVA de décembre.

1. **Contrôlez les écritures et apportez les corrections nécessaires en justifiant vos résultats.**
2. **Justifiez le montant de la TVA à reverser sur le bâtiment.**

2 Traitement de la déclaration de TVA (10 points) > Annexes B1 et B2

L'expert-comptable qui supervise votre travail a préparé la déclaration de TVA pour le mois de novembre. Celle-ci tient compte des corrections précédentes.

1. **Contrôlez et justifiez les montants entourés sur la déclaration CA3.**
2. **Passez l'écriture de la TVA au 30 novembre.**

3 Gestion du crédit de TVA (6 points) > Annexe C

Jusqu'à maintenant, le crédit de TVA était toujours reporté sur la déclaration du mois suivant.

- **Adressez un courriel à Mme Sanet afin de lui exposer les possibilités de remboursement du crédit de TVA et la démarche à suivre.**

4 Note portant sur la TVA sur les importations (4 points) > Annexe D

L'expert-comptable vous demande de rédiger une note sur la législation fiscale concernant la TVA sur les importations depuis le 01/01/2022. Cette information sera adressée aux clients effectuant des opérations d'importation.

- **Pour réaliser ce travail, vous consultez les sites institutionnels (impots.gouv.fr, service-public.fr…).**

Annexes

Annexe A1 Extraits des journaux

Journal des opérations diverses (extrait) :

Date	Code journal	N° compte général	N° compte tiers	Libellé	Débit	Crédit
04/11	OD	218200		Citroën C5 Picasso 5 places	22 000,00	
		445620			4 400,00	
		404000	Durant			26 400,00
17/11	OD	462000	Divers	Cession bâtiment	135 000,00	
		775200				135 000,00
17/11	OD	213100		Régularisation TVA sur bâtiment cédé	12 445,20	
		445520				12 445,20

Journal des achats (extrait) :

Date	Code journal	N° compte général	N° compte tiers	Libellé	Débit	Crédit
12/11	AC	615000		Réparation chauffage par Filgaz	135,00	
		445860			27,00	
		401000	Filgaz			162,00
14/11	AC	607100		Achat alarmes à Figaro (Espagne)	2 300,00	
		445661			460,00	
		401200	Figaro			2 760,00
24/11	AC	606100		Plein essence Peugeot 308	80,00	
		445660		(Montant HT : 80 €)	16,00	
		401000	Total			96,00

Journal de banque (extrait) :

Date	Code journal	N° compte général	N° compte tiers	Libellé	Débit	Crédit
30/11	BQ	401000	Total	Relevé Banque Populaire 30/11	96,00	
		401000	Filgaz		162,00	
		401200	Figaro		2 300,00	
		462000	Vendoux			9 600,00
		462000	Divers			135 000,00
		512100		Équilibrage automatique	142 042,00	

Annexe A2

Informations complémentaires

La SARL SécuriHome a cédé le 17 novembre N un bâtiment pour un montant de 135 000 €. L'acte de vente ne stipule aucun montant de TVA. Ce bâtiment avait été acheté le 3 mars N–7 pour 103 710 € (TVA : 20 %). Début novembre, la société a fait l'acquisition d'un véhicule de tourisme Citroën C5 pour 22 000 € HT.

Annexe B1

Données préparatoires à l'établissement de la déclaration de TVA

	Facturation HT	Encaissements et décaissements TTC
Ventes en France		
Ventes systèmes alarme 20 %	125 280,20	102 804,00
Ventes systèmes alarme 10 %	2 710,85	2 209,57
Installations à 20 %	3 195,75	6 740,40
Installations à 10 %	1 002,95	962,50
Maintenances à 20 %	3 124,35	3 717,60
Maintenances à 10 %	1 098,70	984,50
Ventes à l'étranger		
Ventes systèmes alarme UE[1]	23 976,80	18 245,65
Ventes systèmes alarme hors UE	34 674,87	22 874,85
Achats de biens et de services en France		
Achats de biens 20 %	131 253,75	90 150,36
Fournisseurs sans option sur les débits		
Achats de services 20 %	7 100,45	10 434,00
Acomptes sur services 20 %		6 624,00
Fournisseurs avec option sur les débits		
Achats de services 20 %	4 710,20	3 476,40
Acomptes sur services 20 %		4 476,00
Achats dans l'Union européenne		
Achats de biens	2 300,00	2 300,00
Acquisitions d'immobilisations		
Achats d'immobilisations[2]	46 000,00	27 600,00

1. Les clients de l'UE règlent à 30 jours. De plus, tous les numéros de TVA intracommunautaire ont bien été échangés entre les partenaires commerciaux.
2. Les factures d'immobilisations (montants HT) comprennent une camionnette pour 24 000 € et le véhicule Citroën C5 Picasso pour 22 000 €. Les deux immobilisations ont été réglées pour moitié en novembre, le solde sera réparti sur décembre et janvier.

Annexe D

Régime applicable à la TVA sur les importations depuis le 1er janvier 2022

Les entreprises doivent collecter et déduire la TVA due aux titres des importations sur la même déclaration de TVA (déclaration CA3). L'auto-liquidation de la TVA à l'importation est la règle de principe pour toutes les importations réalisées par des assujettis identifiés à la TVA en France. Ainsi, aucune avance de trésorerie n'est demandée au moment de l'importation des marchandises en France.
La déclaration CA3 des entreprises importatrices est préremplie du montant des importations réalisées et de la TVA due à l'importation à partir des éléments déclarés à l'administration des douanes.

Annexe B2

Déclaration de TVA CA3 du mois de novembre N

A MONTANT DES OPÉRATIONS RÉALISÉES

	OPÉRATIONS TAXÉES (HT.)				OPÉRATIONS NON TAXÉES		
A1	Ventes, prestations de services	0979	138 476	E1	Exportations hors UE	0032	34 675
A2	Autres opérations imposables	0981		E2	Autres opérations non imposables	0033	
A3	Achats de prestations de services intracommunautaires (article 283-2 du code général des impôts)	0044		E3	Ventes à distance taxables dans un autre État membre au profit des personnes non assujetties	0047	
A4	Importations (autres que les produits pétroliers)	0056		E4	Importations (autres que les produits pétroliers)	0052	
A5	Sorties de régime fiscal suspensif (autres que les produits pétroliers)	0051		E5	Sorties de régime fiscal suspensif (autres que les produits pétroliers)	0053	
B1	Mises à la consommation de produits pétroliers	0048		E6	Importations placées sous régime fiscal suspensif (autres que les produits pétroliers)	0054	
B2	Acquisitions intracommunautaires	0031	2 300	F1	Acquisitions intracommunautaires	0055	
B3	Livraisons d'électricité, de gaz naturel, de chaleur ou de froid imposables en France	0030		F2	Livraisons intracommunautaires à destination d'une personne assujettie	0034	23 977
B4	Achats de biens ou de prestations de services réalisés auprès d'un assujetti non établi en France (article 283-1 du code général des impôts)	0040		F3	Livraisons d'électricité, de gaz naturel, de chaleur ou de froid non imposables en France	0029	
B5	Régularisations (important : cf. notice)	0036		F4	Mises à la consommation de produits pétroliers	0049	

B DÉCOMPTE DE LA TVA À PAYER

	TVA BRUTE		Base hors taxe	Taxe due
	Opérations réalisées en France métropolitaine			
08	Taux normal 20 %	0207	136 295	27 259
09	Taux réduit 5,5 %	0105		
9B	Taux réduit 10 %	0151	4 481	448
15	TVA antérieurement déduite à reverser (dont TVA sur les produits pétroliers ....) (dont TVA sur les produits importés hors produits pétroliers ....)	0600		12 445
5B	Sommes à ajouter, y compris acompte congés (exprimées en euro)	0602		
16	**Total de la TVA brute due (lignes 08 à 5B)**			40 152
17	**Dont TVA sur acquisitions intracommunautaires**	0035		460
18	**Dont TVA sur opérations à destination de Monaco**	0038		

La ligne 11 ne concerne que les DOM.
Les autres opérations relevant du taux de 2,1 % sont déclarées sur l'annexe 3310 A-SD.

	TVA DÉDUCTIBLE		
19	Biens constituant des immobilisations	0703	9 200
20	Autres biens et services	0702	31 242
21	Autre TVA à déduire (dont régularisation de : - TVA sur les produits pétroliers : - TVA sur les produits importés hors produits pétroliers : - TVA collectée sur autres produits ou PS [cf. notice] ou déductible :)	0059	
22	Report du crédit apparaissant ligne 27 de la précédente déclaration	8001	
2C	Sommes à imputer, y compris acompte congés (exprimées en euro)	0603	
23	**Total TVA déductible (ligne 19 à 2C)**		40 442
24	Dont TVA déductible sur importations hors produits pétroliers	0710	
2E	Dont TVA déductible sur les produits pétroliers	0711	

22A Indiquer le coefficient de taxation unique applicable pour la période s'il est différent de 100 ..... %

	CRÉDIT				TAXE À PAYER		
25	Crédit de TVA (ligne 23 – ligne 16)	0705	290	28	**TVA nette due (ligne 16 – ligne 23).**		
26	Remboursement de crédit demandé sur formulaire n° 3519 joint	8002		29	Taxes assimilées calculées sur annexe n° 3310 A-SD	9979	
AA	Crédit de TVA transféré à la société tête de groupe sur la déclaration récapitulative 3310-CA3G	8005		AB	Total à payer acquitté par la société tête de groupe sur la déclaration récapitulative 3310-CA3G (lignes 28 + 29)	9991	
27	Crédit à reporter (ligne 25 – ligne 26 – ligne AA) (Cette somme est à reporter ligne 22 de la prochaine déclaration)	8003	290	32	**Total à payer (lignes 28 + 29 – AB)** (N'oubliez pas de joindre le règlement correspondant)		

Attention ! Une situation de TVA créditrice (ligne 25 servie) ne dispense pas du paiement des taxes assimilées déclarées ligne 29.

Annexe C

Coordonnées du service comptable de la société SécuriHome

Courriel de Mme Sanet : sanet.marie@securihome.fr
Courriel de M. Parot : parot.herve@securihome.fr

Contexte 3

Présentation du cabinet Brune

L'entreprise et son activité

FICHE D'IDENTITÉ

- **Dénomination sociale :** Cabinet Brune
- **Adresse :** 18, rue des Lilas 75019 Paris
- **Téléphone :** 01 42 79 85 XX
- **Statut juridique :** SARL
- **Secteur d'activité (code APE ou NAF) :** 6920Z Expertise comptable
- **Effectif :** 15 salariés
- **Capital :** 7 500 €
- **Numéro de TVA intracommunautaire :** FR12 567432985
- **Régime de TVA :** réel normal
- **Statut RCS :** immatriculée au RCS le 01/11/2001
- **SIREN :** 515 404 571
- **SIRET siège :** 515 404 571 00048
- **Régime d'imposition des bénéfices :** IS, régime du réel normal

M. Brune a obtenu son diplôme d'expertise comptable (DEC) en 1998. Par la suite, il a notamment occupé les fonctions de chef comptable d'un grand groupe. Après plusieurs années d'expérience, M. Brune a décidé de créer son propre cabinet d'expertise comptable en 2001. Situé à Paris, ce cabinet emploie aujourd'hui :
- M. Brune, l'expert-comptable ;
- sept collaborateurs ;
- sept assistants collaborateurs.

Ce cabinet d'expertise comptable à taille humaine possède un portefeuille de près de 300 clients, dont une forte proportion de PME, dans des activités artisanales et commerciales.

Chaque collaborateur, aidé par un assistant, a sous sa responsabilité une cinquantaine de dossiers.

Contexte 3

Les missions du cabinet

Les différentes missions du cabinet sont :
- une tenue complète de la comptabilité, de la saisie des opérations courantes jusqu'à l'établissement des comptes annuels ;
- l'établissement des déclarations fiscales et leur transmission à l'administration fiscale, notamment la déclaration de TVA selon le régime simplifié (CA12) ;
- la gestion de la paie (l'établissement des bulletins de paie et les déclarations diverses aux organismes sociaux) ;
- la réalisation de missions spécifiques comme l'établissement des statuts d'une entreprise.

En fonction de la taille de l'entreprise, les missions varient de la simple tenue comptable pour les petites entreprises à des travaux de production et de contrôle de l'information financière pour les entreprises les plus grandes.

Environnement numérique

Le cabinet Brune dispose d'un système informatique performant organisé en réseau sur lequel chaque collaborateur dispose d'un accès complet. Néanmoins, pour des raisons de confidentialité, les stagiaires disposent d'un accès limité.
Selon un planning établi par M. Brune, chaque collaborateur effectue à tour de rôle une veille hebdomadaire sur la réglementation comptable, financière, fiscale et sociale. Les résultats de cette veille, placés sur l'espace numérique, sont partagés par l'ensemble des collaborateurs.

Votre mission

M. Bonnet est collaborateur au sein du cabinet. Il a accepté de vous prendre en stage pour la validation de votre BTS comptabilité et gestion. S'agissant de votre deuxième période de stage au sein de ce cabinet, il souhaite que vous l'aidiez dans les travaux fiscaux. Il vous confie essentiellement deux dossiers :
- Valérie Latour, L'Hair du temps (un salon de coiffure), une EURL soumise aux BIC ;
- la SARL Dormiot, une PME d'une quinzaine de salariés spécialisée dans la vente de pièces automobiles, soumise à l'impôt sur les sociétés.

Comprendre le contexte

1 Le salon de coiffure et la SARL Dormiot ont-ils le même régime d'imposition ?

2 De quel critère dépend le régime d'imposition ?

3 Comment s'organise la veille au sein de ce cabinet ? Qu'en pensez-vous ?

CHAPITRE 5

Du résultat comptable au résultat fiscal

SAVOIRS ASSOCIÉS

- Obligations comptables et fiscales communes et spécifiques à chaque régime fiscal
- Assiette fiscale
- Champ d'application des impôts sur les résultats des entreprises (BIC et IS)

COMPÉTENCE

Définir le champ d'application de l'impôt sur les revenus de l'entreprise

Situation professionnelle

Lors de l'entretien que vous avez eu avec M. Bonnet, vous avez convenu que vos tâches commenceraient par la préparation des travaux fiscaux de la SARL Dormiot, qui est spécialisée dans la vente de pièces automobiles. Pour cela, dans un premier temps, vous terminez avec vos collègues les travaux d'inventaire qui permettront la production des documents de synthèse et du résultat comptable. Ce n'est qu'ensuite que vous pourrez commencer les travaux fiscaux. Une fois les déclarations fiscales effectuées, elles seront envoyées à l'administration fiscale, qui pourra vérifier le montant de l'impôt. M. Bonnet a insisté sur la rigueur de votre travail afin d'éviter du retard, des erreurs et, surtout, un redressement fiscal.

› Voir présentation générale, p. 77

1. À quel moment sont effectués les travaux fiscaux relatifs au calcul de l'impôt ? Pour quelle raison ?
2. L'administration fiscale est-elle chargée d'établir les déclarations fiscales ?
3. Quel est le risque encouru en cas d'erreurs dans les déclarations ?

Activités professionnelles guidées

Activité 1 Distinguer le résultat comptable du résultat fiscal

M. Bonnet souhaite vous confier les travaux fiscaux. Il vous remet le dossier de la SARL Dormiot et vous propose une première méthode pour déterminer le résultat fiscal.

Votre mission

1. Pour quelle raison cette entreprise est-elle soumise à l'impôt en France ?

> Fiche ressource 1

2. Présentez le **compte de résultat** de la SARL Dormiot.

> Annexe 1

Présenter le compte de résultat comme vous avez appris à le faire dans le Processus 1, en distinguant les produits et les charges d'exploitations, financiers exceptionnels.

3. Déterminez le **résultat fiscal** sous forme de tableau et en déduisant le résultat comptable.

> Fiche ressource 2 + Annexes 1 et 2

Construire un tableau avec une colonne « Charges déductibles » et une colonne « Produits imposables ».

4. Que pouvez-vous en conclure ?

Annexe 1 Balance de la SARL Dormiot

Compte	Libellé	Solde débiteur	Solde créditeur
101	Capital		40 000 €
1515	Provisions pour perte de change		41 €
164	Emprunt		30 000 €
215	Installations techniques	50 000 €	
37	Stocks de marchandises	42 340 €	
401	Fournisseurs		16 400 €
411	Clients	21 350 €	
476	Différences de conversion – Actif	41 €	
477	Différences de conversion – Passif		312 €
512	Banque	14 562 €	
607	Achats de marchandises	755 350 €	
6022	Fournitures consommables	5 980 €	
635	Impôts, taxes	14 240 €	
641	Charges de personnel	434 000 €	
661	Charges d'intérêts	1 445 €	
671	Pénalités et amendes	720 €	
686	DAP (dotation aux amortissements et provisions) financières	41 €	
707	Ventes de marchandises		1 253 316 €

Annexe 2 Informations sur les produits et les charges de la SARL Dormiot

L'ensemble des charges de la SARL Dormiot est déductible au niveau fiscal, sauf les amendes et la DAP financières. L'ensemble des produits de la SARL Dormiot est imposable au niveau fiscal. L'écart de conversion actif est déductible. L'écart de conversion passif est imposable.

> Voir lexique BTS CG, p. 255

Activité

2 Déterminer le résultat fiscal à partir du résultat comptable

M. Bonnet vous félicite pour votre travail. Néanmoins, pour des raisons pratiques et de rentabilité, il préconise une autre méthode pour déterminer le résultat fiscal de la SARL Dormiot, à partir du résultat comptable.

Votre mission

1. Déterminez les retraitements appropriés.

> Fiche ressource 2 + Annexe 3

Compléter le tableau en annexe 3.
Attention : s'il y a concordance entre le résultat comptable et fiscal, il n'y a aucun retraitement.
M. Bonnet a commencé à compléter le tableau pour vous aider.

2. Retrouvez le résultat fiscal déterminé en activité 1 à l'aide des retraitements.

> Fiche ressource 1

Partir du résultat comptable, ajouter les réintégrations et soustraire les déductions.

Annexe 3 Tableau des retraitements

Compte	Libellé	Conséquence sur le résultat comptable	Conséquence sur le résultat fiscal	Retraitement
476	Différences de conversion – Actif	Aucun	Baisse	Déduction
477	Différences de conversion – Passif			
607	Achats de marchandises	Baisse	Baisse	Rien à faire
6022	Fournitures consommables			
635	Impôts, taxes			
641	Charges de personnel			
661	Charges d'intérêts			
671	Pénalités et amendes			
686	DAP financières			
707	Ventes de marchandises			

> Voir lexique BTS CG, p. 255

Activité 3 Déterminer les conséquences du régime d'imposition

Le résultat fiscal déduit, M. Bonnet souhaite que vous déterminiez le montant de l'imposition de la SARL Dormiot.

Votre mission

1. Déterminez si c'est à l'entreprise ou aux actionnaires de payer le montant de l'impôt.
   > Fiche ressource 1
2. Calculez le montant de l'impôt sur les sociétés.
   > Annexes 4 et 5
   Attention : l'impôt se détermine sur le résultat fiscal, et non comptable.
3. Déduisez le résultat net comptable.
   Attention : il faut repartir du résultat comptable.
4. Précisez quelles auraient été les conséquences fiscales si l'entreprise avait été soumise à l'IR.
   > Fiche ressource 1
   Déterminer qui paierait l'impôt, et dans quelle catégorie.

Annexe 4 Application du taux d'IS

Depuis 2022, le taux de l'IS au taux de droit commun est de 25 %.

Annexe 5 Règle d'arrondissement

L'article 26 de la loi n° 98-546 du 2 juillet 1998 a institué une règle unique d'arrondissement pour l'ensemble des impôts : l'arrondissement doit s'effectuer à l'euro le plus proche.

> Voir lexique BTS CG, p. 255

CHAPITRE 5

Fiche ressource 1

Les régimes d'imposition et la territorialité

I Deux régimes d'imposition

L'entreprise dégage un résultat qui sera soumis soit à l'impôt sur les sociétés (IS) soit à l'impôt sur le revenu. Ces deux modes d'imposition présentent des similitudes, mais aussi des différences, dont la plus importante est la personne qui devra acquitter l'impôt.

1. Le statut juridique

L'imposition d'une société dépend en partie de son statut juridique. Les micro-entreprises, entreprises individuelles, EIRL (statut juridique supprimé à partir de 2022), EURL et SNC sont soumises à l'impôt sur le revenu. Les sociétés anonymes (SA) et les sociétés par actions simplifiées (SAS) sont soumises à l'impôt sur les sociétés.

2. Les conséquences du régime d'imposition

Les sociétés de capitaux	Les sociétés soumises à l'IR
• Elles sont soumises à l'IS, par défaut. • Elles peuvent néanmoins opter pour l'IR (sous certaines conditions). • Elles sont redevables de l'impôt (en tant que personnes morales). • Les actionnaires sont imposables uniquement sur les dividendes perçus, mais pas sur le résultat fiscal.	• L'imposition s'applique directement aux associés. • Les associés sont imposés sur le résultat fiscal, au prorata du pourcentage du capital qu'ils possèdent. • Les associés sont imposables même si l'entreprise ne distribue pas de dividendes. **Exemple :** Une EURL a un résultat fiscal de 70 000 €, mais l'associé ne prélève que 20 000 € sur les bénéfices ; il déclarera 70 000 € au titre de l'IR.

II La prise en compte de la territorialité

Il s'agit de déterminer si les bénéfices sont imposables en France. En effet, à l'heure de la mondialisation, de nombreuses personnes physiques ou morales ont des revenus qui proviennent de plusieurs pays différents.

1. Le territorialité des entreprises soumises à l'IS

Selon le Code général des impôts (CGI), pour être imposable en France, il faut :
- que les bénéfices soient réalisés par des entreprises situées en France ;
- que les bénéfices soient réalisés en France (même si le siège social se situe à l'étranger), s'il existe un cycle commercial complet (de l'achat à la vente) ou qu'il existe un établissement permanent et autonome en France ;
- qu'il y ait des revenus dont des conventions internationales ont attribué l'imposition en France.

Les activités situées dans un pays étranger ne sont pas imposées en France à condition qu'il existe la réalisation d'un cycle commercial complet se détachant des autres opérations de l'entreprise (de l'achat jusqu'à la vente des produits), ou bien que l'activité soit réalisée grâce à un établissement situé à l'étranger (usine, filiale, etc.).

2. La territorialité des entreprises soumises à l'IR

Sont passibles de l'impôt sur le revenu : les personnes ayant leur domicile fiscal en France (avoir son foyer ou son lieu de séjour principal plus de 183 jours par an) ; les personnes dont le domicile fiscal est situé hors de France, mais dont les revenus proviennent de France.

Fiche ressource 2

Du résultat comptable au résultat fiscal

I La détermination du résultat comptable

Le compte de résultat et le bilan permettent de déterminer le résultat comptable.
Le compte de résultat est un document de synthèse qui récapitule les charges et les produits de l'année :
- les produits (classe 7) ont pour conséquence d'augmenter le résultat comptable ;
- les charges (classe 6) ont pour conséquence de diminuer le résultat comptable.

Les opérations comptables dans lesquelles il n'y a ni produit ni charge n'ont aucune influence sur la détermination du résultat comptable.

Résultat comptable = produits – charges

En cours d'exercice, les opérations sont enregistrées en appliquant les règles comptables, sans tenir compte des règles fiscales.

II La détermination du résultat fiscal

Le résultat fiscal dégagé par l'activité d'une entreprise correspond aux revenus qui sont soumis à l'impôt. Il permet de déterminer la base imposable. C'est seulement en fin d'exercice, lorsque le résultat comptable est connu, que l'on détermine le résultat imposable. Cette détermination du résultat fiscal se fait par retraitement à partir du résultat comptable.

III Le passage du résultat comptable au résultat fiscal

Pour la majorité des opérations enregistrées en comptabilité, les règles comptables et fiscales sont concordantes. Pour ces opérations, il n'y a donc aucun retraitement. Les retraitements ne concernent donc qu'une minorité d'opérations.

1. Les différences entre résultat comptable et fiscal

Les résultats comptable et fiscal sont souvent différents, pour plusieurs raisons :
- certaines charges comptabilisées ne sont pas déductibles au niveau fiscal ;
- certains produits comptabilisés ne sont pas imposables au niveau fiscal ;
- certaines charges n'ont pas été comptabilisées, mais sont déductibles ;
- certains produits n'ont pas été comptabilisés, mais sont imposables.

2. Les deux types de traitement

Pour déterminer le résultat fiscal, il faut donc partir du résultat comptable et effectuer des retraitements de deux types :
- les retraitements qui augmentent le résultat fiscal sont des réintégrations ;
- les retraitements qui diminuent le résultat comptable sont des déductions.

Résultat fiscal = résultat comptable + réintégrations – déductions

CHAPITRE 5

Pour vérifier ses acquis

Retrouvez ce QCM en version interactive www.lienmini.fr/7022-505

1 QCM

1 Le résultat comptable est la différence :

- ☐ entre les encaissements et les décaissements.
- ☐ entre les produits et les charges.

2 Une charge :

- ☐ diminue le résultat comptable.
- ☐ entraîne une sortie d'argent.
- ☐ est toujours déductible.

3 Le résultat fiscal :

- ☐ est supérieur au résultat comptable.
- ☐ sert de base d'imposition.
- ☐ mesure la performance de l'entreprise.

4 Le résultat fiscal :

- ☐ s'obtient à partir du résultat comptable.
- ☐ s'obtient en fin d'exercice.
- ☐ sert de base pour calculer le résultat comptable.

5 Pour une entreprise, il est préférable :

- ☐ que le résultat fiscal soit élevé.
- ☐ que le résultat fiscal soit faible.

6 Un retraitement :

- ☐ peut être une réintégration ou une déduction.
- ☐ est une personne qui part à la retraite.

7 Une réintégration a pour conséquence :

- ☐ une augmentation du résultat fiscal.
- ☐ une diminution du résultat fiscal.

8 Le régime d'imposition d'une entreprise IR/IS dépend-il :

- ☐ de son CA annuel HT ?
- ☐ de son activité ?
- ☐ de sa forme juridique ?

2 Mini-cas

- Dans chaque cas ci-dessous, et en l'absence de conventions internationales, indiquez si l'imposition sera effectuée en France ou à l'étranger.

Cas 1

L'EURL Grandu, située à Bordeaux, a réalisé un bénéfice de 25 000 €. L'associé unique, M. Kings, a la nationalité belge.

Cas 2

La SARL Petidu, située à Marseille, vend des marchandises. Elle a réalisé un bénéfice de 70 000 €, dont 10 000 € proviennent d'exportations.

Cas 3

M. Bouba vit à Miami. Il est artiste et vend des tableaux exclusivement en France.

Cas 4

M. Brout possède une entreprise en Italie. Cette année, il a effectué deux séjours en France : du 15 mars au 15 juin et du 10 septembre au 20 décembre.

Cas 5

La SA Domino a réalisé un bénéfice de 488 000 € en France. Elle possède une filiale en Italie, qui a réalisé un bénéfice de 120 000 €.

Pour s'entraîner

1 Déterminer le résultat fiscal d'une entreprise individuelle

★ **RÉSULTAT ATTENDU** Une caractérisation du régime fiscal retenu

Situation

Vous travaillez dans un cabinet comptable. M. Pierre vous demande de l'aider à déterminer le résultat fiscal de l'entreprise individuelle Durond. Le montant des produits s'élève à 60 000 €, et celui des charges à 43 000 €.

1 Déterminez le résultat comptable.

2 À partir de l'annexe, déterminez le résultat fiscal.

3 À quel régime d'imposition sera soumise cette entreprise ?

Annexe **Opérations réalisées durant l'année**

Produits comptabilisés mais non imposables	1 000 €
Charges comptabilisées mais non déductibles	2 500 €
Charges non comptabilisées et non déductibles	200 €
Charges non comptabilisées et déductibles	500 €
Produits non comptabilisés mais imposables	700 €

2 Déterminer un résultat fiscal à partir d'un résultat comptable

★★ **RÉSULTAT ATTENDU** Une caractérisation du régime fiscal retenu

Situation

La SARL Balian est une entreprise commerciale spécialisée dans la vente de matériel pédagogique. Vous êtes chargé(e) de travailler sur le calcul du résultat comptable. L'entreprise est soumise au taux réduit de 15 %.

- **À partir de l'annexe, déterminez le résultat fiscal (le résultat comptable est de 10 630 €).**

Annexe **Informations complémentaires**

Parmi les dotations aux amortissements, 1 830 € ne sont pas déductibles fiscalement.
Dans les impôts et taxes figurent 180 € qui ne sont pas déductibles fiscalement.
Dans le bilan figurent des écarts de conversion passif pour 130 €.
Des amendes ont été enregistrées pour un montant de 350 €, mais ne sont pas déductibles.

3 Caractériser un régime fiscal

★★ RÉSULTAT ATTENDU Une caractérisation du régime fiscal retenu

Situation

M. Richon est actionnaire de la SA Ricroc. Il possède 2 000 actions sur un capital de 10 000 actions. Le résultat fiscal de la SA Ricroc est de 255 000 €, son résultat comptable est de 165 000 €. L'entreprise décide de distribuer un dividende unitaire par action de 2,80 €.

1. **Précisez le régime d'imposition de la SA Ricroc et le montant de l'IS pour l'année N.**
2. **Quel pourcentage du capital M. Richon détient-il ?**
3. **Quel montant doit-il déclarer en N au titre de l'impôt sur le revenu ?**

4 Déduire le montant de l'IS du résultat fiscal

★★ RÉSULTAT ATTENDU Une caractérisation du régime fiscal retenu

Situation

La SA Prem Transport est spécialisée dans le transport de marchandises. Les deux associés détiennent la totalité du capital. Le résultat comptable définitif de la société s'élève à 17 000 €, son chiffre d'affaires est de 450 000 € et le capital est entièrement libéré. L'entreprise est soumise au taux réduit d'IS de 15 %. Vous finalisez les travaux fiscaux.

1. **À partir de l'annexe, déterminez le résultat fiscal et compilez les données dans un tableau.**
2. **Déterminez le montant de l'IS et déduisez-en le résultat net comptable.**

Annexe **Précisions sur certaines opérations**

Après analyse des comptes, on a noté les éléments suivants.

477 Écarts de conversion passif	Ils ont été enregistrés pour 45 € en comptabilité. Ils sont imposables au niveau fiscal.
635 Autres impôts, taxes et versements assimilés	Dans ce compte figure notamment la TVTS, pour 380 €. Cette taxe n'est pas déductible pour les sociétés soumises à l'IS.
6712 Pénalités, amendes fiscales et pénales	Des amendes ont été enregistrées pour 180 €. Elles ne sont pas déductibles au niveau fiscal.
681 DAP d'exploitation	Les amortissements des véhicules de tourisme ont été enregistrés pour 5 200 € en comptabilité. La déductibilité est limitée à 3 660 € en fiscalité.
76 Produits financiers	Les dividendes provenant d'une filiale sont de 6 000 €. Au niveau fiscal, ils ne sont imposables qu'à hauteur de 5 %.

5 Choisir une forme juridique et un régime d'imposition

Situation

M. Bonnet vient de recevoir une demande de conseil juridique d'Éric et Damien Duroc, deux frères qui souhaitent créer une entreprise commerciale dans le secteur du matériel d'escalade. Ils veulent associer la femme de Damien, Sarah, qui a de solides compétences en gestion. Compte tenu des motivations des futurs associés, M. Bonnet pense qu'ils doivent opter pour une SARL de famille avec option pour l'IR. Il vous confie le soin d'argumenter ce choix dans une note qu'il transmettra par la suite aux futurs associés.

- À l'aide de l'annexe ci-dessous et de recherches sur Internet, rédigez une note à l'attention de M. Bonnet, précisant :

– les conditions nécessaires pour bénéficier du statut juridique de SARL de famille ;

– les régimes d'imposition des bénéfices possibles (de plein droit et sur option) ;

– les avantages pour une société, représentée par ses associés, d'être soumise à l'IR et non à l'IS.

> COMMUNICATION

Annexe Définition d'une SARL de famille

La SARL de famille est une société à responsabilité limitée dont l'ensemble des parts sociales appartient exclusivement aux membres d'une même famille : les parents en ligne directe (enfants, parents…), les frères et sœurs, les conjoints (mariés) et les partenaires de Pacs. Le régime de la SARL de famille permet de bénéficier d'un statut particulier en matière fiscale sur option.

6 Faire le lien avec le stage/l'apprentissage

Durant votre stage/ apprentissage, avez-vous eu l'occasion d'effectuer des travaux fiscaux ?

1 Quelle était la forme juridique de votre entreprise ?

2 Connaissiez-vous le régime d'imposition de votre entreprise ? Avait-elle exercé une option ?

3 Était-elle imposable en France ?

Contexte 4

Présentation de l'EURL de Valérie Latour – L'Hair du Temps

L'entreprise et son activité

FICHE D'IDENTITÉ

- **Dénomination sociale :** Valérie Latour L'Hair du Temps
- **Adresse :** 16 bis, rue de Saint-Germain 78230 Le Pecq
- **Téléphone :** 01 39 25 71 XX
- **Statut juridique :** EURL
- **Secteur d'activité (code APE ou NAF) :** 9602A Coiffure
- **Effectif :** 2 salariées
- **Capital :** 1 500 €
- **Régime de TVA :** réel normal sur option
- **Statut RCS :** immatriculée au RCS le 15/11/N–4
- **SIREN :** 811 915 511
- **SIRET siège :** 811 915 511 00026
- **Régime d'imposition des bénéfices :** IR, régime normal sur option

Valérie Latour, diplômée en 2005 du brevet professionnel (BP) de coiffure, a obtenu son brevet de maîtrise après 10 ans d'expérience. Elle a ainsi pu réaliser son projet : l'ouverture de son propre salon, sous l'enseigne « L'Hair du Temps ».

Elle a fait appel à un cabinet d'expertise comptable parisien pour l'aider : le cabinet Brune (voir p. 77). Compte tenu de ses motivations, le cabinet comptable lui a conseillé de créer en son nom propre une entreprise unipersonnelle à responsabilité limitée (EURL). À sa création, sur les conseils de son expert-comptable, Valérie Latour n'avait exercé aucune option fiscale en matière de déclaration de bénéfices et de TVA.

Son premier exercice comptable s'est clôturé au 31/12/N–3, avec un bénéfice fiscal de 26 920 €.

Au titre de l'exercice N, Valérie Latour a opté pour le régime réel normal. En effet, depuis sa création, elle a pris de nombreuses décisions pour développer l'activité de son salon et son chiffre d'affaires a régulièrement progressé.

Vous êtes stagiaire au sein du cabinet Brune. Votre tuteur de stage, M. Bonnet, vous associe aux travaux de détermination du résultat fiscal sur ce dossier client.

Contexte 4

Le patrimoine professionnel de Valérie Latour

Valérie Latour a débuté sa carrière en Loire-Atlantique et en région parisienne, avant de reprendre le salon actuel des Yvelines en N–4. Ce dernier avait été créé quelques années auparavant par M. Arthur Guillemet. Mme Latour a acheté le fonds de commerce et les murs de l'immeuble, qui comprend le salon de coiffure tout équipé de 55 m² au rez-de-chaussée et, sur les deux étages supérieurs, un logement de 80 m². L'immeuble est inscrit au bilan de l'entreprise pour une valeur de 185 000 € et le fonds de commerce (valeur de la clientèle) a été repris pour 44 000 €. Les installations et matériels professionnels ont été estimés à 16 437 €.

Les relations avec le cabinet d'expertise comptable

Le cabinet Brune assure une tenue complète de la comptabilité afin de produire la liasse fiscale (résultat comptable, bilan et annexes, dont le tableau de détermination du résultat fiscal) et d'établir les différentes déclarations d'impôts directs et indirects (TVA) ainsi que la gestion mensuelle de la paie.
Valérie Latour apporte au cabinet l'ensemble des pièces comptables, classées par nature (factures fournisseurs, pièces de caisse journalière, plannings d'heures de ses salariées, remises de chèques, remises d'espèces, relevés bancaires et tout autre document juridique, fiscal ou social).
Le collaborateur du cabinet ayant en charge le dossier de Valérie Latour vérifie le classement des pièces comptables dès réception. Il effectue les enregistrements comptables (en général mensuellement), mais parfois, en raison de surcharges de travail, il reporte la saisie sur des périodes de moindre activité. En revanche, chaque fin de mois, le collaborateur saisit les variables de paie sur le logiciel du cabinet et transmet les bulletins de paie des deux salariées par courriel à Valérie Latour, au plus tard le 30 de chaque mois.

Environnement numérique

Valérie Latour a investi en N–2 dans un logiciel de caisse spécifique à l'activité de coiffure : le logiciel Wavy, certifié NF525 (obligation de la loi de finances du 01/01/2018). Ce logiciel de caisse lui fournit des informations clés pour mieux gérer et développer son salon de coiffure. Il permet également de générer des exports mensuels de feuilles de caisse qui peuvent être envoyés par courriel au cabinet comptable.

Comprendre le contexte

1. Quelle est la forme juridique choisie et ses caractéristiques ? Pourquoi Valérie Latour l'a-t-elle choisie ?
2. Quel est le régime d'imposition des bénéfices applicable de plein droit (IR/IS) ? Justifiez votre réponse.
3. Quelles sont les obligations comptables et fiscales du cabinet vis-à-vis de l'EURL ?

CHAPITRE 6

BIC : la détermination du résultat fiscal lié aux produits

SAVOIRS ASSOCIÉS

- Résultat imposable de l'entreprise
- Patrimoine professionnel de l'exploitant individuel
- Règles fiscales d'imposition des produits
- Réintégrations et déductions extracomptables de nature fiscale

COMPÉTENCE

Déterminer le résultat fiscal imposable dans le cas des BIC en identifiant et évaluant les réintégrations et déductions extracomptables nécessaires

> PROCESSUS 7

Une utilisation du tableur adaptée pour automatiser les procédures de calcul

Situation professionnelle

Après une brève présentation du dossier client Valérie Latour, M. Bonnet, votre tuteur, vous expose les différentes sources de revenus liées à l'activité du salon, ainsi que le plan de comptes qui a été créé pour répondre aux besoins d'information et de production des comptes de Mme Latour. L'essentiel du chiffre d'affaires est généré par des prestations de services de coiffure pour femmes, hommes et enfants (coupes, shampooings, soins capillaires, colorations, etc.) et par des ventes de produits cosmétiques et de soins capillaires, essentiellement de la marque L'Oréal. Mais Valérie Latour perçoit également des dividendes de titres, notamment d'actions du groupe L'Oréal (son principal fournisseur), qu'elle a acquises pour placer des excédents de trésorerie.

Cette année, pour diversifier ses sources de revenus d'exploitation, elle a décidé de signer une convention de prestations de coiffure auprès d'une résidence pour personnes âgées (EHPAD) dans un local mis à disposition par l'établissement. Les prestations sont facturées à l'EHPAD en début de mois suivant. Elle décide également d'investir dans du matériel professionnel répondant à des normes de prévention des TMS (troubles musculo-squelettiques) ouvrant droit à une subvention d'équipements.

Enfin, d'un point de vue personnel, Valérie Latour et son conjoint sont devenus propriétaires, en fin d'année N–1, d'une maison individuelle à proximité du salon et n'occupent plus le logement de fonction depuis janvier N. Ce logement est loué à un jeune couple depuis le 1er mars de cette année. Ces décisions récentes ont forcément des incidences sur la détermination du résultat fiscal ; incidences qu'il faudra expliquer à Mme Latour lors du dépôt et de la présentation de ses comptes de fin d'exercice.

> Voir présentation générale, p. 89

1. Indiquez les différentes sources de revenus de l'entreprise pour l'année N.
2. Classez ces revenus par natures de produits (d'exploitation, financiers et exceptionnels).
3. Sur le plan fiscal, quelle sera la mission du cabinet par rapport à ces différents types de revenus ? Quel est l'objectif visé ?

Activités professionnelles guidées

Activité 1 Analyser les produits d'exploitation de l'EURL

M. Bonnet a procédé aux différents travaux d'inventaire. À partir de la balance des comptes après inventaire et du Grand Livre, il procède à la révision des comptes et à leur analyse fiscale. Il vous demande dans un premier temps d'analyser fiscalement les produits d'exploitation.

Votre mission

1. **Présentez un tableau d'analyse des produits d'exploitation en précisant, pour chaque compte et nature de produit, s'ils sont imposables aux BIC ou non imposables. Justifiez vos réponses.**

> Fiche ressource 1 + Annexes 1, 2, 3 et 4

Rappeler le principe d'indépendance des exercices et les règles de rattachement des créances en retrouvant l'écriture d'inventaire liée à la créance client EHPAD.

Attention au cas particulier des revenus des immeubles affectés à des activités non professionnelles (produits dits « accessoires »). M. Bonnet a conseillé à Mme Latour d'exercer l'option fiscale.

2. **Comment le collaborateur comptable prenait-il en compte avant l'année N l'occupation à titre gracieux par Mme Latour et sa famille du logement de fonction ? Quel type de retraitement fiscal était nécessaire ?**

> Fiche ressource 1 + Annexe 5

Un produit de location apparaissait-il dans les comptes de l'entreprise pour l'occupation à titre gracieux du logement par l'exploitante ?

Annexe 1 Extrait de la balance des comptes de produits au 31/12/N après inventaire

Compte	Intitulé	Solde débiteur	Solde créditeur
706001	Vente de prestations de services au comptant		94 208,50 €
706002	Vente de prestations de services – Client en compte		10 892,00 €
707000	Vente de soins et de produits capillaires		19 712,50 €
752000	Revenus des immeubles non affectés à des activités pro.		6 700,00 €
758000	Produits divers de gestion courante		25,65 €
	Sous-total 1 – Comptes de produits d'exploitation (70 à 75)		**131 538,65 €**
…	…		…
	Sous-total 2 – Comptes de produits financiers		**1 589,32 €**
…	…		…
	Sous-total 3 – Compte de produits exceptionnels		**5 965,26 €**
	Total général des produits		**139 093,23 €**

> Voir lexique BTS CG, p. 255

Annexe 2 Note de M. Bonnet

Les comptes de produits directement liés à l'activité principale sont subdivisés en 3 comptes.

706001	706002	707000
Compte utilisé pour les prestations de services de coiffure (hommes, femmes et enfants confondus) réalisées en salon. Ce CA HT correspond au cumul des exports mensuels du logiciel de caisse Wavy pour les paiements au comptant (espèces, chèques et CB).	Les prestations de services réalisées auprès des résidents de l'EHPAD sont facturées et un compte spécifique a été créé : Prestations de services – Client en compte.	Les ventes de crèmes de soins et de produits capillaires correspondent à des ventes de marchandises en salon.

Les comptes de produits liés à l'activité accessoire sont divisés en 2 comptes.

752000	758000
Location à des tiers de l'immeuble à usage d'habitation inscrit au bilan. Le loyer de 670 € par mois (charges comprises) est payable en début de mois. Le contrat de location a été signé le 1er mars N. Le montant annuel des loyers perçus est marginal ; il ne dépasse pas 5 % de l'ensemble des produits de l'exercice. J'ai conseillé à Mme Latour d'exercer l'option fiscale sur les produits accessoires liés aux revenus des immeubles non liés à l'activité professionnelle.	Les produits divers de gestion courante correspondent à des arrondis de déclarations fiscales et sociales.

Annexe 3 Extrait du Grand Livre des comptes au 31/12/N

Extrait du Grand Livre des ventes de prestations de services					
706002 – Vente de prestations de services – Client en compte					
Date	Code J	N° pièce	Libellé	Débit	Crédit
31/12/N	OD	125	Facture client EHPAD à établir		690,00 €
Extrait du Grand Livre des revenus d'immeubles					
752000 – Revenus des immeubles non affectés à des activités professionnelles					
Date	Code J	N° pièce	Libellé	Débit	Crédit
01/03/N	BQ	43	Virement loyer mars		670,00 €
…	…	…	…	…	…
01/12/N	BQ	1281	Virement loyer décembre		670,00 €

Annexe 4 Documentation juridique : règle de rattachement des créances

Les produits issus de l'activité professionnelle de l'entreprise, que celle-ci soit commerciale (vente de marchandises), industrielle (vente de produits finis) ou de prestation (travaux, prestations de services) sont fiscalement imposables si les conditions fixées par l'article 38 du Code général des impôts sont respectées : « […] Les produits correspondant à des créances sur la clientèle ou à des versements reçus à l'avance en paiement du prix sont rattachés à l'exercice au cours duquel intervient la livraison des biens pour les ventes ou opérations assimilées et l'achèvement des prestations pour les fournitures de services. »

Extrait de la veille fiscale cabinet Brune

Annexe 5 Documentation juridique : immeuble affecté à l'habitation de l'exploitant

Produits autres que les ventes, travaux et prestations de service.
Lorsqu'un immeuble figurant à l'actif d'une entreprise est affecté à l'habitation de l'exploitant (ou affecté gratuitement à l'habitation d'un associé), le montant de cet avantage, estimé à la valeur locative réelle des locaux, doit être rattaché aux résultats imposables.

www.impots.gouv.fr

Activités professionnelles guidées

Activité 2

Analyser les produits financiers de l'EURL et autre élément non comptabilisé en produit

M. Bonnet vous confie l'analyse fiscale des produits financiers. Il vous présente quelques éléments du contexte pour mieux comprendre les lignes de produits financiers que vous devez analyser. Il vous rappelle quelques règles fiscales et comptables relatives à certains produits et aux créances et dettes libellées en devises étrangères. Les différentes informations nécessaires à l'analyse fiscale de ces produits financiers sont issues du logiciel comptable.

Votre mission

1. **Présentez un tableau d'analyse des produits financiers en précisant s'ils sont imposables aux BIC ou non imposables. Justifiez vos réponses.**

> Fiche ressource 2 + Annexes 6, 7 et 8

2. **Analysez la dette commerciale vis-à-vis du fournisseur Life Resonance AG en justifiant les montants inscrits dans les journaux d'achat et OD de décembre N (calcul et analyse comptable). Procédez ensuite à l'analyse fiscale de cette opération.**

> Fiche ressource 2 + Annexes 9 et 10

Rappeler la règle fiscale relative aux différences de conversion passif. Préciser quel est le retraitement fiscal nécessaire.

Attention à l'interprétation de l'écart de conversion :
- pour une créance, si le cours à l'inventaire (VI) est supérieur au cours de facturation (VN), on a un gain de change latent ; dans le cas contraire, c'est une perte latente de change ;
- pour une dette, si VI est inférieur à VN, on a un gain de change latent.

Annexe 6 Extrait de la balance des comptes au 31/12/N (produits financiers)

	Sous-total 1 – Comptes de produits (70 à 75)		**131 538,65 €**
761100	Revenus des titres de participation[1]		115,50 €
764000	Revenus des valeurs mobilières de placement[2]		67,00 €
765000	Escomptes obtenus[3]		224,82 €
767000	Produits nets sur cessions de VMP[4]		126,00 €
786650	Reprise sur dépréciations des VMP[5]		1 056,00 €
	Sous-total 2 – Comptes de produits financiers		**1 589,32 €**

Annexe 7 Extrait de la revue fiduciaire

« L'administration considère que les produits de placement de la trésorerie de l'activité professionnelle, quelle que soit leur forme (dépôt, compte courant, placement sous forme de produits financiers, achat de titres), sont exclus du bénéfice professionnel imposable. »

www.revue-fiduciaire.com

Annexe 8 Notes du stagiaire prises lors de la réunion de travail avec M. Bonnet

1. Ces produits financiers (dividendes) correspondent à 30 titres immobilisés acquis le 9 février N–2 pour un montant de 5 170,50 € (cours du jour de 172,35 € par action) ; titres inscrits dans le compte 261. Le dividende unitaire N–1 approuvé à l'AG a été versé au 30/04/N et s'élève à 3,85 € (progression de plus de 8,5 %).
2. Revenus d'un portefeuille de titres inscrits au bilan en VMP (compte 503).
3. Escomptes obtenus de divers fournisseurs.
4. Résultats nets des cessions de VMP : ils relèvent du régime des plus-values professionnelles à LT.
5. Reprise de dépréciations VMP : relève du régime des plus-values professionnelles à LT.

Annexe 9 Opération commerciale avec le fournisseur Life Resonance AG, décembre N

Extrait du journal des achats de décembre N

Journal AC

Date	Pièce	Compte	Tiers	Libellé	Débit	Crédit
17/12/N	12-08	601300		Achats MP Fourn. Life Resonance AG	380,98 €	
		401000	401LIFE			380,98 €

Extrait du journal des opérations diverses de décembre N

Journal OD

Date	Pièce	Compte	Tiers	Libellé	Débit	Crédit
31/12/N	12-34	401000	401LIFE	Diff. de conversion passif	6,09 €	
31/12/N	12-34	477000				6,09 €

Annexe 10 Gain latent de change avec notre fournisseur Life Resonance AG

Mme Valérie Latour, très sensible aux bienfaits des plantes, a souhaité depuis N s'approvisionner auprès de la société Suisse Life Resonance AG, fabricant de produits cosmétiques naturels et énergisants. Au 31/12/N, le grand livre des comptes fait apparaitre, au compte de tiers fournisseur 401LIFE, un solde créditeur de 380,98 € correspondant à une facture de 420 CHF (francs suisses) liée à une livraison de produits cosmétiques du 17/12/N.

Cours du jour de la livraison (facturation) : 1 CHF = 0,9071 EUR ou 1 € = 1,10241 CHF

Cours au 31/12/N : 1 CHF = 0,8926 EUR

Un gain de change latent a été comptabilisé au journal des OD afin de régulariser le compte de dette.

› Voir lexique BTS CG, p. 255

Activité 3

Analyser les produits exceptionnels de l'EURL

Cette année, Mme Latour a investi dans du nouveau mobilier professionnel (bacs à shampooing et fauteuils réglables en hauteur) en prévention des TMS, ouvrant droit à une subvention. Cette subvention d'investissement a été demandée le 15/01/N, octroyée le 05/03/N et versée le 15/04/N par la CNAM des Yvelines. Fin avril, Mme Latour a fait l'acquisition de trois bacs Ultrawash Up réglables en hauteur, avec fauteuils. Le coût de l'investissement et de l'installation s'élève à 2 900 €. Ils ont été mis en service le 02/05/N, inscrits à l'actif du bilan au compte 2184 et amortis sur 10 ans

Votre mission

1. Présentez un tableau d'analyse des produits exceptionnels.

> Fiche ressource 3 + Annexes 11 et 12

Pour chaque compte et nature de produit, préciser s'il est imposable aux BIC ou non imposable. Justifier les réponses.

2. Expliquez dans une note l'option fiscale retenue au cours de l'exercice comptable par Mme Latour. > COMMUNICATION

> Annexe 12

Les écritures liées à la subvention octroyée pour l'achat du bien sont présentées pour bien comprendre l'impact comptable et fiscal d'une option pour l'étalement d'une subvention.

3. Présentez le tableau d'amortissement du nouveau mobilier et la reprise de la subvention d'investissement dans un tableur. > P7

La reprise sur les subventions d'investissement se fait au même rythme que les amortissements.

Annexe 11 Extrait de la balance des produits exceptionnels au 31/12/N

	Sous-total 2 – Comptes de produits financiers	533,32 €
771700	Dégrèvements d'impôts[1]	850,00 €
775000	Produits de cessions d'éléments d'actif	4 290,00 €
777000	Quote-part de subvention virée au compte de résultat[2]	96,67 €
	Sous-total 3 – Comptes de produits exceptionnels	**5 236,67 €**

Notes de M. Bonnet

1. Le remboursement est relatif à l'IR N–1.
2. 50 % de l'investissement HT réalisé par les entreprises dont l'effectif est compris entre 1 et 49 salariés pour acquérir des matériels de prévention des TMS. Plafonnée à 25 000 €.

Annexe 12 Écritures extraites des journaux divisionnaires de N

Code J	Date	Compte	Intitulé	Libellé	Débit	Crédit
OD	05/03/N	431000 131000	CNAM, subvention à recevoir Subvention d'équipement	Octroi de la subvention	1 450,00 €	 1 450,00 €
BQ	15/04/N	512000 431000	Banque CNAM, subvention à recevoir	Virement subvention	1 450,00 €	 1 450,00 €
OD	30/04/N	218400 445620 404000	Mobilier État TVA déductible/immo. Fourniture d'immo.	Facture d'immobilisation	2 900,00 € 580,00 €	 3 480,00 €
OD	31/12/N	681100 281840	Dotation aux amortissements/immo. Amort. mobilier bacs à shampooing	DAP N	193,33 €	 193,33 €
OD	31/12/N	139000 777000	Subvention virée au résultat Quote-part de sub. virée au résultat	Quote-part de subv. N	96,67 €	 96,67 €

Fiche ressource 1

Les produits d'exploitation

I Les produits normalement imposables

Les règles fiscales de rattachement des charges et des produits au résultat fiscal sont calquées sur le principe d'indépendance des exercices énoncé dans l'article 434-1 du PCG. Ainsi, tous les produits d'exploitation font généralement partie du bénéfice imposable de l'entreprise et ne font l'objet d'aucun retraitement extracomptable.

Comptes	Analyse fiscale des produits – Régime BIC
Subdivisions des comptes 70 Ventes de marchandises, produits finis, prestations de service...	• Une vente de biens est imposable à partir du moment où elle est livrée, et ce, même si le transfert de propriété n'est pas juridiquement réalisé (vente avec clause de réserve de propriété par exemple). • Une prestation est imposable à partir du moment où elle est complètement exécutée, à l'exception des prestations continues*, qui sont imposables pour la fraction concernant l'exercice. Ces produits sont normalement imposables sous déduction de toute réduction accordée. Aucun retraitement fiscal.
71 Production stockée	• Les stocks et en-cours de produits finis sont évalués à l'inventaire à leur coût de revient. • La constatation comptable de la production stockée génère un produit normalement imposable. Aucun retraitement fiscal.
72 Production immobilisée	• On appelle « production immobilisée » (ou « livraison à soi-même ») la réalisation d'une immobilisation par les salariés de l'entreprise pour les besoins de l'entreprise. Afin d'annuler le montant des charges engagées pour la réalisation de l'immobilisation, il convient d'enregistrer un produit du même montant (compte 72). • Fiscalement, ce produit est imposable car, à l'opposé, les charges engagées pour la réalisation du bien sont déductibles. Aucun retraitement fiscal.
74 Subventions d'exploitation	• Elles sont versées par les pouvoirs publics, le plus souvent pour compenser une baisse du chiffre d'affaires ou pour compenser une augmentation des charges d'exploitation. • Comme elles viennent augmenter les produits au titre d'une année donnée, il est normal qu'elles soient imposables l'année où elles sont versées (année d'octroi).
75 Autres produits de gestion courante	Ces éléments font généralement partie du résultat imposable de l'entreprise et ne nécessitent aucun retraitement fiscal. Il s'agit notamment : – du compte 756 Gains de change sur créances et dettes commerciales libellées en monnaie étangère : gain de change définitif qu'une entreprise réalise en euros entre le cours de facturation et le cours du jour du règlement d'une créance ou d'une dette commerciale ; – du compte 758 Produits divers de gestion courante. On y retrouve par exemple les centimes issus des arrondis fiscaux. Cependant, on peut noter deux comptes (compte 7511 et 752) pour lesquels le traitement fiscal est particulier (voir page suivante).

* Une prestation continue est une prestation de services qui ne connaît pas d'interruption ou de découpage dans le temps (exemple : assurance, location).

Elle se différencie :
- de la prestation ponctuelle, qui se réalise à un moment précis, mais qui ne se renouvelle pas (une réparation par exemple) ;
- de la prestation discontinue, qui se réalise plusieurs fois, mais pas de façon permanente (par exemple un contrat de maintenance d'un bien tous les trois mois).

II Les comptes particuliers (7511, 752)

Comptes	Analyse fiscale – Régime BIC
7511 Redevances sur concessions de brevets, licences, marques, procédés, logiciels	• Les produits des brevets sont normalement imposables. Néanmoins, un régime de faveur optionnel a été mis en place depuis le 1er janvier 2019 pour les produits de la propriété industrielle protégés par le droit d'auteur. Ces produits bénéficient d'un taux réduit d'imposition de 10 % pour toutes les entreprises soumises à un régime réel d'imposition. • Si l'option est exercée, les produits nets sur concession de brevets, inventions brevetables, procédés de fabrication industriels et logiciels sont à déduire de façon extracomptable pour être imposés au taux réduit de 10 %.
752 Revenus des immeubles non affectés à des activités professionnelles	• L'exploitant individuel ne possède qu'un seul patrimoine. Sur le plan comptable, il a toute liberté d'inscrire des biens à l'actif de son bilan, qu'ils soient à usage professionnel ou à usage purement privé. • En principe : – les revenus de biens non inscrits au bilan de l'entreprise ne sont pas à prendre en compte dans la détermination des résultats comptable et fiscal de l'entreprise ; – les revenus d'immeubles inscrits à l'actif du bilan, dits « accessoires », d'un point de vue comptable, sont inscrits dans les produits. En revanche, en matière fiscale, conformément à l'article 155 du CGI, les produits et charges afférents à l'activité non professionnelle sont exclus du résultat imposable aux BIC et sont imposés à l'IR dans la catégorie « revenus fonciers ». Ils sont donc à déduire de façon extracomptable. Il existe néanmoins une tolérance fiscale de 5 % du CA total HT (ou de 10 % si la condition de 5 % a été respectée lors de l'exercice précédent), qui permet de maintenir ces revenus d'immeubles dans les BIC (option à exercer).

Exemple de revenus des immeubles non affectés à l'activité professionnelle

En N–1, une entreprise de BTP a construit pour son propre usage un nouvel entrepôt, terminé en novembre N–1 et inscrit dans son bilan.
En décembre N–1, les associés décident de le louer à une autre entreprise dès le début janvier N : loyer mensuel 900 € HT (immeuble nu à usage professionnel soumis à TVA sur option).

• Hypothèse 1

L'entreprise de BTP a réalisé un chiffre d'affaires en N de 346 250 €.
Le loyer annuel est de 900 × 12 soit 10 800 €. Le loyer représente moins de 5 % du CA (3,12 %).
En principe, les revenus d'immeubles inscrits au bilan d'une entreprise, non affectés à l'activité professionnelle, sont imposables à l'IR, catégorie revenus fonciers. Mais une option fiscale (tolérance fiscale) est possible pour maintenir ces revenus à l'IR, catégorie BIC, si ces revenus représentent moins de 5 % du CA HT total de l'entreprise.

• Hypothèse 2

L'entreprise a réalisé un chiffre d'affaires en N de 178 900 €.
Le loyer annuel de 10 800 € représente plus de 5 % du CA (6,04 %). De plein droit, ce produit est imposable à l'IR, catégorie revenus fonciers. Il doit faire l'objet d'une déduction extra-comptable, car non imposable aux BIC.

Fiche ressource 2

L'analyse fiscale des produits financiers

Comptes	Analyse fiscale – Régime BIC
761, 762, 764 Revenus mobiliers (revenus de titres de participation, de titres immobilisés ou de VMP)	• Les produits de titres inscrits à l'actif du bilan, liés ou non à l'activité professionnelle, sont imposables à l'IR dans la catégorie « revenus de capitaux mobiliers ». C'est donc la personne physique, propriétaire de l'entreprise, qui doit déclarer ces montants. Ils sont à retraiter : à déduire du résultat comptable pour déterminer le résultat fiscal. • Néanmoins, les produits des titres inscrits à l'actif du bilan et non liés à l'activité professionnelle de l'entreprise peuvent, sur option, rester dans la catégorie BIC s'ils représentent moins de 5 % de l'ensemble des produits de l'exercice (ou 10 % si la condition de 5 % a été respectée l'exercice précédent). Si cette option est exercée, ces produits sont normalement imposables : il n'y a alors aucun retraitement.
7626, 7627 et 763 Produits de créances, dépôts et cautionnement	• Si ces produits sont générés par les éléments qui figurent à l'actif du bilan, ils sont normalement imposables au fur et à mesure de l'exécution de l'opération. • Les règles comptables et fiscales sont identiques, notamment par l'application du principe d'indépendance de l'exercice.
765 Escomptes obtenus	• Une réduction financière octroyée par un fournisseur représente un produit normalement imposable.
767 Produits nets sur cessions de VMP	• Les gains dégagés lors de cessions de VMP s'enregistrent comptablement dans le compte 767. • Sur le plan fiscal, ces gains peuvent bénéficier du régime des plus-values et donc faire l'objet d'une imposition distincte. Il faut alors procéder à une déduction extracomptable.

Autre élément non comptabilisé en classe 7 mais assimilé fiscalement à un produit

Gain de change latent 477 Écart de conversion passif	• Les créances et les dettes libellées en devises étrangères et non encore réglées en fin d'exercice comptable doivent être évaluées en euros au dernier cours de change (au 31/12 pour les exercices comptables qui coïncident avec l'année civile ou au cours moyen du dernier mois). • En comptabilité, il est nécessaire de constater un gain latent de change (477) ou une perte latente de change (476) pour régulariser les comptes de passif ou d'actif du bilan. Les écarts de conversion n'étant pas définitifs, ils ne sont pas comptabilisés en produit ou charge. • En fiscalité, en revanche, un gain latent de change non comptabilisé en produit est néanmoins imposable, quel que soit le régime d'imposition. Il faut donc réintégrer fiscalement le compte 477. S'il s'agit d'une perte de change inscrite en 476, il faudra à l'inverse la déduire fiscalement (voir chapitre suivant).

Fiche ressource 3

Les produits exceptionnels et la fiscalité

Type de produits	Analyse fiscale – Régime BIC
771 Produits exceptionnels sur opérations de gestion	• Dégrèvement d'impôt (ou remboursement). Si l'impôt auquel il se réfère est un impôt déductible, le dégrèvement est normalement imposable. Si le dégrèvement d'impôt est rattaché à un impôt non déductible (par exemple l'IR), alors le dégrèvement est non imposable, donc à déduire de façon extracomptable. • Les subventions d'équilibre sont versées aux entreprises qui dégagent des résultats négatifs. Elles permettent donc de ramener le résultat comptable à un niveau proche de zéro. Fiscalement, ces subventions sont imposables dès l'exercice de versement. • Les indemnités d'assurance perçues suite à des sinistres et vols sont en principe normalement imposables. En effet, les charges que ces indemnités compensent, ainsi que les primes afférentes aux contrats d'assurance, sont en principe comprises dans les charges d'exploitation déductibles.
775 Produits de cessions d'actif	• Les produits de cession d'éléments d'actif amortissables ou non amortissables sont étudiés dans le chapitre 8.
777 Subvention d'équipement	• Les subventions d'équipement sont versées lors de l'acquisition d'immobilisations qui présentent généralement certaines caractéristiques (biens non polluants ou à économie d'énergie par exemple). Elles sont normalement imposables sur l'exercice d'attribution (compte 777). • Cependant, le législateur admet sur option que les subventions reçues d'organismes agréés (UE, État ou collectivités) puissent faire l'objet d'une imposition étalée comptablement et fiscalement, en respectant les règles ci-dessous.

La subvention concerne un bien non amortissable (exemple : un terrain)	• S'il existe une clause d'inaliénabilité* : le montant de la subvention est étalé sur la durée de la clause (au maximum 15 ans) sans *prorata temporis*. • S'il n'existe pas de clause d'inaliénabilité : le montant de la subvention est étalé sur 10 ans (sans *prorata temporis*).
La subvention concerne un bien amortissable (exemple : un matériel industriel)	• Le montant de la subvention inscrit au compte 131 est rapporté au résultat au même rythme que les amortissements pratiqués et fiscalement autorisés sur le bien subventionné. • Le produit rapporté au résultat est inscrit au compte 777 et, en contrepartie, le compte 139 est débité.

* La clause d'inaliénabilité a pour objectif d'empêcher la transmission ou la cession des droits sociaux. Ainsi, tous les associés (ou seulement ceux qui sont concernés par la clause) doivent rester dans l'entreprise pour assurer sa pérennité.

En règle générale, il n'y a pas de divergence entre les règles comptables et fiscales : le produit constaté dans le compte 777 est normalement imposable : il n'y a aucun retraitement. Il existe cependant une exception qui concerne l'étalement de la subvention d'un bien non amortissable sans clause d'inaliénabilité où un retraitement fiscal est décalé d'un an par rapport au produit constaté en comptabilité.
La quote-part inscrite l'année d'octroi (année N) n'est pas déductible dès la première année : il faut donc la déduire en N. En N+10, aucune quote-part n'est comptabilisée alors que fiscalement, une quote-part de 1/10e est imposable. Il faut donc réintégrer cette quote-part.

CHAPITRE 6

Pour vérifier ses acquis

Retrouvez ce QCM en version interactive www.lienmini.fr/7022-606

1 QCM

1 Les ventes de biens ou de prestations de services sont imposables au titre de l'exercice comptable :

☐ au cours duquel interviennent les paiements.
☐ au cours duquel intervient la livraison du bien ou l'achèvement de la prestation de service.
☐ indépendamment de l'échelonnement des paiements.

2 Les revenus des immeubles non affectés à l'activité professionnelle d'une entreprise individuelle sont :

☐ normalement imposables aux BIC, si les immeubles sont inscrits au bilan.
☐ imposables dans une autre catégorie d'IR, qu'ils soient inscrits ou non au bilan (revenus fonciers).
☐ imposables aux BIC seulement si l'activité est marginale et que l'immeuble est inscrit au bilan.

3 Les produits de titres inscrits à l'actif d'une entreprise soumise aux BIC (comptes 761, 762 et 764) sont :

☐ normalement imposables aux BIC.
☐ imposables dans une autre catégorie d'IR (RCM).
☐ imposables sur option aux BIC sous condition.

4 Un gain de change définitif sur créance client :

☐ apparaît lorsque la valeur de règlement est supérieure à la valeur nominale.
☐ apparaît lorsque la valeur de règlement est inférieure à la valeur nominale.
☐ est normalement imposable.

5 Un gain de change latent :

☐ est comptabilisé en produit.
☐ est fiscalement imposable.
☐ fait l'objet d'une réintégration fiscale.

6 Une subvention d'investissement :

☐ est un produit exceptionnel normalement imposable l'année d'octroi.
☐ peut faire l'objet d'une imposition étalée sous certaines conditions.
☐ doit faire l'objet d'un retraitement fiscal.

2 Mini-cas

Cas 1

Lors des opérations d'inventaire, M. Levasseur, entrepreneur individuel, hésite sur le rattachement aux produits de l'exercice des opérations de fin d'année suivantes :
- une facture a été comptabilisée et envoyée le 27 décembre à un client, alors que les marchandises correspondantes ne seront expédiées que le 02 janvier N+1.
- une livraison de marchandises a été effectuée à un client le 29 décembre N, la facture ne sera établie et envoyée au client que début janvier N+1.
- Indiquez à M. Levasseur les éventuelles rectifications comptables ou extracomptables qu'il doit effectuer afin de préparer la déclaration du résultat.

Cas 2

M. Lemaître exploite une petite entreprise du bâtiment. Il affecte deux maçons à la construction d'un garage destiné à son usage personnel. Les charges de personnel et de matériaux sont respectivement de 8 800 € et de 12 400 €
- Quelles peuvent être les incidences de cette opération sur le résultat imposable ?

Pour s'entraîner

1 Analyser les créances et les dettes libellées en monnaie étrangère

★ RÉSULTAT ATTENDU La réalisation des traitements fiscaux nécessaires à la détermination du résultat fiscal

Situation

L'EURL Gauthier Fils est une entreprise unipersonnelle spécialisée dans le service de traiteur à domicile. Elle s'approvisionne régulièrement en chocolat suisse auprès du fournisseur Auer Chocolatier SA, société située à Genève. Elle clôture ses comptes au 31/12 de chaque année. En décembre N, l'EURL effectue une commande très importante auprès de son fournisseur suisse.

- Réception d'une facture de chocolat suisse le 09/12/N (chocolat de couverture et bonbons de chocolat).
- Valeur : 2 500 CHF. La facture du fournisseur est exonérée de TVA.
- Conditions de règlement : à 30 jours.
- Cours du franc suisse au 09/12/N : 1 € = 1,082 CHF.
- Cours du franc suisse au 31/12/N : 1 € = 1,097 CHF.

1 **Évaluez la dette à la date de facturation puis à l'inventaire. Que constatez-vous ?**

2 **Procédez à l'analyse comptable puis fiscale de cette différence de conversion.**

2 Réaliser une analyse comptable et fiscale des subventions

★ RÉSULTAT ATTENDU La réalisation des traitements fiscaux nécessaires à la détermination du résultat fiscal

Situation

M. Mangeot a adressé le 15 mars N une demande de subvention d'équipement au ministère de l'Industrie (annexe). La subvention est accordée le 10 mai N et virée sur le compte de son entreprise le 15 juin N. Le nouvel équipement est mis en service le 1er octobre N.

1 **Dans une courte note, rappelez quelles sont les modalités d'imposition d'une subvention d'équipement.** > COMMUNICATION

2 **Si M. Mangeot opte pour l'étalement de l'imposition de la subvention au même rythme que les amortissements pratiqués, déterminez le montant de la quote-part de subvention à virer au résultat pour l'exercice N.**

3 **Un retraitement fiscal de cette quote-part est-il nécessaire ? Justifiez votre réponse.**

Annexe

M. Mangeot demande une subvention éco énergétique de chauffage de 17 000 €.
Objet : réhabilitation d'un hangar de 1 000 m² permettant des économies d'énergie.
Coût de l'installation : 34 000 €. Mode d'amortissement : linéaire sur 10 ans.

3 Analyser des produits divers

★★ RÉSULTATS ATTENDUS La réalisation des traitements fiscaux nécessaires à la détermination du résultat fiscal
La détermination du résultat fiscal

Situation

M. Germain Baillet a créé en N–3 une entreprise unipersonnelle à responsabilité limitée (EURL) de maçonnerie. Dès sa création, il a affecté un ensemble de biens immobilisés à son patrimoine professionnel. Aujourd'hui, il emploie trois salariés et son CA avoisine les 358 500 €. En tant qu'exploitant individuel, il est redevable de l'IR dans la catégorie BIC et est soumis au régime du réel simplifié en matière de TVA et de bénéfices. Il externalise sa comptabilité auprès d'un cabinet comptable. Au titre de l'exercice N, le résultat comptable de l'EURL Baillet s'élève à 151 000 €. En tant que stagiaire, vous êtes chargé d'analyser les différents produits en vue de déterminer les produits imposables de l'année.

- **À partir des informations listées en annexe 1, présentez le tableau de détermination du résultat fiscal N, en justifiant vos retraitements extracomptables selon le modèle de l'annexe 2.**

Annexe 1 Informations pour calculer le résultat fiscal

– Le compte 706 Prestations de services s'élève à 353 490 €, dont 6 758,60 € de prestations de services réalisées mais non encore facturées au 31/12. Ces produits à recevoir ont été inscrits lors des travaux d'inventaire en 4181 Clients – Factures à établir (compte débiteur).
– L'entreprise a perçu 9 600 € de loyer pour un entrepôt qu'elle loue en partie à une entreprise voisine. L'immeuble en question est inscrit à l'actif du bilan de l'entreprise. Le collaborateur comptable a inscrit ce produit en 752 Revenus des immeubles non affectés à des activités professionnelles. Ce produit accessoire représente moins de 5 % du chiffre d'affaires total de l'entreprise (une option a été exercée).
– M. Baillet a loué à un ami un petit garage dont il est propriétaire pour une valeur annuelle de 1 200 €. La somme encaissée a été virée sur le compte professionnel de l'entreprise et le produit apparaît dans le compte 752 de l'entreprise. Le garage n'est pourtant pas inscrit au bilan de l'entreprise.
– L'entreprise a perçu 850 € de dividendes d'actions inscrits en 503 Valeurs mobilières de placement. Ces produits ont été comptabilisés en produits financiers.
– Un gain de change a été réalisé au cours de l'exercice N pour 400 € avec un fournisseur anglais de matériaux divers et, pour ce même fournisseur, au 31/12, un gain de change latent a été enregistré en différence de conversion – passif (compte 477) pour un montant de 712 €.
– Un des trois salariés a eu un accident en juillet N avec un des véhicules utilitaires de l'entreprise. Le salarié n'étant pas responsable de l'accident, l'EURL Baillet a perçu une indemnité d'assurance de 7 937,50 €.
– Les charges de l'entreprise ont été analysées fiscalement par le collaborateur du cabinet d'expertise et, parmi les charges comptabilisées, 1 654,78 € de charges diverses ne sont pas déductibles fiscalement.

Annexe 2 Tableau de détermination du résultat fiscal N

Éléments à analyser	RAF	Déduction	Réintégration	Commentaires
Résultat comptable			151 000 €	Bénéfice comptable (solde créditeur du compte 120)
Compte 706 Prestations de services	X			Les prestations de services sont normalement imposables au cours de l'année où elles sont exécutées
Compte 752				
…				
Résultat fiscal				

4 Analyse de produits extraits d'une balance de comptes

★★ **RÉSULTAT ATTENDU** La réalisation de traitements fiscaux nécessaires à la détermination du résultat fiscal
La détermination du résultat fiscal

Situation

L'EURL Toubon est exploitée par M. Gourmet. L'entreprise a pour activité principale la fabrication et la commercialisation de viennoiseries. Elle compte 2 salariés. M. Gourmet externalise ses comptes auprès du cabinet comptable Brune. En tant que stagiaire du cabinet comptable, M. Foulon, collaborateur ayant en charge ce client, vous demande d'analyser les produits de l'exercice N. Le résultat fiscal provisoire après analyse des charges s'élève à 76 450 €.

- **À partir de l'annexe et des différentes annotations du collaborateur, présentez sous la forme d'un tableau (voir annexe 2 p.103) l'analyse fiscale de tous les produits de l'EURL Toubon puis déterminez le résultat fiscal au titre de l'année N.**

Annexe **Extrait de la Balance des comptes au 31/12/N**

N° compte	Intitulé	Solde D	Solde C
………		…..	….
701000	Ventes de viennoiseries		168 250,20
707000	Vente de marchandises		11 596,80
752000	Revenus des immeubles (1)		6 480,00
756000	Gain de change sur créances et dettes com.		250,40
764000	Produits financiers (2)		1 150,00
771700	Dégrèvements d'impôts (3)		300,00
777000	Quote-part de subvention virée d'investissement (4)		150,00
……	…….	……	…..
477000	Écart de conversion passif (5)		106,00

Annotations de l'expert-comptable

(1) Revenus de locations d'un appartement inscrit au bilan non affecté à l'activité professionnelle. Aucune option n'a été exercée par M. Gourmet.

(2) Produits de VMP, titres inscrits au bilan. Aucune option n'a été exercée par M. Gourmet.

(3) Remboursement d'IR N–1, impôt établi au nom de M. Gourmet (l'IR n'est pas une charge déductible du bénéfice de l'EURL Toubon).

(4) Subvention d'investissement inscrite en 131, octroyée par un organisme agréé.

(5) Gain de change latent sur dettes commerciales libellées en monnaie étrangères (USD).

5 Faire le lien avec le stage/l'apprentissage

1 Durant votre stage/apprentissage, avez-vous eu l'opportunité de traiter ou d'observer un dossier client soumis aux BIC ?

2 Quelle était la périodicité des travaux comptables ?
Était-elle liée à des obligations fiscales de TVA par exemple ?

3 Avez-vous participé à des travaux d'inventaire et notamment de régularisation des comptes de gestion ?

CHAPITRE 7

BIC : la détermination du résultat fiscal lié aux charges

SAVOIRS ASSOCIÉS

- Résultat imposable de l'entreprise
- Patrimoine professionnel de l'exploitant individuel
- Règles fiscales de déductibilité des charges
- Réintégrations et déductions extracomptables de nature fiscale

COMPÉTENCE

Déterminer le résultat fiscal imposable dans le cadre des BIC en identifiant et évaluant les réintégrations et déductions extracomptables nécessaires

› PROCESSUS 7

Une utilisation du tableur adaptée pour automatiser des procédures de calcul

Situation professionnelle

Dans le cadre des travaux de détermination du résultat fiscal, M. Bonnet vous demande de poursuivre votre travail par l'analyse des charges du client Valérie Latour. Il vous rappelle au préalable qu'il existe deux grands types de charges à analyser : les charges décaissables et celles non décaissables, aussi appelées « charges calculées ».
Une charge décaissable est une charge du compte de résultat (classe 6) qui génère un flux de trésorerie. À l'inverse, une charge calculée ne donne lieu à aucune sortie d'argent. Elle résulte de dispositions comptables en application du principe de prudence, de sincérité et d'image fidèle. Pour autant, ces charges comptabilisées dans des subdivisions du compte 68 entraînent une diminution du résultat comptable. La comptabilisation de ces différentes charges doit, tout comme pour les produits, respecter le principe d'indépendance des exercices et des conditions générales de déductibilité de forme et de fond pour qu'elles soient admises en déduction des produits imposables (par exemple, qu'elles soient liées à l'activité normale de l'entreprise). Par ailleurs, des dispositions du CGI peuvent interdire ou limiter leur déductibilité (une amende pour infraction au Code du travail par exemple, ou des dotations aux amortissements sur véhicule de particulier). Dans ces deux cas, il conviendra de les retraiter fiscalement, c'est-à-dire ne pas les prendre en compte en totalité ou pour partie dans la détermination du résultat fiscal.

› Voir présentation générale, p. 89

1 Quelles sont les deux catégories de charges à analyser pour déterminer un résultat fiscal ? Précisez ce qui les différencie.

2 En vertu de quels principes comptables l'entreprise doit-elle constater des amortissements et des provisions ?

3 Pouvez-vous donner des exemples de charges comptabilisées qui ne seront pas admises en déduction ?

Activités professionnelles guidées

Activité 1

Vérifier les conditions générales de déductibilité des charges

M. Bonnet, à l'issue de la révision des comptes de charges décaissées, vous a communiqué un extrait de la balance des comptes de charges après inventaire de l'exercice N. Il a commencé à annoter en rouge différentes mentions et informations nécessaires à l'analyse fiscale. Avant de commencer l'analyse détaillée des charges de l'EURL Valérie Latour, votre tuteur vérifie que vous avez bien compris les règles générales de déductibilité des charges.

Votre mission

1. Donnez la signification des annotations « RAF » de votre tuteur.

> Fiche ressource 1 + Annexe 3

Rappeler les conditions générales de déductibilité des charges.

2. Justifiez le fait que la remise aux normes du tableau électrique du salon de coiffure représente une charge déductible pour l'entreprise.

> Fiche ressource 2 + Annexe 3

Rappeler les conditions pour qu'une dépense d'entretien et de réparation soit considérée comme charge et non comme immobilisation.

3. Justifiez le montant de la prime d'assurance qui apparaît en charge normalement déductible pour l'exercice N.

> Fiches ressource 1 et 2 + Annexes 1 à 3

Vérifier que les conditions générales de déductibilité ont bien été respectées et vérifier les règles d'indépendance des exercices en justifiant, par le calcul, les montants inscrits en 6162 le 01/01/N et le 31/01/N en annexe 2.

4. Expliquez l'annotation « retraitement » au niveau des comptes 622600 et 625000.

> Fiches ressource 1 et 2 + Annexe 3

Identifier les éléments pour lesquels un retraitement semble nécessaire. Préciser leur montant et le type de retraitement.

5. Qu'aurait pu faire le collaborateur pour éviter ces retraitements ? > P7

Il est possible de faire une veille comptable et fiscale sur l'utilisation du compte 108 Compte de l'exploitant.

Annexe 1 Avis d'échéance reçu de la Matmut fin octobre N

Matmut
Entreprise régie par le Code des assurances
Délégation départementale des Yvelines
78000 Versailles

Valérie Latour
Salon de coiffure L'Hair du temps
16 bis, rue de Saint-Germain
78230 Le Pecq

N° de sociétaire : 242 1669C

Chère sociétaire,
Votre cotisation d'assurance multirisques en garantie des risques autres que véhicules à moteur vient à échéance au 01/11 de chaque année. Le montant à payer qui couvre la période du 01/11/N au 31/10/N + 1 s'élève à : **1 304,93 €**

Annexe 2 Compte 61621 NC Prime d'assurances multirisques (extrait du Grand Livre au 31/12/N)

Date	Code	N° Pièce	Libellé	Débit	Crédit	Solde
01/01/N	AN	AN	Extourne de 10 mois	962,08		962,08
01/11/N	BQ	1043	Prime d'assurance du 01/11/N au 31/10/N+1	1 304,93		2 267,01
31/12/N	OD	156	Constatée d'avance du 01/01/N+1 au 31/10/N+1		1 087,44	1 179,57

Annexe 3 Balance des comptes des charges après inventaire, exercice N

N° compte	Intitulé	...	Solde débiteur	Solde créditeur
[...]				
602100	Achats de fournitures consommables	RAF	8 248,57	
603210	Variation de stocks de fournitures	RAF	325,40	
606100	Fournitures non stockables	RAF	4 392,52	
606300	Fournitures d'entretien et de petit équipement	RAF	7 488,78	
607000	Achat de marchandises	RAF	13 798,75	
603700	Variation de stocks de marchandises	RAF	675,20	
609700	RRR obtenus sur CA	RAF		689,94
613500	Location mobilière[1]	RAF	655,92	
615000	Entretiens et réparations[2]	RAF	675,20	
616210	Prime assurance multirisques[3]	RAF	1 179,57	
618000	Divers (documentation technique, revues…)	RAF	165,90	
622600	Rémunérations d'intermédiaires et honoraires[4]	Retraitement	3 250,00	
625000	Déplacements, missions et réception[5]	Retraitement	764,78	
627000	Services bancaires et terminal carte bleue	RAF	432,84	
633000	Impôts, taxes et versements assimilés	…	356,95	
635000	Autres impôts, taxes et versements assimilés (dont CFE)	…	449,00	
641000	Rémunération du personnel	…	29 084,40	
644000	Rémunération du travail de l'exploitant	…	24 000,00	
645000	Charges de Sécurité sociale et de prévoyance	…	5 526,04	
646000	Cotisations personnelles de l'exploitant (obligatoires)	…	7 670,00	
658000	Charges diverses de gestion courante	…	12,21	
661100	Intérêts des emprunts (sur achat du salon)	…	3 348,64	
667000	Charges nettes sur cessions de VMP		1 040,00	
671200	Pénalités, amendes fiscales et pénales	…	190,00	
671300	Dons (aux Restos du Cœur)	…	150,00	
675000	Valeur comptable des éléments d'actif cédés	…	3 984,59	
681120	Dotation aux amortissements – Immobilisations corporelles	…	11 499,11	
681700	Dotations aux dépréciations des actifs circulants (stocks)	…	237,40	
686650	Dotations aux dépréciations – VMP	…	88,20	
	Totaux		**129 689,97**	**689,94**
	Total des charges exercice N		**129 000,03**	

À expliquer

Comptes 633000 à 686650 à analyser fiscalement

1. Ce poste correspond à la location du matériel, licence et abonnement du logiciel de caisse Wavy de 54,66 € HT par mois.
2. Le montant inscrit correspond à une mise aux normes du tableau électrique du salon.
3. La prime d'assurance (voir facture en annexe 1) correspond à l'assurance multirisques souscrite pour le local professionnel (responsabilité civile professionnelle, vol, incendie, dégât des eaux) payable au début de période. Le montant de cette prime au 01/11/N–1 était de 1 154,50 €.
4. Ce poste correspond aux honoraires du cabinet Brune (2 400 € HT) et à des honoraires d'avocat facturés au nom et adresse du salon de coiffure. Après un bref échange entre Mme Valérie Latour et M. Bonnet, il s'avère que ces honoraires de 850 € TTC sont liés à un litige personnel du couple Latour avec un voisin de leur nouvelle résidence principale.
5. Ce poste correspond à des remboursements de frais réels de déplacement et de repas professionnels (tickets essence, péage, notes de restaurant) de Mme Valérie Latour dans l'exercice de son activité. Tous les justificatifs ont été produits à l'exception d'une note de restaurant que Mme Latour n'a pas retrouvée et dont le montant s'élevait à 35,90 €.

Activités professionnelles guidées

Activité 2

Réaliser les éventuels retraitements des charges décaissées

M. Bonnet, peu disponible en raison de nombreux rendez-vous avec la clientèle, vous demande de poursuivre le travail d'analyse des charges décaissées des comptes 63 à 675. Vous devez identifier et évaluer les éventuels retraitements extracomptables nécessaires en exploitant la documentation juridique mise à votre disposition.

Votre mission

1. Analysez la déductibilité des impôts et versements assimilés de la balance des comptes au 31/12/N. Précisez si des retraitements sont nécessaires en justifiant votre réponse.

> Fiche ressource 2 + Annexes 3 et 4

Préciser quels sont les impôts non fiscalement déductibles dans le cadre des BIC, puis vérifier si l'IR du foyer fiscal Latour a été comptabilisé dans les charges de l'entreprise.

Attention : les méthodes de comptabilisation retenues par un cabinet comptable ont une incidence sur les retraitements à opérer. D'un cabinet à un autre, elles peuvent être différentes.

2. Analysez la déductibilité des charges de personnel.

> Fiche ressource 2 + Annexes 3 et 4

Rappeler les conditions de déductibilité des rémunérations et des charges sociales et rechercher sur Internet l'article 446/64 du PCG.

Attention : la rémunération du travail de Mme Latour a été inscrite au compte 644.

3. Le cabinet comptable aurait-il pu utiliser un autre compte pour comptabiliser les prélèvements de l'exploitant en rémunération de son travail ? Quelles auraient été les incidences comptable et fiscale ?

4. Procédez à l'analyse fiscale des autres charges décaissées et indiquez les montants à retraiter.

> Fiche ressource 2 + Annexe 3

Attention : les charges exceptionnelles font souvent l'objet de retraitements.

Annexe 4 Note d'information de M. Bonnet

Objet : Méthodes de comptabilisation retenues par le cabinet pour certaines charges
Impôts, taxes et versements assimilés

Le cabinet comptable applique la règle suivante pour les entreprises soumises aux BIC : les subdivisions du compte de charge 63 ainsi que le compte de l'exploitant 108 sont débités en fonction de la déductibilité fiscale ou non des impôts à enregistrer. Pour le foyer fiscal Latour, l'IR s'analyse comme un impôt personnel qui ne doit pas être comptabilisé en charges. Le paiement de l'impôt est prélevé sur le compte bancaire personnel du couple.

Rémunérations de l'exploitant et de sa famille

Lorsque aucune autre rémunération ne constitue la contrepartie du travail fourni, nous appliquons l'article 446/64 du plan comptable général.

Activité 3

Analyser la déductibilité des charges calculées

M. Bonnet vous associe maintenant à l'analyse des charges calculées : amortissements et provisions. Les biens inscrits à l'actif du bilan sont amortis selon le mode linéaire, selon des durées d'utilisation spécifiques à la nature des biens. Seul un amortissement exceptionnel fiscal a été pratiqué sur un matériel informatique, pour lequel une reprise sur provisions exceptionnelles a été pratiquée.

Votre mission

1. Procédez à l'analyse de déductibilité des amortissements et des provisions.

> Fiche ressource 3 + Annexes 3 et 5

Rappeler les conditions de déductibilité des amortissements et des provisions.

2. À l'aide du tableur, présentez un tableau préparatoire de détermination du résultat fiscal N mentionnant toutes les charges décaissées et calculées faisant l'objet d'un retraitement. > P7

Le tableau peut adopter la présentation suivante :

Éléments à analyser	RAF	Déduction	Réintégration	Commentaires
Résultat comptable			10 093	Bénéfice comptable (solde créditeur du compte 120) arrondi à l'euro le plus proche
....			....	
Totaux				
Résultat fiscal				

On peut également y intégrer les produits à retraiter du chapitre précédent.

3. Rédigez une réponse à la demande de Mme Latour concernant son projet d'investir dans un véhicule particulier. > COMMUNICATION

> Fiches ressource 1 et 3 + Annexes 6 et 7

Effectuer des recherches sur Internet pour savoir si un véhicule particulier peut être inscrit à l'actif du bilan, même s'il ne sera utilisé qu'en partie pour son activité professionnelle. Si cela est possible, étudier quels seront les incidences comptables et les retraitements nécessaires fiscalement par rapport au projet d'achat précis du véhicule.

Annexe 5 Écritures extraites du journal des opérations diverses (OD) de l'exercice N

J	Date	Comptes	Intitulés	Libellé	Débit	Crédit
OD	31/12/N	681120 281300 281810 281830 281840	Dotation aux amortissements[1] Amortiss. du bâtiment Amortiss. des installations et agencement Amortiss. du matériel de bureau et informatique Amortissement du mobilier	DAP N	11 499,11	 9 250,00 1 162,39 372,00 714,72
OD	31/12/N	145000 78725	Amortissements dérogatoires Reprises sur provisions règlementées	Repr. sur amort. dérogatoires	128,59	 128,59
OD	31/12/N	681230 39700	Dotation aux dépréciations des stocks[2] Dépréciation des stocks de marchandises	Dépréciation stocks	237,40	 237,40
OD	31/12/N	686650 590300	Dotation aux dépréciations des VMP[3] Dépréciation des VMP (InterParfums)	Dépréciation VMP AG	88,20	 88,20

1. Tous ces biens sont inscrits à l'actif du bilan et liés à l'exploitation du salon.
2. Le stock final des produits capillaires destinés à la revente est évalué à 987,60 €. Une dépréciation de 237,40 € est nécessaire pour des produits achetés en N–2. Valérie Latour pense que quelques produits ont probablement perdu de leur efficacité.
3. Cette dépréciation des éléments financiers correspond à la baisse du cours des titres « I.P. ».

> Voir lexique BTS CG, p. 255

Annexe 6 Courriel reçu de Mme Latour le 18 janvier N+1

De : v.latourhairdutemps@gmail.com
À : c.bonnet@cabinetbrune.fr
Objet : Achat d'un véhicule particulier
Date : 18/01/N+1

Bonjour M. Bonnet,
J'ai besoin de précieux conseils pour savoir si je peux investir dans un véhicule de particulier dans le cadre de l'exercice de mon activité professionnelle.
Depuis plusieurs années, j'utilise mon véhicule personnel de plus de 6 ans pour tous mes déplacements professionnels : participation à des salons, à des jurys d'épreuves de brevet professionnel et, depuis cette année, pour assurer les prestations de coiffure en EHPAD (activité que je souhaite développer à d'autres établissements). Jusqu'à présent, je vous fournissais tous les justificatifs de mes déplacements professionnels, mais cela devient de plus en plus fastidieux, et il m'arrive parfois de les égarer.
Je souhaite investir début mars N+1 dans un nouveau véhicule de tourisme 5 places de 22 400 € TTC, avec un taux d'émission de CO_2 de 125 g/km. Est-il possible d'amortir ce véhicule sur une durée d'usage de 5 ans ? Quelles seraient les incidences comptables et fiscales ? Serai-je redevable de la taxe sur les véhicules de sociétés ?
Merci de vos conseils et réponses.
Bien à vous,
Mme Valérie Latour.

Annexe 7 Limite de déductibilité des loyers ou amortissements des véhicules de tourisme

Un nouveau dispositif d'immatriculation européen est applicable en France depuis le 1er mars 2020. Il vise, avant tout, à réduire l'impact écologique de l'entreprise sur son environnement. Il permet d'adopter la méthode de détermination des émissions de CO_2 selon la norme européenne WLTP (*Worldwild harmonised Light vehicle Test Procedure*).
Ce système garantit une évaluation proche de la réalité du taux d'émission de CO_2. Par la suite, un certificat de conformité électronique sera délivré. Ce nouveau dispositif s'adresse particulièrement aux véhicules dont la date de première immatriculation ne doit pas être antérieure au 1er mars 2020.
Pour les charges d'exploitation liées aux redevances de crédit-bail, location de véhicules de tourisme ou amortissement de véhicules de tourisme, les charges non déductibles correspondent à la fraction du montant des véhicules (valeur d'origine TTC) qui dépassent les seuils suivants en fonction de leur émission de CO_2 :
– 30 000 euros : émissions de CO_2 < 20 g/km ;
– 20 300 euros : émissions de CO_2 < 50 g/km et sup ou égales à 20 g/km ;
– 18 300 euros : émissions de CO_2 > ou égales à 50 g/km ;
– 9 900 euros : émissions de CO_2 > 160 g/km.

Exemple :
Pour les besoins de son activité, une entreprise achète un véhicule de tourisme dont le taux de CO_2 est de 100 g/km (selon nouveau dispositif d'immatriculation), véhicule acquis au 1er septembre 2023 pour 23 000 € TTC et amorti sur une période de 5 ans.
L'annuité comptable s'élève à 23 000 × 20 % × 4 / 12 = 1 533,33 €.
L'annuité fiscale déductible s'élève à 18 300 × 20 % × 4 / 12 =1 220,00 €.
La différence de 313,33 (1 533,33 – 1 220) arrondi à l'€ le plus proche est une charge non déductible du résultat fiscal 2023 (à réintégrer).

CHAPITRE 7

Fiche ressource 1

Les règles de déductibilité communes aux BIC et à l'IS

La comptabilité et la fiscalité ayant des objectifs différents, elles n'intègrent pas les mêmes charges. Ainsi, si la fiscalité n'accepte pas la déduction de certaines charges enregistrées en comptabilité, celles-ci devront être réintégrées de manière extracomptable. En revanche, lorsqu'une charge comptabilisée est normalement déductible, aucun retraitement extra-comptable n'est à effectuer.

I Les conditions de déductibilité

Les critères de forme	• L'administration exige que les charges soient : – comptabilisées au cours de l'exercice d'engagement ; – justifiées par un document comptable (facture). • Certaines charges (rémunération, frais de voyage et de déplacements, frais de réception, cadeaux) doivent faire l'objet d'une déclaration sociale nominative (DSN) ou d'un relevé spécifique (relevé détaillé des catégories de frais généraux sur l'imprimé 2067 de la liasse fiscale), mais cela ne remet pas en cause leur droit à déduction. • À défaut de déclaration, les contribuables sont passibles d'une amende de 5 % des sommes non déclarées, ramenée à 1 % si elles sont réellement déductibles.
Les critères de fond	• Une charge est normalement déductible si : – elle se rattache à la gestion normale de l'exploitation (cela exclut les sanctions pénales, les actes anormaux de gestion…) ; – elle est engagée dans l'intérêt de l'entreprise (cette disposition permet l'exclusion des dépenses à caractère personnel) ; – elle entraîne une diminution de l'actif net (sont exclues les immobilisations) ; – elle n'est pas classée parmi les charges somptuaires (article 39-4 du CGI), sauf s'il s'agit de l'activité de l'entreprise. • Les dépenses dites « somptuaires » sont : – la chasse et la pêche non professionnelles ; – les résidences de plaisance ou d'agrément ; – les yachts ou bateaux de plaisance ; – les amortissements et les loyers des véhicules de tourisme au-delà d'une base fiscale autorisée, qui est fonction de l'année de mise en circulation et du taux d'émission de CO_2 (voir annexe 7).
Les critères de temps	Les charges sont déductibles au cours de l'exercice où elles sont consommées, indépendamment de celui du paiement. Dans la mesure où les écritures de régularisation des comptes de charges ont été correctement enregistrées lors des travaux d'inventaire, aucune rectification n'est à opérer.

II La distinction entre charges et immobilisations

Une dépense est considérée comme une immobilisation dès lors qu'elle engendre l'entrée dans l'actif immobilisé de l'entreprise d'un bien durable, ou qu'elle augmente la durée de vie ou la valeur vénale d'un bien existant.

Par ailleurs, l'administration fiscale tolère l'inscription en charges (ou frais généraux) des petits matériels et outillages, du mobilier, du matériel de bureau et des logiciels dont la valeur maximale unitaire est de 500 € HT.

Fiche ressource 2

La déductibilité des charges décaissées

I Les charges d'exploitation

Les charges d'exploitation sont normalement déductibles dès lors qu'elles respectent les conditions générales de déductibilité. Néanmoins, certaines charges présentent des particularités fiscales.

<table>
<tr><th>Charges</th><th>Analyse de déductibilité</th></tr>
<tr><td>60
Achats</td><td>• Ils sont normalement déductibles pour leur montant net de rabais, remises, ristournes et escompte de règlement.
• Les prélèvements que l'exploitant ou les dirigeants réalisent pour leur usage personnel doivent être réintégrés.</td></tr>
<tr><td>612
Redevance de Crédit-bail

613
Location</td><td>• Les loyers et les charges locatives sont normalement déductibles dans la mesure où ils n'excèdent pas la valeur locative réelle des biens.
• Le crédit-bail est un contrat qui permet au client de disposer d'un bien moyennant le paiement périodique d'une somme (la redevance). Au terme de ce contrat, l'entreprise a la possibilité d'acquérir le bien. D'une manière générale, les loyers et redevances de crédit-bail sont déductibles.
• Cas particulier : les redevances de crédit bail et loyers d'une durée supérieure à trois mois de véhicule de tourisme (véhicule de transport de personnes de moins de 9 places assises chauffeur compris). Ces charges sont soumises à une limite de déductibilité analogue à celle des propriétaires de véhicule de tourisme.
Seule la dotation aux amortissements calculée fictivement sur une base fiscalement autorisée est déductible. La fraction excédentaire de la dotation aux amortissements fictive est à réintégrer, peu importe le montant de la redevance annuelle ou du loyer (voir annexe 7 p. 110).</td></tr>
<tr><td>615
Entretien et réparation</td><td>Il s'agit des dépenses qui ont pour objet de conserver ou de remettre en état d'utilisation des éléments immobilisés. Elles sont déductibles lorsque leur seul but est de maintenir en bon état de fonctionnement le bien visé, sans augmenter sa valeur ou sa durée d'utilisation.</td></tr>
<tr><td>616
Prime d'assurance</td><td>• Les primes d'assurances sont normalement déductibles dès lors qu'elles garantissent des éléments inscrits à l'actif, les postes d'exploitation ou les risques encourus du fait de la responsabilité de l'exploitant ou des dirigeants.
• Les primes d'assurance liées à un contrat d'assurance-vie :
<table>
<tr><td>Le contrat est exigé par un organisme financier en garantie du remboursement d'un emprunt</td><td>• Les primes sont déductibles au fur et à mesure de leurs échéances.
• L'indemnité versée en fin de contrat est imposable avec le bénéfice.</td></tr>
<tr><td>Le contrat est souscrit librement au profit de l'entreprise sur la tête d'un dirigeant sans être exigé par un organisme financier</td><td>• Les primes ne sont pas déductibles l'année de leur échéance (donc à réintégrer), mais en fin de contrat ou au moment du décès de l'assuré.
• L'indemnité versée en fin de contrat sera imposée sous déduction des primes réintégrées antérieurement.</td></tr>
<tr><td>Le contrat n'est pas souscrit au profit de l'entreprise, mais au profit du personnel salarié de l'entreprise</td><td>Les primes d'assurance-vie contractées au profit du personnel salarié de l'entreprise sont assimilées à des compléments de salaire, donc la prime est normalement déductible l'année de leur échéance.</td></tr>
</table>
• Cas particulier : les contrats d'assurance-vie « homme-clé ». Les primes sont déductibles à la condition que l'indemnité couvre la perte engendrée par la disparition d'un personnage central pour le devenir de la société ou par l'incapacité d'exercer ses fonctions. L'indemnité perçue à la fin du contrat ou à la réalisation du risque est imposable. Un contrat « homme-clé » ne peut être contracté sur la tête de l'exploitant lui-même.</td></tr>
</table>

623 Publicités, publications, relations publiques	• Hormis la publicité prohibée (alcools et tabacs), les dépenses publicitaires sont déductibles. • Les cadeaux sont déductibles s'ils ne relèvent pas d'un acte anormal de gestion. L'administration se fonde sur la qualité du bénéficiaire et la valeur du cadeau au regard du chiffre d'affaires. Attention : ne pas confondre avec le problème de déductibilité de la TVA (TVA non récupérable si le prix unitaire TTC du cadeau est supérieur à 73 € par an et par bénéficiaire). • Les dépenses de parrainage à caractère philanthropique, éducatif, sportif, culturel, etc., sont déductibles si l'identité de l'entreprise apparaît lors de ces manifestations (affichage du logo de l'entreprise) et si elles ne sont pas excessives au regard des retombées commerciales attendues.
625 Frais de déplacement mission	Ils sont déductibles s'ils sont exposés dans le cadre de l'activité professionnelle et non exagérés par rapport à l'avantage attendu.
63 Impôts, taxes et versements assimilés	D'une manière générale, les impôts sont déductibles. Mais cela n'est pas le cas des impositions établies au nom de l'exploitant : impôts locaux, impôt sur le revenu, CSG (contribution sociale généralisée), CRDS (contribution au redressement de la dette sociale). Si l'impôt est établi au nom de l'exploitant mais comptabilisé en 63 et non en 108, il faut le réintégrer.
64 Charges de personnel	Pour être déductibles, les rémunérations du personnel (641) et les charges de Sécurité sociale et de prévoyance (645) doivent correspondre à un travail effectif et ne doivent pas être jugées excessives par l'administration, mais des cas particuliers existent pour les entreprises qui relèvent du régime des BIC du fait de l'absence, pour l'entreprise, de la personnalité fiscale (voir ci-dessous).
644 Rémunération de l'exploitant	Le plan comptable général prévoit un compte spécifique pour la comptabilisation des sommes que l'exploitant prélève sur le compte professionnel en rémunération de son travail. Or, le fruit de son travail correspond au bénéfice qu'il réalise en fin d'exercice comptable. Ces prélèvements anticipés sur les bénéfices inscrits en 644 ne sont pas déductibles fiscalement et doivent être réintégrés. Si ces prélèvements sont comptabilisés en 108, il n'y aucun retraitement à faire.
641 Salaire du conjoint de l'exploitant	• Depuis 2018, le salaire du conjoint de l'exploitant individuel (et des conjoints des associés de personnes morales soumises à l'IR) est déductible en totalité, que l'exploitant soit ou non adhérent à un organisme de gestion agréé et quel que soit son régime matrimonial. • Cette déduction reste subordonnée à la participation effective du conjoint à l'exploitation et au paiement des cotisations sociales.
645/646 Charges de Sécurité sociale et de prévoyance	• Les charges sociales de l'exploitant (compte 646), de son conjoint mais également des associés, personnes physiques, des sociétés de personnes sont normalement déductibles. • Les cotisations sociales personnelles de l'exploitation facultatives (régime complémentaire de prévoyance, retraite, perte d'emploi) ne sont déductibles que dans la limite de certains plafonds.
6414 Indemnités et avantages divers	Les frais professionnels des dirigeants et des cadres peuvent être soit : – remboursés pour leur montant réel sur justificatifs et sans excessivité (compte 625) ; – compensés par une indemnité forfaitaire mensuelle inscrite (compte 6414). Dans les deux cas, ces charges sont normalement déductibles.
656 Perte de change sur créances et dettes commerciales 476 Différence de conversion - Actif	• Elles sont déductibles, qu'elles soient latentes ou réalisées. En revanche, la provision pour pertes de change n'est pas déductible. • Corrections extracomptables : – perte réalisée (compte 666), aucune correction ; – perte latente (compte 476), à déduire ; – dotation à la provision pour perte de change (compte 6865), non déductible, donc à réintégrer.

En cas de cumul pour des frais de même nature

Exemple : un directeur commercial, cadre salarié, est remboursé de frais de déplacement au réel sur justificatifs, mais perçoit également une indemnité forfaitaire de déplacement de 120 € par mois, durant 11 mois.

Le cumul (remboursement de frais réels et indemnités forfaitaires pour des frais de même nature) est autorisé fiscalement pour les dirigeants salariés[1], donc ils sont normalement déductibles.
Mais le cumul est non autorisé pour les salariés non dirigeants et pour les dirigeants non salariés[2].
En conséquence, les allocations forfaitaires doivent être réintégrées. C'est le cas ici pour le directeur commercial : 1 320 € sont non déductibles.

1. Exemples de dirigeants salariés : gérants minoritaires (SARL), président du conseil d'administration, du directoire, directeur général, PDG, directeur général délégué (SA).
2. Exemples de dirigeants non salariés (DNS) : gérants majoritaires (SARL), gérants associés (SNC).

II Les charges financières

Les charges financières déductibles sont celles qui se rattachent à l'exercice comptable étudié.

661 Charges d'intérêts	Les intérêts des emprunts sont déductibles si la dette a été contractée pour les besoins ou dans l'intérêt de l'entreprise et si cette dette est inscrite au bilan.
665 Escomptes accordés	Charges normalement déductibles.
667 Charges nettes sur cessions de valeurs mobilières de placement	Sur le plan fiscal, ces pertes peuvent relever du régime des moins values professionnelles. Il faut alors procéder à une réintégration extra comptable (cf. chapitre 8).

III Les charges exceptionnelles

6712 Pénalités, amendes fiscales et pénales	Les pénalités, amendes fiscales et pénales infligées par une autorité administrative (exemples : URSSAF, DGFIP, DGCCRF, douanes) ne sont jamais déductibles.
6713 Dons et libéralités	• Si ces charges sont engagées dans le cadre d'une gestion commerciale normale, dans l'intérêt de l'entreprise (cadeaux, parrainages, pourboires...) ou de son personnel (dons aux œuvres sociales du personnel), elles sont normalement déductibles. • En revanche, les sommes allouées au titre du mécénat ne sont pas déductibles mais ouvrent droit à une réduction d'impôt de 60 %.

Finalité du versement au titre du mécénat	Taux	Plafond de la réduction fiscale
Don à une œuvre d'intérêt général (ou concourant à la mise en valeur du patrimoine artistique, à la défense de l'environnement naturel ou à la diffusion de la culture, de la langue et des connaissances scientifiques françaises)	60 % du montant pour la fraction du don inférieure ou égale à 2 millions € 40 % du montant pour la fraction supérieure à 2 millions €	Dans la limite de 20 000 € ou de 5 ‰ (5 pour mille) du chiffre d'affaires annuel hors taxe (plafond appliqué à l'ensemble des versements effectués)

6717 Rappel d'impôt	Les rappels d'impôt sont normalement déductibles si l'impôt auquel ils se rattachent est normalement déductible, sinon, ils sont à réintégrer. Exemple : si rappel d'IR, l'IR n'étant pas déductible, le rappel ne sera pas déductible, donc à réintégrer.

Chapitre 7

Fiche ressource 3

La déductibilité des charges calculées

Les charges calculées (amortissements et provisions) sont déductibles fiscalement. Elles suscitent une attention particulière de la part de l'administration fiscale car elles ne donnent pas lieu à décaissement et qu'elles ont une incidence sur le résultat (en générant des économies d'impôts).

I L'analyse de la déductibilité des amortissements

1. Conditions de déductibilité

Pour être considéré comme charge déductible, un amortissement doit remplir les conditions suivantes :
- il doit porter sur un élément immobilisé et soumis à dépréciation, de façon irréversible ;
- une disposition expresse de la loi ne doit pas en limiter ou en exclure la déduction ;
- il doit être enregistré en comptabilité en 68 (DAP) ;
- il doit être déclaré sur le relevé normalisé des amortissements (n° 2055).

Le non-respect de cette condition ne fait pas obstacle à la déduction des dotations, mais l'entreprise est passible d'une amende.

2. Principe de l'amortissement minimum fiscal

Ce principe est posé par l'article 39B du Code général des impôts : « À la clôture de chaque exercice, la somme des amortissements pratiqués depuis l'achat ou la création d'un élément donné ne peut être inférieure au montant cumulé des amortissements calculés suivant le mode linéaire et répartis sur la durée normale d'utilisation. »
Le cumul des amortissements comptabilisés doit donc être supérieur ou égal au cumul des amortissements linéaires.
À défaut du respect du minimum ainsi défini, la déductibilité de l'amortissement est définitivement perdue : ce sont des amortissements dits « irrégulièrement différés » (hors programme).

3. Divergence entre réglementation comptable et fiscale

Il existe trois principales causes de distorsion entre comptabilité et fiscalité.
- La durée d'amortissement : les durées d'utilisation (comptables) peuvent être différentes des durées d'usage (fiscales).
- Le montant amortissable : l'analyse par composants et la prise en compte de la valeur résiduelle (non admise sur le plan fiscal) peuvent conduire à la constatation de différences entre amortissements comptables et fiscaux.
- Le mode d'amortissement : comptablement, l'amortissement doit être calculé soit en fonction du temps (amortissement linéaire), soit en fonction d'un nombre d'unités d'œuvre consommées (amortissement variable).

Fiscalement, seuls sont autorisés les systèmes linéaires, dégressifs et exceptionnels (sur certains biens).

4. Analyse de la déductibilité des amortissements

681 Provisions pour amortissements économiquement justifiés	Normalement déductibles, à l'exception : – des amortissements sur biens somptuaires (résidence secondaire, bateau de plaisance, yacht, biens liés à la chasse ou à la pêche…) ; – de la fraction des amortissements excédentaires sur véhicule de tourisme ; – de la fraction des amortissements économiquement justifiés qui excède le montant des amortissements fiscaux autorisés.
687 Provisions réglementées	L'amortissement fiscal est supérieur à l'amortissement économiquement justifié : la dotation dérogatoire est normalement déductible.

II La déductibilité des provisions

1. Les conditions générales de déduction

- La provision correspond à la dépréciation d'un élément d'actif ou d'une charge qui, si elle était intervenue au cours de l'exercice, serait normalement déductible.
- La perte ou la charge probable doit être nettement précisée. Le calcul doit être individualisé et être effectué avec une approximation suffisante.
- La perte ou la charge doit être probable et non pas seulement éventuelle, et résulter d'événements en cours.
- Les provisions doivent être comptabilisées et inscrites dans le tableau des provisions de la liasse fiscale (mais même remarque que pour les amortissements : un défaut de mention sur la liasse fiscale ne remet pas en cause la déductibilité de la provision).

2. L'analyse de déductibilité des provisions

Les provisions pour dépréciation	
Provisions pour dépréciation des immobilisations	Déductibles s'il s'agit d'un bien non amortissable ou s'il s'agit d'un bien amortissable qui a subi une dépréciation (nouvelles normes comptables).
Provisions pour dépréciation des stocks	Déductibles si respect des conditions générales de déductibilité.
Provisions pour dépréciation des créances clients	• Déductibles si calculées sur le montant HT. • Un calcul statistique est admis s'il s'appuie sur des données précises. • En revanche, un calcul forfaitaire des provisions n'est pas admis.
Provisions sur titres	Les provisions sur titres sont considérées comme des moins-values professionnelles à long terme (voir chapitre 8).
Les provisions pour risques et charges	
Provision pour impôts	Déductible si elle vise des impôts déductibles.
Provision pour congés payés	Déductible sauf pour les entreprises créées avant le 1er janvier 1987 et qui ont opté pour l'ancien régime : décalage d'un an pour la déductibilité de cette provision. Dans ce cas, la provision de l'exercice N est non déductible en N, donc à réintégrer. En revanche, la provision de N–1 devient déductible, donc à déduire en N. Une entreprise a opté pour l'ancien régime de provision pour congés payés. Compte 6875 Dotations aux provisions exceptionnelles. Provision pour CP de N = 12 678 €, inscrite au résultat de N. Provision pour CP de N–1 = 10 954 €. La provision pour CP de N n'est pas déductible fiscalement, il faut la réintégrer de façon extra-comptable pour 12 678 €. Par contre, celle de N–1, qui avait été comptabilisée et réintégrée en N–1 est à déduire en N pour 10954 €.
Provision pour litige	Déductible si le litige concerne l'entreprise.
Provision pour licenciement	Déductible sauf si le licenciement est économique.
Provision pour charges de retraite	Non déductible.
Provision pour perte de change	Non déductible, c'est la perte latente qui est à déduire (compte 476).
Provision de propre assureur	Non déductible. L'entreprise a l'obligation de souscrire une assurance pour se garantir des risques d'incendie, de dégâts des eaux, de vol…

Pour vérifier ses acquis

Retrouvez ce QCM en version interactive
www.lienmini.fr/7022-712

1 QCM

1 Les charges sont des dépenses :

☐ qui n'ont pas comme contrepartie l'entrée d'un élément d'actif.
☐ dont le montant est inférieur à 500 € HT.
☐ engagées dans l'intérêt de l'exploitation.

2 Une dépense d'entretien et de réparation portant sur un actif immobilisé :

☐ est toujours considérée comme une charge.
☐ est une charge si elle contribue à l'augmentation de la valeur vénale du bien immobilisé.

3 Pour être déductible, une charge doit être :

☐ justifiée par une facture, quittance...
☐ déclarée sur le relevé des frais généraux.
☐ payée au cours de l'exercice d'engagement.

4 Pour qu'une dotation aux amortissements soit déductible, il faut qu'elle :

☐ porte sur un bien immobilisé soumis à dépréciation de façon irréversible.
☐ soit enregistrée en comptabilité.

5 Indiquez si les provisions suivantes sont déductibles :

☐ provision pour dépréciation des immobilisations.
☐ provision pour dépréciation des créances clients (calculée forfaitairement).
☐ provision pour pertes de change.
☐ provision réglementée (amortissements dérogatoires).
☐ provision pour litige avec le client.

2 Mini-cas

Cas 1

M. Lemaitre, exploitant d'une entreprise de BTP, se pose des questions sur la déductibilité de certaines dépenses pour lesquelles il a des hésitations :
- pose d'un nouveau moteur sur une camionnette de 3 ans et ayant effectué 35 000 km (7 000 € HT) ;
- réfection totale de la toiture de l'entrepôt de matières et matériels (18 500 € HT) ;
- facture de réparation de la chaudière de la résidence principale de M. Lemaitre (864 € HT).

• Déterminez si ces charges sont déductibles. Justifiez vos réponses.

Cas 2

Mme Lys est fleuriste. Elle transmet à son expert-comptable ses documents comptables et lui explique l'origine de certaines dépenses payées avec le compte professionnel de l'entreprise :
- location d'une résidence de vacances à Amsterdam pour elle et sa famille (coût : 850 €) ;
- tickets d'essence pour ses déplacements professionnels (3 860 € TTC) ;
- certains tickets sont relatifs au séjour passé à Amsterdam (valeur globale de 289 € TTC).

• Ces dépenses seront-elles des charges déductibles de son résultat ? Justifiez vos réponses et vos propositions de comptabilisation.

Pour s'entraîner

1 Vérifier la déductibilité des charges

★ **RÉSULTAT ATTENDU** La justification des retraitements fiscaux nécessaires à la détermination du résultat fiscal

Situation

Vous êtes stagiaire comptable dans une scierie située dans le Finistère. Cette entreprise individuelle, exploitée par Raymond Crenn, est spécialisée dans la découpe de bois. À l'inventaire, il vous est demandé d'étudier différentes opérations qui sont susceptibles d'entraîner des réintégrations.

- **À l'aide de l'annexe, déterminez si ces charges sont déductibles. Justifiez vos réponses.**

Annexe Liste des charges

Charges comptabilisées	Montant
Location d'une villa pendant 8 jours en juillet pour accueillir les principaux clients de l'entreprise	3 200 € TTC
Location d'un camion pour livrer un stock de bois à un client en Belgique	2 100 € HT
Facture d'une entreprise de maintenance du matériel industriel	2 800 € HT
Facture de réparation du pavillon de chasse que M. Crenn possède en Sologne	1 550 € TTC
Facture de remplacement d'une boîte de vitesse sur l'un des camions de l'entreprise (le véhicule ne pouvait plus fonctionner sans le remplacement de cette pièce)	2 280 € HT
Facture d'une agence d'intérim pour embaucher un jardinier chargé de l'entretien du parc autour du pavillon de chasse	2 500 € TTC
Salaire du fils de M. Crenn, embauché pendant l'été (2 mois) comme ouvrier	2 550 €
Amende pour excès de vitesse de M. Crenn lors de ses vacances en Espagne	150 €
Amende pour retard de paiement de la TVA de novembre	45 €
Don versé à une association (loi 1901) de protection des animaux (WWF)	200 €

2 Présenter un tableau de détermination du résultat fiscal

★★ **RÉSULTATS ATTENDUS** La réalisation des retraitements fiscaux
La justification des retraitements fiscaux nécessaires à la détermination du résultat fiscal

Situation

L'entreprise artisanale Flo R Emballages, située dans l'Ain, dont l'exploitant est M. Florent Renaux, est spécialisée dans la fabrication de coffrets, de boîtes ou d'étuis en carton en petites séries. Elle a réalisé un bénéfice comptable de 87 851 € pour l'exercice N, avec un chiffre d'affaires de 1 120 680 €. M. Lemeur, comptable de l'entreprise, vous consulte sur la déductibilité de certaines charges.

- **Présentez un tableau de détermination du résultat fiscal pour l'exercice N sur tableur. Justifiez vos réponses.** > P7

Annexe Liste des charges

Comptes	Charges	Montants
60	Achat de matières premières Facture perdue, l'enregistrement a été effectué sur la base du montant figurant sur le bon de commande.	1 175,50 €
61 et 62	Assurance-vie sur la tête de M. Renaux, imposée par la Banque commerciale du Sud-Ouest pour garantir un emprunt contracté lors d'un nouvel investissement	1 260 €
	Assurance-vie sur la tête de M. Renaux, souscrite librement au profit de Mme Renaux	2 500 €
	Facture d'entretien pour le jardin entourant le siège social	520 €
	Échange des disques et des plaquettes de freins de la camionnette de livraison (véhicule non encore totalement amorti)	550 €
	Facture d'un traiteur : à l'occasion du lancement du nouveau produit de l'entreprise, M. Renaux a organisé une réception où étaient présents les 10 plus gros clients, ainsi que M. Renaux et le directeur commercial, M. Sulivan.	960 €
	Achat d'une nouvelle imprimante pour les besoins du service comptable	399 €
	Frais de déplacement du directeur commercial parti prospecter en Allemagne de nouveaux marchés	763 €
63	Prélèvement sur compte professionnel de l'impôt sur le revenu du foyer fiscal Renaux	3 451 €
	Rappel d'impôt lié à une erreur d'assiette de la taxe d'apprentissage (erreur involontaire)	250 €
64	Salaire annuel de M. Renaux	72 000 €
66	Intérêts versés à un fournisseur : l'entreprise Flo R n'a pas respecté la date d'échéance de paiement d'un achat de marchandises	356 €
	Intérêts sur l'emprunt contracté auprès de la Banque commerciale du Sud-Ouest	2 100 €
67	Don aux œuvres sociales du personnel	700 €
	Don à l'université du Limousin (somme allouée au titre du mécénat d'entreprise)	1 100 €
Comptes de la classe 7	Produits non imposables de l'exercice	12 651 €

3 Prendre en charge le dossier fiscal d'un client

★★ RÉSULTATS ATTENDUS La réalisation des retraitements fiscaux
La justification des retraitements fiscaux nécessaires à la détermination du résultat fiscal

Situation

M. Lupori a créé en N–4 une entreprise individuelle spécialisée dans la vente en gros d'articles de confection. L'entreprise a essentiellement des clients détaillants. Elle emploie 8 salariés. En N–1, son chiffre d'affaires HT était de 954 000 €. Le projet de déclaration de ses résultats de l'exercice N fait apparaître un bénéfice comptable de 75 800 €. M. Lupori a prélevé chaque mois 2 800 euros à titre de rémunération. Le compte de prélèvement Lupori a été débité. Le bénéfice obtenu prend notamment en compte des éléments de l'annexe comptabilisés en charge, et réglés *via* le compte bancaire professionnel de l'entreprise.

1 **Complétez le tableau d'amortissement du véhicule de tourisme acquis en N–1 selon le modèle pour déterminer le montant des amortissements comptabilisés et ceux fiscalement déductibles.**

> Modèle de tableau d'amortissement : www.lienmini.fr/7022-722

2 **Présentez un tableau préparatoire de détermination du bénéfice fiscal sur tableur. Justifiez vos réponses.** > P7

Annexe **Éléments comptabilisés en charges**

Frais généraux	
Dépenses	**Montants**
Redevances mensuelles pour la location en crédit-bail, à compter du 1er avril N, d'un véhicule de tourisme pour les besoins du commercial (taux de CO_2 : 130 g/km) Véhicule acquis neuf en janvier N par la société de crédit-bail, qui procède à son amortissement sur 5 ans (V0 TTC = 22 300 € TTC). Véhicule relevant du nouveau dispositif européen	400 € TTC
Location d'une maison en Corse pour les vacances de M. Lupori	3 200 € TTC
Prime d'assurance vol et incendie	932 € HT
Cadeaux aux 5 meilleurs clients	750 € HT (TVA 20 %)
Frais de réception à l'occasion de l'inauguration d'un nouveau magasin	1 100 € HT
Cadeau de mariage pour la nièce de M. Lupori, non salariée de l'entreprise	250 € TTC
Remboursements de frais professionnels divers pour les déplacements du commercial, M. Landi, sur justificatifs	1 875,80 € TTC

Charges de personnel Les salaires bruts et cotisations sociales patronales versés s'élèvent à 231 987,20 €	
Dont charges suivantes	**Montants**
Salaire de Mme Lupori, conjointe salariée qui exerce l'activité de secrétaire administrative et comptable (contrat à temps complet ; charges sociales comprises)	28 760 €
Cotisations sociales obligatoires de l'exploitant	3 100 €
Indemnité forfaitaire de frais de déplacement du commercial Landi (150 €/mois pendant 11 mois)	1 650 €
Impôt et taxes	
Dépenses	**Montants**
Taxe foncière liée à un appartement inscrit au bilan de l'entreprise et que M. Lupori loue à un jeune couple	1 126 €
Contribution économique territoriale composée de la cotisation foncière des entreprises (CFE) et de la cotisation sur la valeur ajoutée des entreprises (CVAE)	5 900 €
Impôt sur le revenu du foyer fiscal Lupori	5 675 €
Amende pour infraction à la législation du travail	400 €
Contravention au Code de la route du représentant commercial	135 €
Autres charges décaissées	
Dépenses	**Montants**
Perte de change sur des achats effectués auprès de fournisseurs étrangers	96,78 €
Intérêts de l'emprunt souscrit pour la construction du nouveau magasin	1 562,87 €
Amortissements et provisions	
Charges calculées	**Montants**
Dotation aux amortissements d'un véhicule de M. Lupori inscrit à l'actif du bilan depuis le 1er juin N–1. Véhicule acquis neuf pour 25 400 € avec un taux de rejet CO_2 de 142 g/km, régulièrement amorti sur une durée d'usage de 5 ans.	5 080 € TTC
Dépréciations des comptes clients (calculées dans le respect des règles comptables)	2 362,20 €
Dépréciations de titres inscrits à l'actif du bilan en 271 (titres détenus depuis plus de 3 ans)	178,40 €
Dépréciations de titres VMP Azur restants au 31/12/N	43,90 €
Dette provisionnées pour congés payés du 01/06/N au 31/12/N (l'entreprise n'a pas opté pour l'ancien régime)	13 532,58 €
Provision pour litige avec un client	670 €
Provision pour perte de change	45,85 €
Parmi les produits	
Recettes	**Montants**
Revenus de placements financiers (dividendes des différentes actions inscrites à l'actif du bilan de l'entreprise)	365 €
Loyers perçus au titre de la location de l'appartement à un jeune couple (appartement inscrit à l'actif du bilan). Aucune option n'a été exercée.	9 600 €
Dégrèvement de la cotisation foncière des entreprises (CFE)	670 €
Gain de change sur quelques opérations réalisées à l'international	128,20 €
Informations diverses	
Écart de conversion actif au 31/12/N sur une dette d'un fournisseur anglais libellé en livres sterlings (GBP – Royaume-Uni)	45,85 €
Écart de conversion passif au 31/12/N sur diverses créances libelées en dollars	61,92 €

4 Appliquer le dispositif d'immatriculation des véhicules au calcul des charges de l'entreprise

★★ RÉSULTATS ATTENDUS La réalisation d'une veille professionnelle
La réalisation de traitements fiscaux

Situation

Une nouvelle procédure d'immatriculation des véhicules s'applique en France depuis le 1er mars 2020, dont l'objectif est d'aboutir à la mise en place d'un certificat de conformité électronique. Concrètement, son but principal est d'assurer que le niveau d'émission de CO_2 des véhicules est conforme aux nouveaux niveaux d'émissions imposés au sein de l'Europe.
Ce nouveau système a nécessité l'adaptation des différentes taxes sur les véhicules et de modifier les seuils de déductibilité des charges d'exploitation (loyers, redevances de crédit bail ou amortissement) des véhicules de tourisme utilisés dans un cadre professionnel (voir annexe 7 p. 110).

1) Recherchez sur Internet les seuils de déductibilité des charges d'exploitation des véhicules de tourisme acquis ou loués avant ce nouveau dispositif d'immatriculation. Sont-ils encore applicables ?

2) À partir de l'annexe 7 p 110 et de vos recherches Internet, prenez l'exemple d'un véhicule de tourisme acquis le 20 mai N au prix TTC de 27 900 € et dont le taux d'émission de CO_2 est de 140 g/km. Déterminez le montant non fiscalement déductible de l'amortissement de N dans les 2 hypothèses :
– véhicule bénéficiant du nouveau dispositif ;
– véhicule bénéficiant de l'ancien dispositif.
Concluez.

5 Faire le lien avec le stage/l'apprentissage

Si vous avez eu une expérience en cabinet comptable, vous avez probablement enregistré les factures d'achats de différents clients.

1) Avez-vous utilisé le compte 108 ou un compte d'associés (455 ou 4559) et pour quels types de dépenses ?

2) Quelles indications votre responsable vous a-t-il données sur l'utilisation de ces comptes ?

3) Avez-vous eu l'opportunité de traiter des notes de frais des dossiers clients ? Existait-il une procédure de traitement mise en place par le cabinet pour les aspects comptables et fiscaux ? Pouvez-vous illustrer à l'aide d'exemples concrets ?

CHAPITRE 8

BIC : les plus ou moins-values professionnelles

SAVOIRS ASSOCIÉS

- Régime des plus ou moins-values professionnelles
- Réintégration et déductions extracomptables de nature fiscale

COMPÉTENCE

Déterminer le résultat fiscal imposable dans le cadre des BIC en identifiant et évaluant les réintégrations et déductions extracomptables nécessaires

› PROCESSUS 7

Une utilisation du tableur adaptée pour automatiser des procédures de calcul

Situation professionnelle

Vous avez terminé l'analyse et le retraitement des comptes de produits et de charges pour l'exercice de l'année N. Votre tuteur vous fait remarquer que certains d'entre eux n'ont pas encore été analysés et retraités car ils sont liés à des opérations de cession d'éléments d'actif. En effet, Mme Latour a procédé à différentes cessions d'éléments d'actif immobilisé ou d'actif circulant que le cabinet comptable a enregistrées dans le respect des règles comptables. Ces cessions d'actifs sortent de l'activité courante de l'entreprise et génèrent un résultat de cession, un produit ou une perte à caractère exceptionnel, qualifiés fiscalement de plus-values (PV) ou de moins-values (MV). Ces résultats de cession d'éléments d'actif bénéficient d'un régime d'imposition particulier : celui du régime des plus ou moins-values professionnelles. Il est donc nécessaire d'isoler et d'analyser ces opérations de cession en appliquant les règles fiscales propres à ce régime, et de déterminer les incidences fiscales qu'elles peuvent générer sur le résultat comptable de l'entreprise.

› Voir présentation générale, p. 89

1. Identifiez les opérations qui relèvent en général du régime des plus ou moins-values professionnelles.
2. En mobilisant vos connaissances du processus 2, quels comptes sont mouvementés lors d'une cession d'immobilisation ? Ont-ils une incidence sur le résultat comptable ?
3. Pourquoi est-il nécessaire d'isoler et d'analyser les opérations de cession d'éléments d'actif ?

Activités professionnelles guidées

Activité 1 Déterminer le résultat de cession d'un bien corporel

Au cours de l'exercice de l'année N, Mme Latour a réalisé quelques travaux d'aménagement de son salon et a investi dans des mobiliers répondant aux normes TMS (troubles musculo-squelettiques). De ce fait, elle a cédé certaines immobilisations corporelles amortissables *via* Internet sur le site Le Bon Coin. C'est la première fois, depuis sa création, fin N–4, qu'elle réalise ce type d'opération, dont elle ne connaît pas le régime fiscal applicable. Elle se demande notamment si elle peut bénéficier d'une quelconque exonération d'impôt sur des produits de cessions.
M. Bonnet vous demande de répondre aux interrogations de Valérie Latour. Pour cela, il vous transmet des tableaux qu'il a produits lors des travaux d'inventaire pour justifier les écritures de sorties de patrimoine. Leur exploitation permettra également de déterminer et de qualifier les plus ou moins-values professionnelles. Il vous précise également que son chiffre d'affaires moyen lié aux ventes de prestations de services des deux années précédentes avoisine les 92 400 €.

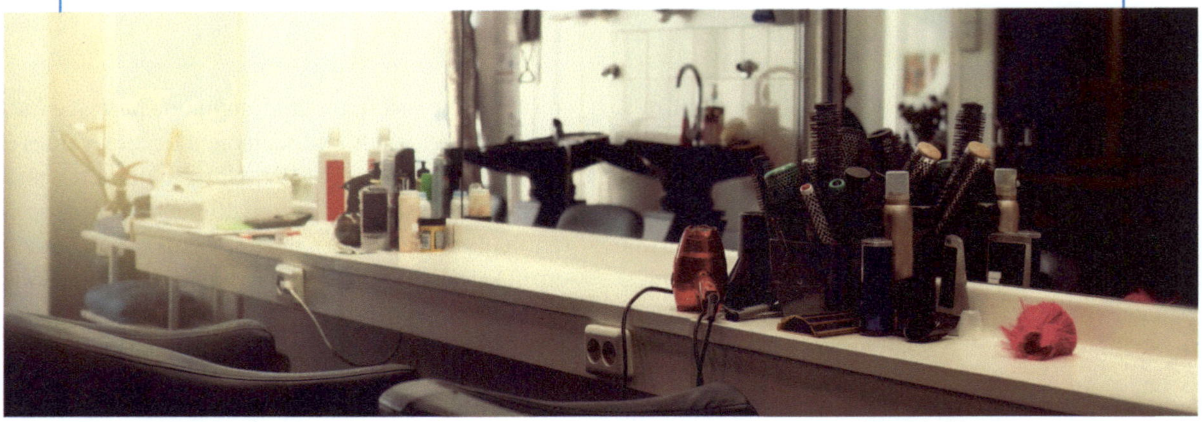

Votre mission

1. Rédigez un courriel de réponse aux interrogations de Mme Latour en lui précisant si les cessions d'éléments d'actif corporels de l'EURL sont soumises au régime d'imposition des plus ou moins-values professionnelles et si l'EURL peut bénéficier d'une exonération partielle ou totale d'impôt concernant les résultats de cession des éléments cédés. > COMMUNICATION

> Fiche ressource 1

Vérifier si les cessions réalisées entrent bien dans le champ d'application des PV ou des MV professionnelles. Puis rappeler quelles sont les conditions d'exonération et vérifier si ces conditions sont remplies par l'EURL.

2. Justifiez le cumul des amortissements pratiqués de la date d'acquisition jusqu'à la date de cession pour chaque bien cédé ou mis au rebut.

> Annexes 1, 2 et 3

Mobiliser les connaissances du Processus 2 relatives au calcul du cumul des amortissements pratiqués jusqu'à la date de cession. Par exemple, pour un bien amorti en linéaire sur 8 ans acquis le 01/05/N–3 pour 12 000 € et revendu le 15/09/N, le cumul des amortissements est égal à 12 000 × 1/8 × (8/12 + 2 + 8,5/12) = 5 062,50 €.

Attention : l'annexe 3 correspond au plan d'amortissement du matériel informatique d'origine pour 5 ans. Or, le bien a été mis au rebut au 31/12/N. De plus, ce matériel a bénéficié d'un amortissement fiscal dégressif.

3. Pour chaque immobilisation corporelle cédée, calculez le résultat de cession et procédez à sa qualification fiscale (PV ou MV à court terme ou PV ou MV à long terme).

> Fiches ressource 2 et 3 + Annexes 1, 2 et 3

Pour déterminer les résultats de cession, respecter la méthodologie de calcul définie en fiche ressource 2 afin d'éviter toute erreur de calcul, notamment au niveau du matériel informatique.

Attention : la durée de détention (plus de 2 ans ou moins de 2 ans) se détermine en nombre exact de jours entre la date d'acquisition et la date de cession, quels que soient les éléments cédés.

> Voir lexique BTS CG, p. 255

Annexe 1 Récapitulatif des immobilisations corporelles cédées l'année N

Code immo.	Libellé	Date d'entrée	Prix d'achat HT	Mode d'amort. économique	Durée	Amortissement fiscal
INS	Installations	01/01/N–4	1 840 €	Linéaire	10 ans	Linéaire sur 10 ans
MOB	Bacs à shampooing	01/01/N–4	1 300 €	Linéaire	10 ans	Linéaire sur 10 ans
MOB	Fauteuil de coiffage	01/01/N–4	625 €	Linéaire	10 ans	Linéaire sur 10 ans
MBI	Matériel informatique	20/04/N–3	860 €	Linéaire	5 ans	Dégressif sur 5 ans

Annexe 2 Cessions réalisées au cours de l'exercice – Prix de cession et amortissements

Code immo.	Libellé	Date de cession	Prix de cession HT	Base amortissable	Cumul des amortissements économiques	Cumul des amortissements dérogatoires
INS	Installations	15/09/N	1 000 €	1 840 €	866,33 €	–
MOB	Bacs à shampooing	20/06/N	930 €	1 300 €	581,39 €	–
MOB	Fauteuil de coiffage	01/07/N	310 €	625 €	281,25 €	–
MBI	Matériel informatique	31/12/N	Mis au rebut	860 €	635,44 €	90,58 €

Annexe 3 Plan d'amortissement du matériel informatique cédé l'année N (en euros)

- Bien : matériel informatique
- Valeur d'origine : 860 € HT
- Valeur résiduelle : néant
- Date d'acquisition : 20/04/N–3
- Date de mise en service : 20/04/N–3
- Mode d'amortissement :
  – linéaire sur 5 ans (taux : 20 %)
  – dégressif sur 5 ans (taux : 35 %)

Date	Amortissements fiscaux autorisés			Amortissements économiquement justifiés			Amortissements dérogatoires	
	VNC début	Annuité	VNC fin	Base	Annuité	VNC	DAP	RAP
20/04/N–3	860,00	225,75[1]	634,25	860	119,44[2]	740,56	106,31	
N–2	634,25	221,99	412,26	860	172,00	568,56	49,99	
N–1	412,26	144,29	267,97	860	172,00	396,56		27,71
N	267,97	133,99	133,98	860	172,00	224,56		38,01
N+1	133,98	133,98	0	860	172,00	52,56		38,02
N+2				860	52,50[3]	0		52,56
Totaux		**860**	**0**		**860**		**156,30**	**156,30**

1. 860 × 1/5 × 1,75 × 9/12 = 225,75.
2. 860 × 1/5 × 250/360.
3. 860 × 1/5 × 110/360.

Le compte 145 Amortissements dérogatoires a été débité pour solde par le crédit du compte 7875 Reprise sur provisions exceptionnelles.
Reprise de l'amortissement dérogatoire jusqu'à la date de cession au 31/12/N = 38,01 €.
Reprise des amortissements dérogatoires N+1 et N+2 pour solde du compte 145.

Activité 2 Déterminer le résultat d'une cession de titres

Mme Latour a rencontré son conseiller financier, qui gère son compte professionnel et le portefeuille de titres inscrits à l'actif de son entreprise. Parmi ces titres, les valeurs mobilières de placement Alès Groupe (AG) ont perdu énormément de valeur ces deux dernières années. Il a conseillé à Mme Latour de s'en séparer, les pertes liées à ces cessions pouvant être compensées par des cessions d'autres titres dont le cours ne cesse d'augmenter. Son banquier a donc procédé à différentes cessions d'actifs financiers.

Votre mission

1. Vérifiez que chacune de ces cessions de titres relève bien du régime des plus ou moins-values professionnelles.

> Fiche ressource 3 + Annexe 4

Se demander si ces titres en portefeuille sont fiscalement immobilisés.

2. Pour chaque nature de titres, déterminez le résultat de cession et procédez à la qualification fiscale (PV CT, MV CT, PV LT ou MV LT).

> Fiches ressource 2 et 3 + Annexe 4

La méthode retenue par le cabinet pour évaluer les sorties de titres est celle du PEPS (« premier entré, premier sorti »). Attention : les résultats de cession doivent donc s'analyser par lots, car les lots détenus depuis plus de 2 ans n'ont pas la même qualification fiscale que des lots détenus depuis moins de 2 ans.

3. Justifiez les colonnes « Réajustements » et procédez à l'analyse fiscale des dépréciations sur titres ou reprises de l'exercice N.

> Fiche ressource 3 + Annexe 5

Mobiliser éventuellement les connaissances du Processus 2.

Annexe 4 État récapitulatif

Portefeuille de titres au 01/01/N									
Titre	Nature du titre	Date d'achat	Quantité	Prix unitaire d'achat	Total	Date de cession	Quantité	Prix unitaire de cession	Total
Titres L'Oréal	261	09/02/N–3	30	172,30 €	5 169,00 €	23/12/N	10	265,00 €	2 650,00 €
VMP AG Alès Groupe	503	21/05/N–3 05/11/N–2	40 60	14,90 € 13,40 €	596,00 € 804,00 €	10/12/N	100	3,60 €	360,00 €
VMP InterParfums	503	20/09/N–3 20/01/N–1	10 70	28,70 € 29,89 €	287,00 € 2 092,30 €	12/10/N	20	35,62 €	712,40 €

Annexe 5 État des dépréciations des titres et reprises au 31/12/N

Intitulé	Quantité[1]	PU d'achat	Cours au 31/12/N	Dépréciation nécessaire N	Dépréciation existante N–1	Réajustements	
						Dotation	Reprise
Titres L'Oréal	20	172,30 €	255,80 €	Néant	Néant	0 €	0 €
VMP AG	0	14,00 €	2,56 €	0 €	1 056 €	0 €	1 056 €
VMP IP	60	29,89 €	28,42 €	88,20 €	Néant	88,20 €	
					Totaux	**88,20 €**	**1 056 €**

1. Titres restants en portefeuille au 31/12/N.

> Voir lexique BTS CG, p. 255

Activité

3 Procéder au retraitement fiscal des plus ou moins-values nettes

Pour finaliser les travaux relatifs aux opérations relevant du régime des plus ou moins-values professionnelles, M. Bonnet vous explique qu'il existe un principe de compensation des plus ou moins-values de même qualification fiscale (court terme et long terme), et ce, avant d'être retraitées sur le plan fiscal.

M. Bonnet vous propose un modèle de tableau préparatoire au calcul des plus ou moins-values nettes qui, par ailleurs, facilitera l'établissement des imprimés fiscaux Cerfa de déclaration des plus ou moins-values nettes de la liasse fiscale.

Votre mission

1. Complétez le tableau de détermination des plus ou moins-values nettes au titre de l'exercice N. >P7

> Fiche ressource 4 + Annexe 6

Tableau de détermination des plus N moins-values nettes en N : www.lienmini.fr/7022-812

Ce tableau récapitulatif est un modèle de tableau préparatoire à la production de la liasse fiscale. Reporter les données et les calculs réalisés dans les deux activités précédentes et procéder à la compensation des PV ou MV de même qualification fiscale. Reproduire le modèle présenté sur tableur afin d'automatiser les calculs.

Attention : la valeur nette comptable rectifiée correspond à la colonne « Valeur résiduelle » du tableau de l'annexe 6 (ne pas confondre avec la valeur résiduelle définie lors d'un achat d'immobilisation, qui est la valeur probable de revente en fin d'utilisation du bien).

2. En vous référant aux résultats du tableau de compensation réalisé à la question précédente, précisez le régime fiscal applicable à chacune des plus ou moins-values nettes réalisées au cours de l'exercice N puis effectuez les retraitements nécessaires.

> Fiche ressource 4

Il est possible d'utiliser le tableau préparatoire de détermination du résultat fiscal créé sur tableur dans le cadre des chapitres précédents (6 et 7). Le cabinet applique systématiquement la solution fiscale la plus favorable pour ses clients (par exemple, l'étalement des plus-values nettes à court terme sur 3 ans).

Annexe 6 Tableau de détermination des plus ou moins-values nettes

Éléments	Valeur d'origine	TVA à régulariser	Cumul amortissement	Valeur résiduelle	Prix de cession HT	Résultat	Court terme		Long terme	
	(1)	(2)	(3)	(4) = (1) +/– (2) – (3)	(5)	(6) = (5) – (4)	Plus-value	Moins-value	Plus-value	Moins-value
Installations techniques										
Bacs à shampooing										
Fauteuils de coiffage										
Matériel informatique										
Titres L'Oréal										
Titres Alès Groupe Lot 1 Lot 2										
Titres InterParfums Lot 1 Lot 2										
DAP/titres IP										
RAP/titres AG										
						Totaux				
						PV ou MV nettes à CT et LT				

TVA à régulariser :
– reversement de TVA sur cession d'un immeuble ;
– complément de déduction de TVA sur cession d'un véhicule de tourisme revendu à un marchand de biens d'occasion.

Le cumul des amortissements correspond aux amortissements économiquement justifiés et aux amortissements dérogatoires.

La valeur résiduelle correspond à la valeur nette comptable rectifiée.

CHAPITRE 8

Fiche ressource 1

Le champ d'application des plus ou moins-values professionnelles et les conditions d'exonération

I Le champ d'application

Toute cession d'un élément d'actif immobilisé (donc toute cession d'immobilisation) entraîne la réalisation d'une plus ou moins-value en fonction du gain ou de la perte subie sur cette cession. Cette cession peut être volontaire (vente, mise au rebut) ou involontaire (destruction, vol). Ces opérations de cession, à caractère exceptionnel par rapport à l'activité d'une entreprise, bénéficient fiscalement du régime des plus ou moins-values professionnelles.

Le champ d'application de ce régime pour les entreprises soumises aux BIC est le suivant :

Régime des PV ou MV professionnelles	Champ d'application	Type d'opération
Régime général	Sortie de l'actif (cession ou mise au rebut)	Cessions de biens non amortissables (sauf les titres)
		Cessions de biens amortissables (sauf les brevets)
Régimes particuliers	Titres d'autre nature (classe 2 ou 5)	Cessions de titres
		Dépréciations des titres : dotations ou reprises
	Propriété industrielle[1]	Cessions de brevets
		Résultat net sur concessions de brevets

1. Régime fiscal des produits de la propriété industrielle. Les gains et produits tirés de la cession ou de la concession d'un brevet ou de droits de propriété industrielle assimilés (y compris pour les logiciels protégés par des droits d'auteur) bénéficient depuis le 1er janvier 2019 (sous certaines conditions) d'un taux réduit d'imposition de 10 %, que l'entreprise soit passible de l'impôt sur les sociétés ou relève de l'impôt sur le revenu. Dans ce régime, les modalités de calcul de la base imposable de ce type de revenus sont relativement complexes (notamment à cause de la prise en compte des dépenses de recherche et développement) et ne seront pas abordées dans ce chapitre. Ce régime n'est qu'optionnel. À défaut d'option exercée par l'entreprise, les produits sont taxés au taux de droit commun et ne bénéficient pas du taux réduit de 10 %.

II Les conditions d'exonération totale

Les petites entreprises bénéficient d'une exonération totale de leurs plus ou moins-values professionnelles si l'ensemble des deux conditions suivantes est rempli :

- l'activité est exercée au moins depuis 5 ans ;
- le CA HT moyen sur les deux exercices clos avant celui de la réalisation de la plus-value est inférieur ou égal à 250 000 € pour les entreprises de vente de biens ou 90 000 € pour les entreprises prestataires de services.

III Les conditions d'exonération partielle

L'exonération ne sera que partielle si les seuils de CA HT moyen sont de :

- pour les entreprises de vente de biens, 250 000 € < CA < 350 000 € ;
- pour les prestataires de services, 90 000 € < CA < 126 000 €.

Chapitre 8

Fiche ressource 2

Le calcul d'un résultat de cession

I La cession de biens non amortissables

Résultat de cession = prix de cession (net de frais liés à la cession) – prix d'acquisition

Pour évaluer le prix d'acquisition des titres cédés (ou le coût de sortie des titres), on utilisera :
- pour les titres de participation, soit la méthode PEPS (« premier entré, premier sorti ») ou le PRMP (prix de revient moyen pondéré) ;
- pour les autres titres (titres immobilisés et VMP), la méthode PEPS obligatoirement.

Exemples de biens cédés : cession d'un terrain, cession de titres...

II La cession de biens amortissables

Résultat de cession = prix de cession – valeur nette comptable rectifiée

Exemple : une entreprise revend un matériel industriel (dont la valeur d'acquisition était de 12 000 €) au prix de 5 000 € l'année N. Le cumul des amortissements économiques justifiés s'élève à 8 500 €. Aucun amortissement dérogatoire n'a été pratiqué.

Modèle de tableau de calcul des plus ou moins-values fiscales :

❶ Prix de cession ou indemnité d'assurance (dans le cas d'un sinistre)[1]		**5 000 €**
❷ Calcul de la valeur nette comptable rectifiée	Valeur d'origine du bien inscrit en classe 2[2]	12 000 €
	+ reversement de TVA (sur construction)[3]	0
	– compléments de déduction (sur véhicule de tourisme)[4]	0
	= valeur d'origine du bien rectifiée	12 000 €
	– cumul des amortissements fiscaux jusqu'à date de cession : amortissements économiquement justifiés (solde du compte 28) + amortissements dérogatoires (solde du compte 145)	8 500 €
	= valeur nette comptable rectifiée (compte 675)	3 500 €
❸ Plus ou moins-value fiscale = ❶ – ❷		**1 500 €**

1. Ce prix correspond à la somme inscrite au compte 775 pour un montant HT et sous déduction de frais liés à la cession (exemple : commission, honoraires d'un intermédiaire…).
2. Les immobilisations s'enregistrent au coût d'acquisition : prix d'achat HT + TVA (si non déductible) + frais d'installation, de montage, de transport, droits de douane + honoraires de l'architecte pour une construction + droits de mutation, honoraires ou commissions et frais d'actes liés à l'acquisition s'ils sont rattachés au coût d'acquisition de l'immobilisation.
3. Reversement de TVA : cas d'une construction cédée sous certaines conditions. Reversement de la TVA déduite à l'achat par vingtièmes pour une cession qui intervient au-delà des 5 ans de l'achèvement et avant un délai de 20 ans. Formule du reversement de TVA = valeur d'origine HT × taux de TVA en vigueur lors de l'achat × (20 – n) / 20 (n étant le nombre d'années où le bien apparaît au bilan de l'entreprise, année complète ou partielle).
4. Complément de déduction : cas d'un véhicule de tourisme cédé à un marchand de biens d'occasion dont le prix de cession est soumis à TVA : un complément de déduction de la TVA (non antérieurement déduite à l'achat) se calcule sur un délai de 5 ans.
   Formule du complément de déduction = valeur d'origine HT × taux de TVA en vigueur lors de l'achat × (5 – n) / 5.

Fiche ressource 3

Les règles de qualification fiscale des plus ou moins-values

I Le cas général

Nature du bien	Durée de détention du bien		
	Bien détenu depuis moins de 2 ans	Bien détenu depuis plus de 2 ans	
Éléments amortissables	PVCT ou MVCT	MVCT	PVCT à hauteur des amortissements pratiqués PVLT au-delà
Éléments non amortissables (sauf brevets)	PVCT ou MVCT	PVLT ou MVLT	

II Le cas particulier des titres

1. Le régime des cessions de titres en portefeuille

Le régime des plus ou moins-values professionnelles s'applique aux cessions de titres considérés comme fiscalement immobilisés. Un portefeuille de titres est considéré comme fiscalement immobilisé s'il est composé pour partie de titres détenus depuis 2 ans minimum, indépendamment de la nature comptable des titres.

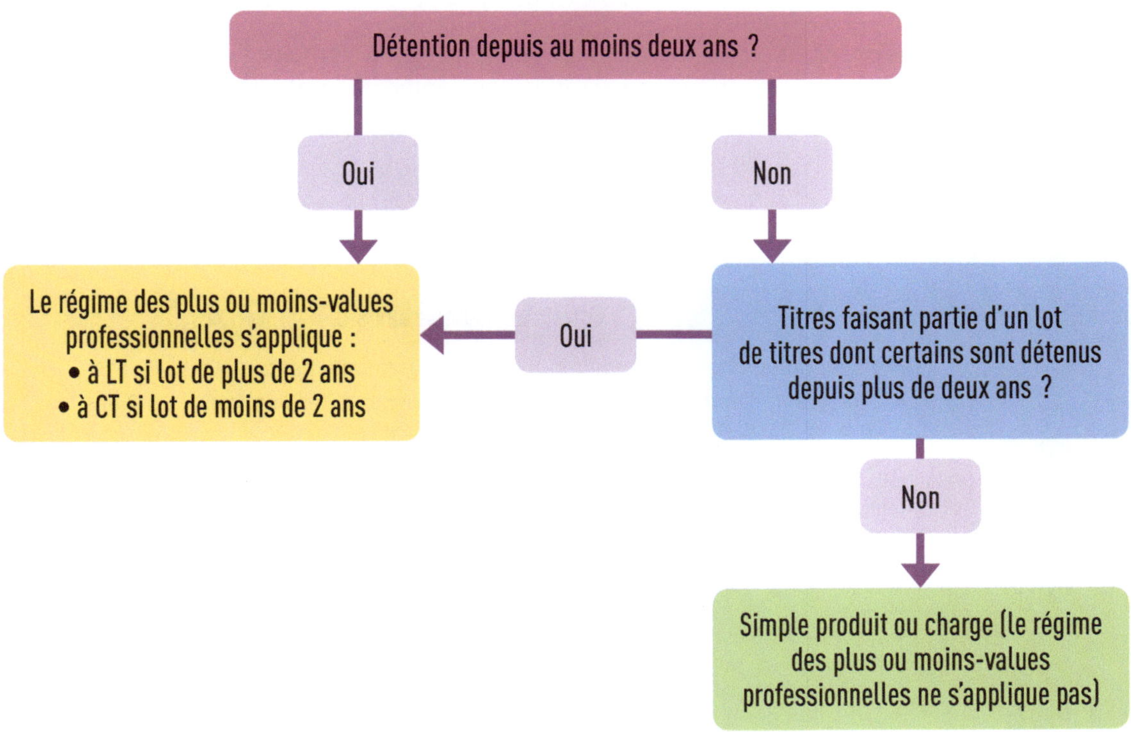

2. Le régime des dépréciations sur titres et reprises sur titres

Les dépréciations sur titres (686) et les reprises (786) relèvent toujours du régime des moins-values ou plus-values à long terme, quelles que soient la durée de détention et la nature du titre (titres inscrits en classe 2 ou en classe 5).

CHAPITRE 8

Fiche ressource 4

Le traitement fiscal des plus ou moins-values nettes à court terme et à long terme

I Le principe de détermination des plus ou moins-values nettes

L'entreprise doit opérer une compensation des plus ou moins-values de même nature (court terme et long terme), pour déterminer les plus ou moins-values nettes. On a ainsi, pour l'exercice, selon le cas, une plus ou moins-value nette à court terme, ou une plus ou moins-value nette à long terme. La détermination des plus ou moins-values nettes se présente sous la forme d'un tableau, sur lequel :

- les résultats sont reportés pour chaque élément cédé ou autres éléments spécifiques (dotations aux dépréciations de titres ou reprises sur dépréciations de titres), qualifiés de court terme ou long terme ;
- les résultats sont ensuite totalisés et compensés pour déterminer les plus ou moins-values nettes à court ou long terme.

Éléments	Résultat (PV ou MV)	Court terme (CT)		Long terme (LT)	
		PV	MV	PV	MV
Totaux					
PV ou MV nettes		PVN CT ou MVN CT		PVN LT ou MVN LT	

Une fois que la plus ou moins-value nette à court terme ou à long terme de l'exercice est déterminée, il convient d'appliquer son régime d'imposition conformément aux règles en vigueur.

II Le régime fiscal des plus ou moins-values nettes de l'exercice

Qualification fiscale	Entreprise soumise aux BIC
PVN CT	• Simple produit normalement imposable : aucun retraitement. • Cependant, l'entreprise peut demander un étalement de l'imposition sur 3 ans. Dans ce cas, le montant de la plus-value nette est alors rattaché, par fractions égales, aux résultats de l'année de sa réalisation et des deux années suivantes. Il convient donc, en cas d'étalement, de déduire les 2/3 de la plus-value du résultat fiscal en N, et de réintégrer extracomptablement 1/3 de la plus-value en N+1 et N+2.
MVN CT	Simple charge normalement déductible : aucun retraitement.
PVN LT	• Si l'entreprise est bénéficiaire, la PVN LT est déduite du résultat fiscal pour être imposée à un taux spécifique de 12,8 % (majoré de prélèvements sociaux sur la déclaration de revenus). Le montant de la PVN LT est imposé à l'IR après déduction des moins-values nettes à long terme antérieures. • Si l'entreprise est déficitaire, elle a le choix entre : – une imposition à 12,8 %, donc à déduire ; – le maintien dans le résultat fiscal, donc aucun retraitement.
MVN LT	• À réintégrer au résultat fiscal (charges non déductibles des BIC). • Elles sont imputables (à déduire) des PVN LT des dix exercices suivants.

Pour vérifier ses acquis

Retrouvez ce QCM en version interactive www.lienmini.fr/7022-813

1 QCM

1) Les opérations entrant dans le champ d'application du régime des plus ou moins-values professionnelles pour une entreprise soumise à l'IR sont :

☐ toutes les cessions d'éléments de biens immobilisés incorporels et corporels.

☐ toutes les cessions de titres, quelle que soit leur nature.

☐ toutes les dépréciations de titres et leurs reprises.

2) Le calcul des plus ou moins-values de cession sur des biens amortissables :

☐ est obtenu par différence entre le prix de cession et la valeur d'origine du bien cédé.

☐ est obtenu par différence entre le prix de cession et la valeur nette comptable du bien.

☐ peut être différent du résultat comptable de cession (différence entre 775 et 675).

3) La qualification fiscale des PV ou MV sur cessions de biens dépend :

☐ de la nature des biens cédés.

☐ de la durée de détention des biens.

☐ de ces deux éléments à la fois.

4) On parle de « titres fiscalement immobilisés » :

☐ lorsque des titres sont cédés, quelles que soient leur nature et leur durée de détention.

☐ lorsque la durée de détention des titres cédés excède 2 ans, et ce, quelle que soit la nature du titre.

☐ lorsqu'un lot de titres de moins de 2 ans est cédé en même temps qu'un lot de titres de même nature de plus de 2 ans.

5) Les dépréciations sur titres (et leurs reprises) :

☐ ne relèvent pas du régime des plus ou moins-values professionnelles.

☐ relèvent d'un régime particulier : le régime des MVLT (ou PVLT).

6) Une PV nette à court terme :

☐ est normalement imposable aux BIC.

☐ doit faire l'objet d'un retraitement fiscal en cas d'option exercée (étalement sur 3 ans).

7) Une PV nette à long terme :

☐ est normalement imposable aux BIC.

☐ doit faire l'objet d'une déduction extracomptable.

2 Mini-cas

La SNC ECOLAB est spécialisée depuis 30 ans dans les produits et services de la propreté, de la sécurité alimentaire, de l'hygiène et de l'eau pour les professionnels. Les associés n'ont exercé aucune option en matière d'imposition des bénéfices. La SNC réalise un chiffre d'affaires moyen de 625 000 €. Les gérants ont procédé à des cessions au cours de l'exercice N.

<table>
<tr><td>Cession d'un terrain acquis en N–12
• Valeur d'origine : 16 000 €
• Prix de cession : 32 400 €</td><td>Cession d'un véhicule utilitaire
• Valeur d'origine : 24 500 €
• Véhicule acquis en N–3
• Cumul des amortissements pratiqués : 17 150 €
• Prix de cession : 6 800 €</td></tr>
<tr><td colspan="2">Cession de titres immobilisés : 100 titres cédés
• Prix de cession : 42 € l'unité
• Lot détenu depuis plus de 2 ans : 60 titres acquis (valeur d'acquisition : 31,50 € l'unité)
• Lot détenu depuis moins de 2 ans : 120 titres acquis (valeur d'acquisition : 46,00 € l'unité)
• Reprise sur dépréciations des immobilisations financières : 85 €</td></tr>
</table>

1. Vérifiez que la SNC est bien soumise au régime des plus ou moins-values professionnelles.
2. Pour chacune des cessions proposées, déterminez le résultat de cession puis analysez sur le plan fiscal les plus ou moins-values réalisées.

Pour s'entraîner

1 Déterminer les résultats de cession de titres et le résultat fiscal

★ **RÉSULTATS ATTENDUS** La réalisation des traitements fiscaux effectués
La justification des retraitements fiscaux nécessaires à la détermination du résultat fiscal
La détermination du résultat fiscal

Situation

Pour bien maîtriser l'analyse fiscale des cessions de titres, votre tuteur vous propose de travailler sur le dossier client de l'EURL Di Marco, spécialisée dans le négoce de combustibles (bois de chauffage et granulés de bois). L'exploitant a procédé à des cessions de titres au cours de l'exercice N. Le résultat fiscal provisoire avant le traitement fiscal des cessions de titres s'établit à 128 530 €.

1 À partir des annexes 1, 2 et 3, analysez sur le plan fiscal les opérations intervenues sur les titres en retenant la méthode PEPS (« premier entré, premier sorti »), y compris les réajustements de dépréciation de titres.

2 Présentez un tableau récapitulatif des PV ou MV nettes selon le modèle de la fiche ressource 3.

3 Présentez un tableau de détermination du résultat fiscal, en justifiant vos retraitements.

Annexe 1 Portefeuille de titres de l'EURL Di Marco au 1er janvier N

Titres immobilisés Air Liquide (compte 271)	Valeurs mobilières de placement Alstom (compte 503)
• 15 titres Air Liquide achetés le 02/06/N–3 au prix unitaire de 136 € • 20 titres Air Liquide achetés le 10/01/N–1 au prix unitaire de 128 €	30 titres achetés en 05/01/N–2 au prix unitaire de 42,50 €

Annexe 2 Évaluation des titres à l'inventaire

Valeur d'utilité	Au 31/12/N–1	Au 31/12/N
Titres Air Liquide	132,50 €	124,00 €
Titres Alstom	39,80 €	44,20 €

Annexe 3 Cession de titres de l'exercice N

Titre cédé	Date de cession	Quantité	Prix de cession unitaire
Titres Air Liquide	18/06/N	20	130,00 €
Titres Alstom	05/09/N	10	46,80 €

2 Déterminer les résultats de cession de biens amortissables

★★ RÉSULTATS ATTENDUS La réalisation des traitements fiscaux effectués
La justification des retraitements fiscaux nécessaires à la détermination du résultat fiscal dans le respect de la réglementation

Situation

La SNC Norbert Technologies est spécialisée dans l'usinage de pièces de moteurs. Son activité est répartie sur deux sites de production en région Île-de-France. Depuis 2 ans, elle connaît quelques difficultés économiques (baisse de la demande et baisse de sa rentabilité). En N, elle décide de recentrer son activité sur un seul site, pour réduire ses coûts, et procède à des cessions d'immobilisations. Vous intervenez en tant que stagiaire dans cette entreprise M. Norbert vous demande de déterminer les incidences fiscales des plus ou moins-values professionnelles sur le résultat comptable de son entreprise.

1 **À l'aide de l'annexe, réalisez un tableau de calcul des plus ou moins-values professionnelles pour chaque élément cédé au cours de l'exercice (selon le modèle de l'annexe 6 page 128) Justifiez vos calculs et la qualification de plus ou moins-values (CT ou LT). Utilisez un tableur pour automatiser les calculs.** > P7

2 **Rédigez un courriel à l'attention de M. Norbert pour lui préciser les incidences fiscales de ces cessions sur son résultat comptable, qui reste néanmoins bénéficiaire. Conseillez-le sur l'imposition de ses plus-values nettes à court terme.** > COMMUNICATION

Annexe Les cessions de l'exercice N

Cession d'un local

- Immeuble acquis neuf le 1er septembre N–8
- Prix d'acquisition : 54 900 € HT (TVA : 20 %)
- Bien amortissable sur une durée d'utilisation de 25 ans
- Date de cession : le 25 juin N
- Prix de cession : 65 800 €
- Cession réalisée auprès d'une entreprise utilisatrice
- La SNC n'a pas choisi de soumettre ce prix de cession à TVA

Cession d'un matériel industriel

- Matériel acquis neuf le 10 septembre N–5
- Matériel revendu à une autre entreprise utilisatrice le 15 mai N
- Prix d'acquisition : 9 500 €
- Prix de cession : 1 000 €
- Bien amortissable sur 5 ans en linéaire
- Amortissement fiscal dégressif sur 5 ans
- Cumul des amortissements économiquement justifiés : 8 893,06 € (arrondi à 8 893 €)
- Cumul des amortissements fiscaux : 9 500 €

Cession d'un véhicule de tourisme

- Véhicule acquis neuf le 1er mars N–2
- Valeur d'origine : 23 760 € TTC
- Cession réalisée le 20 octobre N auprès d'un marchand de biens d'occasion
- Prix de cession : 8 500 € HT
- Prix de cession soumis à TVA (à la demande du concessionnaire)
- Véhicule amorti sur 4 ans en linéaire
- Cumul des amortissements pratiqués sur ce véhicule de la date d'acquisition jusqu'à la date de cession : 15 675 €

3 Déterminer les résultats de cession et leurs incidences sur le résultat fiscal

★★ **RÉSULTATS ATTENDUS** La réalisation des traitements fiscaux effectués
La détermination du résultat fiscal
La justification des retraitements fiscaux nécessaires à la détermination du résultat fiscal

Situation

L'EURL Guilbert exerce depuis plus de 15 ans l'activité de reprographie : travaux d'impression numérique sur tous supports et tous formats, façonnage de documents et objets publicitaires et/ou textiles. Elle s'adresse à tout type de client, professionnel ou particulier. L'entreprise dispose de son propre service comptable, géré par Anne-Marie Guilbert, et utilise le logiciel EBP. Elle fait appel en fin d'exercice à un cabinet d'expertise comptable pour les travaux de détermination du résultat fiscal.

Vous êtes en stage dans cette EURL en janvier N+1 et vous avez l'opportunité de participer aux travaux de détermination du résultat fiscal. Le collaborateur du cabinet, après avoir effectué les révisions des comptes et analysé les retraitements nécessaires des charges et des produits, vous propose de déterminer les plus ou moins-values professionnelles de l'exercice N. Le résultat fiscal provisoire est de 246 000 €. Ce résultat ne prend pas en compte les résultats des opérations bénéficiant du régime des plus ou moins-values professionnelles.

1 À l'aide d'un tableur, réalisez un tableau de détermination des plus ou moins-values nettes à court et long termes (selon le modèle de l'annexe 6 page 128). Pour déterminer les réajustements de dépréciations de titres au 31/12/N, vous devez compléter l'annexe 3 à l'aide des annexes 1 et 2. >P7

2 Déterminez le résultat fiscal définitif sous forme d'un tableau faisant apparaître les retraitements fiscaux et les justifications. Il existait en N–1 une PVN CT d'un montant de 1 500 € dont l'imposition a été étalée sur 3 ans. >P7

Annexe 1 État récapitulatif des biens cédés au cours de l'exercice N

Élément	Valeur d'origine HT	Date d'achat	Modalités d'amortissements	Cumul des amortissements	Date de cession	Prix de cession
Imprimante 3D	11 278 €	10/10/N–3	Linéaire sur 5 ans et dégressif sur 5 ans	AEJ[2] = 6 516 € A. fiscaux = 8 379 €	01/09/N	4 900 € HT
Machine	5 500 €	01/06/N–5	Linéaire sur 8 ans	AEJ = 3 581 €	15/08/N	1 500 € HT
Véhicule de tourisme[1]	17 800 €	01/02/N–4	Linéaire sur 5 ans	AEJ = 19 224 €	31/07/N	3 000 €

1. Véhicule cédé à une autre entreprise utilisatrice : le prix de cession n'est pas soumis à TVA. La base de calcul des amortissements correspond à la VO TTC. Le véhicule a un taux d'émission de CO_2 de 210 g/km. La base fiscale des amortissements déductibles est limitée à 9 900 € TTC.
2. « Amortissements économiquement justifiés ».

Annexe 2 État récapitulatif des cessions de titres de l'exercice N

Titre cédé	Nature du titre	Date d'achat	Quantité achetée	Prix unitaire d'achat	Date de cession	Quantité cédée	Prix unitaire de cession
NBA	261	05/08/N–4 06/04/N–1	180 250	194 € 216 €	10/10/N	200	221 €
VMP Memkabé	503	07/10/N–3	100	72 €	15/04/N	50	78 €

Annexe 3 État des dépréciations des titres et reprises au 31/12/N (à compléter)

Titre	Quantité[1]	Prix unitaire d'achat	Cours au 31/12/N	Dépréciation nécessaire N	Dépréciation existante N-1	Réajustements	
						Dotation	Reprise
NBA			198 €		Néant		
VMP Memkabé			82 €		400 €		

1. Quantité de titres restants à la clôture de l'exercice N.

4 Analyser des cessions et faire une synthèse des résultats

★★ RÉSULTAT ATTENDU La réalisation des traitements fiscaux effectués
La détermination du résultat fiscal
La justification des retraitements fiscaux nécessaires à la détermination du résultat fiscal

Situation

La société Loctout est une société en nom collectif, en activité depuis 9 ans. Implantée à Paris (75009), elle est spécialisée dans le secteur d'activité de la location et location-bail d'autres machines, équipements et biens matériels. Les deux associés, Richard et Bertrand, n'ont pas exercé l'option pour l'IS. Ils sont soumis au régime de l'IR, catégorie BIC. Ils externalisent leur comptabilité auprès du cabinet comptable, Expert + .
Ayant procédé à deux cessions au cours de l'exercice N, Richard, le gérant détenant 60 % des parts sociales, demande à un collaborateur de lui produire une synthèse des résultats de cession et les incidences sur le résultat fiscal de la SNC.
En tant que stagiaire du cabinet Expert + , le collaborateur vous confie ce dossier.

- **À partir de l'annexe 1, analysez les résultats de cession et compléter le tableau de synthèse de l'annexe 2. Précisez également les incidences des plus ou moins values nettes sur le résultat fiscal de l'entreprise Loctout.**

Annexe 1 Tableau de cessions d'immobilisations

Intitulé	Acquisitions		Cessions		Amortissem. cumulés à la date de cession (a)
	Date	Valeur d'origine HT	Date	Prix de cession HT	
Camion	01/08/N–8	30 000 €	15/12/N	7 500 €	25 125 €
Titre de participation (b)	17/09/N–2	300 titres à 40 €			
	20/11/N–1	200 titres à 38 € l'unité	22/12/N	400 titres à 45 € l'unité	

(a) Linéaire sur 10 ans (b) Méthode de valorisation des sorties de stocks : méthode PEPS

Annexe 2 Tableau récapitulatif des plus ou moins values nettes CT et LT

Éléments	Résultat cession	Court terme (CT)		Long terme (LT)	
		PV	MV	PV	MV
Camion					
Titres de participation					
Totaux					
PV ou MV nettes					

5 Faire le lien avec le stage/l'apprentissage

Durant votre stage/apprentissage, vous avez peut-être eu l'opportunité de participer à la gestion des immobilisations.

1. Avez-vous comptabilisé des achats et cessions d'éléments d'actif immobilisé ou circulant sur logiciel comptable ?
2. Avez-vous mis à jour un logiciel de gestion des immobilisations (achats/cessions) ?
3. Avez-vous participé au calcul de plus ou moins-values professionnelles ?

CHAPITRE 9

BIC : la déclaration du résultat fiscal

SAVOIRS ASSOCIÉS

- Liasse fiscale simplifiée ou normale
- Obligations déclaratives des entreprises soumises au régime du réel normal
- Obligations déclaratives des entreprises soumises au régime du réel simplifié

COMPÉTENCE

Établir, contrôler et transmettre la déclaration de résultat imposable correspondant au régime fiscal

> PROCESSUS 7

L'archivage des documents conforme aux procédures réglementaires en vigueur

Situation professionnelle

M. Bonnet, satisfait de vos travaux précédents, vous demande à présent de participer à l'établissement et au contrôle de la liasse fiscale. En effet, Mme Latour est tenue chaque année, comme tout entrepreneur, d'envoyer à son service des impôts des entreprises un document, appelé liasse fiscale, qui reprend l'essentiel des informations comptables de l'année écoulée, ainsi que la déclaration de résultat de l'entreprise. Elle a également l'obligation légale de déposer ses comptes au greffe du tribunal de commerce : bilan et compte de résultat de la liasse accompagnés de la décision d'affectation du résultat (bénéfice ou perte).

La liasse fiscale à établir, composée de formulaires Cerfa référencés par leurs numéros, dépend du régime d'imposition applicable (de plein droit ou sur option) pour l'entreprise (régime du réel d'imposition normal ou régime du réel simplifié). Ces régimes dépendent eux-mêmes de seuils de chiffre d'affaires en fonction de l'activité de l'entreprise (ventes de biens ou prestations de services). Pour l'exercice N, Mme Latour doit produire et télédéclarer la déclaration de résultat des BIC n° 2031 et la liasse fiscale normale (tableaux ou formulaires n° 2050 à 2059-G).

> Voir présentation générale, p. 89

1. Quelles sont les obligations légales en matière de déclaration de résultat ?
2. Quels documents devra produire Mme Latour, et comment seront-ils transmis à l'administration fiscale ?
3. Quels sont les critères retenus par l'administration fiscale pour déterminer le régime d'imposition applicable ?
4. Avez-vous déjà utilisé de tels critères dans un des chapitres précédents de cet ouvrage ? Si oui, à quelle occasion ?

CHAPITRE 9

Activités professionnelles guidées

Activité 1

Définir le régime fiscal d'imposition et obligations déclaratives

Avant de procéder à l'établissement des formulaires de la liasse fiscale, M. Bonnet souhaite que vous preniez connaissance des différents régimes d'imposition des bénéfices afin de déterminer le régime fiscal d'imposition de l'EURL et les obligations comptables et fiscales qui en découlent. Il vous communique également un courriel de Mme Latour, daté du 20/10/N–1, dont l'objet portait sur un éventuel changement de régime d'imposition.

Votre mission

1. Recherchez puis justifiez le régime d'imposition applicable de plein droit à l'EURL Valérie Latour.

> Fiche ressource 1

Comparer les seuils de chiffre d'affaires des différents régimes avec le chiffre d'affaires de l'EURL. Les ventes de prestations de services de l'EURL ont toujours été supérieures à 90 000 € et les ventes de marchandises ne sont que marginales.

2. En réponse au courriel de Valérie Latour de fin d'année N–1, M. Bonnet a conseillé de retenir l'option pour le régime du réel normal d'imposition de ses bénéfices. Rédigez la réponse à adresser à Mme Latour pour justifier ce conseil. > COMMUNICATION

> Fiches ressource 1 et 2 + Annexe 1

Faire une recherche Internet sur les avantages et inconvénients que cette option peut lui procurer.

3. Précisez à quelle date au plus tard la transmission de la liasse fiscale doit être effectuée auprès des services des impôts et quel est son mode de transmission. Les données transmises seront-elles sécurisées ? > P7

> Fiche ressource 2

Consulter le site www.jedeclare.com ou toute autre source Internet fiable.

Annexe 1 Courriel de Valérie Latour

De : v.latourhairdutemps@gmail.com
À : c.bonnet@cabinetbrune.fr
Date : 20/10/N–1 16:41
Objet : Demande d'informations et de conseils sur l'option à un régime du réel normal

Bonjour, M. Bonnet.

Aujourd'hui, en raison de l'augmentation de mon chiffre d'affaires et de mes projets d'investissements pour cette année (rénovation de mon salon et achat de mobilier professionnel), je souhaite opter pour le régime du réel normal de TVA à compter de janvier N. Cette option vaut-elle également pour le régime d'imposition des bénéfices ? Est-il possible de déclarer la TVA selon un régime du réel normal et les bénéfices selon un régime du réel simplifié ? Quels conseils pouvez-vous me donner à ce sujet ? Si je dois changer de régime, quelles sont les démarches nécessaires et quels sont les documents à produire ?

Bien cordialement,

Valérie Latour.

> Voir lexique BTS CG, p. 255

Activité **2**

Contrôler et compléter le formulaire 2059-A

M. Bonnet vous explique que la plupart des clients du cabinet (à 90 %) sont soumis à un régime d'imposition des bénéfices au réel normal, soit de plein droit, soit sur option. Grâce à un paramétrage pertinent du PGI, les tableaux comptables (bilan, compte de résultat, tableaux des immobilisations, des amortissements et des provisions) sont générés automatiquement. Les tableaux fiscaux de détermination des plus ou moins-values et de détermination d'un résultat fiscal peuvent être également générés par le PGI, mais certaines sommes n'apparaissent pas, d'où la nécessité de les compléter manuellement.

Votre mission

1. Contrôlez la partie A du formulaire 2059-A généré par le PGI.

> Annexe 2

> Corrigé du tableau des plus ou moins-values nettes du chapitre 8 : www.lienmini.fr/7022-921

Pour contrôler la partie A de ce formulaire relatif aux plus ou moins-values nettes de l'exercice, justifier les sommes inscrites en colonnes 2 et 4.
Attention : les cessions de titres de même nature sont regroupées sur une seule ligne, et non par lots.

2. Complétez la partie B du formulaire 2059-A de l'exercice N.

> Annexe 2

> Formulaire 2059-A : www.lienmini.fr/7022-930

Reporter les montants de PV ou MV à CT et LT tels que vous les avez définis dans le tableau de détermination des plus ou moins-values nettes et recalculer le montant des plus ou moins-values nettes CT et LT.

3. Justifiez la formule utilisée en colonne 9, ligne 1, par exemple pour qualifier une PV de CT ou LT pour un bien amortissable. > P7

> Annexe 2

La formule est du type SI (D23 > G7 ; G7 ; D23) avec D23 = montant global de la PV (colonne 8) relative à la cession des installations techniques et G7 = cumul des amortissements pratiqués en franchise d'impôt (colonne 4) des installations techniques.

Activité **3**

Contrôler les formulaires de déclaration des bénéfices

Votre travail se poursuit par le contrôle des formulaires 2058-A et 2031-SD. Le cabinet Brune n'a pas signé de convention avec l'administration fiscale permettant d'agir en tant que viseur fiscal. De ce fait, les collaborateurs recommandent aux clients soumis au régime des BIC d'adhérer à un centre de gestion agréé.

Votre mission

1. Justifiez les sommes mentionnées sur les lignes de l'imprimé fiscal 2058-A.

> Annexe 3

> Tableau préparatoire à la détermination du résultat fiscal : www.lienmini.fr/7022-922

Justifier les lignes WQ Réintégrations diverses et XG Déductions diverses : ce sont des regroupements de plusieurs éléments.
Au besoin, télécharger la notice n° 2032 sur le site www.impots.gouv.fr.

2. Justifiez les sommes apparaissant sur le formulaire 2031-SD.

> Annexe 4

Vérifier notamment que le résultat fiscal inscrit sur les lignes XI et XN du formulaire 2058-A correspond à celui inscrit en C, ligne 4 de l'imprimé 2031-SD. Préciser à quoi correspondent les 183 €. Pourquoi sont-ils mis en évidence sur ce formulaire ?
Vérifier également le montant des PVN LT imposées à 12,8 %. Sur quel imprimé fiscal cette somme a-t-elle été déterminée ?

3. Le bénéfice ainsi déclaré est-il le montant du bénéfice imposable ? Justifiez votre réponse.

> Annexe 4

Vérifier si Mme Latour a adhéré à un centre de gestion agréé en examinant le bas du formulaire 2031-SD, et préciser l'intérêt de cette adhésion.

> Voir lexique BTS CG, p. 255

Annexe 2 Formulaire n° 2059-A de l'exercice N

> Amortissements fiscaux autorisés

cerfa N° 10179 * 22 (12)

Formulaire obligatoire (article 53 A du code général des impôts).

DÉTERMINATION DES PLUS ET MOINS-VALUES DGFiP N° 2059-A-SD

EXEMPLAIRE DESTINÉ À L'ADMINISTRATION

Désignation de l'entreprise : EURL Valérie LATOUR — Néant ☐ *

> VO HT (ou TTC) + ou – Régularisation de TVA

A - DÉTERMINATION DE LA VALEUR RÉSIDUELLE

I - Immobilisations*	Nature et date d'acquisition des éléments cédés* (1)	Valeur d'origine* (2)	Valeur nette réévaluée* (3)	Amortissements pratiqués en franchise d'impôt (4)	Autres amortissements* (5)	Valeur résiduelle (6)
1	Installations techniques	1 840		866		974
2	Bacs à shampooing	1 300		581		719
3	Fauteuils de coiffage	625		281		344
4	Matériel informatique	860		726		134
5	Titres L'Oréal	1 724		–		1 724
6	Titres Alès Groupe	1 400		–		1 400
7	Titres InterParfums	586		–		586
8						
9						
10						
11						
12						

> Taux régime BIC

B - PLUS-VALUES, MOINS-VALUES — Qualification fiscale des plus et moins-values réalisées *

I - Immobilisations*	Prix de vente (7)	Montant global de la plus-value ou de la moins-value (8)	Court terme (9)	Long terme (10) 19 %	Long terme 15 % ou 12,80 %	Long terme 0 %	Plus-value taxables à 19 % (1) (11)
1	1 000	26	26		–		
2	930	211	211				
3	310	– 34	– 34				
4	–	– 134	– 134				
5	2 650	926	–				
6	360	– 1 040	–				
7	712	126	–				
8							
9							
10							
11							
12							

> Cumul des amortissements excédentaires sur véhicule de tourisme

> RAP sur titres

II - Autres éléments		Court terme	19 %	15 % ou 12,80 %	0 %	Plus-value taxables à 19 %
13	Fraction résiduelle de la provision spéciale de réévaluation afférente aux éléments cédés	+				
14	Amortissements irrégulièrement différés se rapportant aux éléments cédés	+				
15	Amortissements afférents aux éléments cédés mais exclus des charges déductibles par une disposition légale	+				
16	Amortissements non pratiqués en comptabilité et correspondant à la déduction fiscale pour investissement, définie par les lois de 1966, 1968 et 1975, effectivement utilisée	+				
17	Résultats nets de concession ou de sous concession de licences d'exploitation de brevets faisant partie de l'actif immobilisé et n'ayant pas été acquis à titre onéreux depuis moins de deux ans					
18	Provisions pour dépréciation des titres relevant du régime des plus ou moins-values à long terme devenues sans objet au cours de l'exercice					
19	Dotations de l'exercice aux comptes de provisions pour dépréciation des titres relevant du régime des plus ou moins-values à long terme					
20	Divers (détail à donner sur une note annexe)*					
	CADRE A : plus ou moins-value nette à court terme (total algébrique des lignes 1 à 20 de la colonne) (9)	69				
	CADRE B : plus ou moins-value nette à long terme (total algébrique des lignes 1 à 20 de la colonne) (10)	(A)	(B) (Ventilation par taux)			(C)
	CADRE C : autres plus-values taxable à 19 % (11)					

* Des explications concernant cette rubrique sont données dans la notice n° 2032.

(1) Ces plus-values sont imposables au taux de 19 % en application des articles 238 *bis* JA, 208 C et 210 E du CGI.

N° 2059-A-SD – (SDNC-DGFiP) - Janvier 2018

Annexe 3 Détermination du résultat fiscal – formulaire n° 2058-A

cerfa N° 10951 * 09
Formulaire obligatoire (article 53 A du Code général des impôts)

⑨ **DÉTERMINATION DU RÉSULTAT FISCAL** D.G.I. N° 2058-A 7

Désignation de l'entreprise : EURL Valérie LATOUR — Néant ☐ *

Exercice N, clos le : 3 1 1 2 2 0 N

	Code	Montant
I. RÉINTÉGRATIONS — BÉNÉFICE COMPTABLE DE L'EXERCICE	WA	10 093
Rémunération du travail (entreprises à l'IR) — de l'exploitant ou des associés	WB	24 000
Rémunération du travail (entreprises à l'IR) — de son conjoint … moins part déductible* … à réintégrer :	WC	
Charges non admises en déduction du résultat fiscal — Avantages personnels non déductibles * (sauf amortissements à porter ligne ci-dessous)	WD	850
Amortissements excédentaires (art. 39-4 du C.G.I.) et autres amortissements non déductibles	WE	
Autres charges et dépenses somptuaires visées à l'art. 39-4 du C.G.I.*	WF	
Taxe sur les voitures particulières des sociétés (entreprises à l'IS)	WG	
Provisions et charges à payer non déductibles (cf. tableau 2058-B, cadre III)*	WI	
Amendes et pénalités (nature : ……)	WJ	190
Impôt sur les sociétés et imposition forfaitaire annuelle (cf. nouveautés page 10 de la notice 2032)	WK	
Quote-part — Bénéfices réalisés par une société de personnes ou un GIE WL — Résultats bénéficiaires visés à l'article 209 B du CGI L7	K7	
Régimes d'imposition particuliers et impositions différées — Moins-values nettes à long terme relevant du taux à 15 %, 8 % ou 0 %	WM	
Fraction imposable des plus-values réalisées au cours d'exercices antérieurs* — Plus-values nettes à court terme	WN	
Fraction imposable des plus-values réalisées au cours d'exercices antérieurs* — Plus-values soumises au régime des fusions	WO	
Écarts de valeurs liquidatives sur OPCVM* (entreprises à l'IS)	XR	
Réintégrations diverses à détailler sur feuillet séparé (dont : Intérêts excédentaires (art. 39 1 3° et 212 du C.G.I.) SU — Zones d'entreprises* (activité exonérée) SW — Quote-part de 5 % des plus-values à taux zéro M8)	WQ	192
TOTAL I	WR	35 325
II. DÉDUCTIONS — PERTE COMPTABLE DE L'EXERCICE	WS	
Quote-part dans les pertes subies par une société de personnes ou un G.I.E.*	WT	
Provisions et charges à payer non déductibles, antérieurement taxées, et réintégrées dans les résultats comptables de l'exercice (cf. tableau 2058-B, cadre III)	WU	
Régimes d'imposition particuliers et impositions différées — Plus-values nettes à long terme — imposées au taux de 15 % (16 % pour les entreprises soumises à l'impôt sur le revenu)*	WV	923
— imposées au taux de 8 % (0 % pour les exercices ouverts à compter du 01-01-2007)	L8	
— imputées sur les moins-values nettes à long terme antérieures	WW	
— imputées sur les déficits antérieurs	XB	
Fraction des plus-values nettes à court terme de l'exercice dont l'imposition est différée*	WZ	84
Régime des sociétés mères et des filiales * Produit net des actions et parts d'intérêts : (quote-part des frais et charges restant imposable, à déduire des produits nets de participations)	XA	
Mesures d'incitation — Déduction autorisée au titre des investissements réalisés dans les collectivités d'Outre-mer*.	ZY	
Majoration d'amortissement*	XD	
Abattement sur le bénéfice et exonérations* — Entreprises nouvelles - (Reprise d'entreprises en difficultés 44 *septies*) K9 — Entreprises nouvelles 44 *sexies* L2 — Entreprises créées en Corse (art. 208 *quater* A) L3 — Entreprises créées en Corse (art. 208 *septies*) L4 — Jeunes entreprises innovantes (art. 44 *sexies* A) L5 — Pôle de compétitivité (art. 44 *undecies*) L6 — Sociétés investissements Immobiliers cotées (art. 208c) K3 — Zone franche Corse (art. 44 *decies*) ØT — Zone franche urbaine (art. 44 *octies* ou 44 *octies* A) ØV	XF	
Écarts de valeurs liquidatives sur OPCVM* (entreprises à l'IS)	XS	
Déductions diverses à détailler sur feuillet séparé (dont créance dégagée par le report en arrière du déficit* (entreprises à l'IS) ZI)	XG	1 033
TOTAL II	XH	2 040

III. RÉSULTAT FISCAL

	Code	Montant	Code	Montant
Résultat fiscal avant imputation des déficits reportables : bénéfice (I moins II)	XI	33 285		
Résultat fiscal avant imputation des déficits reportables : déficit (II moins I)			XJ	
Déficit de l'exercice reporté en arrière (entreprises à l'IS)	ZL			
Déficits antérieurs imputés sur les résultats de l'exercice (entreprises à l'IS)			XL	
RÉSULTAT FISCAL BÉNÉFICE (ligne XN) ou DÉFICIT reportable en avant (ligne XO)	XN	33 285	XO	

* Des explications concernant cette rubrique sont données dans la notice n° 2032.

1er EXEMPLAIRE DESTINÉ À L'ADMINISTRATION

N° 2058A – IMPRIMERIE NATIONALE Février 2007 – 6 008453 1

Annexe 4 Formulaire n° 2031-SD de l'exercice N

DIRECTION GÉNÉRALE DES FINANCES PUBLIQUES — N° 2031-SD

N° 11085*22
Formulaire obligatoire (art 53 A ou 302 septies A bis du code général es impôts)

IMPÔT SUR LE REVENU
Bénéfices industriels et commerciaux

(Cocher la ou les cases correspondantes)

Exercice ouvert le	01/01/N	Régime "simplifié d'imposition" X	ou "réel normal"
et clos le	31/12/N	Option pour la comptabilité super-simplifiée	TVA
		Option pour le régime de la taxation au tonnage	

A IDENTIFICATION

Dénomination de l'entreprise : EURL V. LATOUR
Adresse de l'entreprise : 16, bis rue de Saint-Germain 78230 Le Pecq
Mél :
Téléphone 01 39 25 71 37
SIREN 8 1 1 9 1 5 5 1 1
Préciser l'ancienne adresse en cas de changement :

Adresse du déclarant (quand celle-ci est différente de l'adresse du destinataire) et/ou adresse du domicile de l'exploitant si elle est différente de l'adresse de la direction de l'entreprise :
Mél :

B DIVERS

Activités exercées (souligner l'activité principale) : Coiffure
Personne inscrite au répertoire des métiers (cocher la case) X

C RÉCAPITULATION DES ÉLÉMENTS D'IMPOSITION (cf. notice, page 3)

			Col. 1	Col. 2
1. Résultat fiscal Bénéfice col. 1, Déficit col.2 (report XN ou XO du 2058-A-SD ou 370 ou 372 du 2033-B-SD)			33 468	
2. Revenus de valeurs et capitaux mobiliers (compris dans les résultats ci-dessus)				
- Revenus exonérés de l'impôt sur le revenu	a			
à déduire : quote-part des frais et charges correspondants ❶	b			
revenus nets exonérés (a – b)	c			
- Revenus soumis à l'impôt sur le revenu	d	183	Total c + d	183
3. Total				
4. Bénéfice imposable (col. 1 – col. 2) ou **Déficit déductible** (col. 2 – col. 1) ❷			33 285	
1*bis*. Résultat net de cession, concession ou sous-concession des brevets et droits de propriété industrielle assimilés taxable au taux de 10 %				

1*ter*. Revenus compris dans le bénéfice imposable mais exclus de l'assiette de l'acompte du prélèvement à la source (art. 204 G du CGI)

- Quote-part de subvention d'équipement, d'indemnités d'assurance compensant la perte d'un élément de l'actif immobilisé et des plus-values à court terme définies à l'article 39 *duodecies* du CGI — e
- Moins-values à court terme définies à l'article 39 *duodecies* du CGI — f

5. Plus-values

taxées selon les règles prévues par les particuliers ❸		à court terme et à long terme exonérées❹		à long terme imposable à 12,8 % ❸	923
à long terme différée de 2 ans (Art. 39 *quindecies* I-1 du CGI) ❸		dont plus-value à long terme exonérées (Art. 151 *septies* A du CGI) ❹*bis*		dont plus-value à court terme exonérée (Art. 151 *septies*, 151 *septies* A et 238 *quindecies*) ❹ter	

6. Exonérations, Abattements et crédits d'impôt

Entreprise nouvelle art. 44 *sexies* — ZRR art. 44 *quindecies* — Zone franche d'activité art.44 *quaterdecies* — Autres dispositifs ❺
ZFU art. 44 *octies* et 44 *octies* A — Zone de restructuration de la défense art. 44 *terdecies* — Jeunes entreprises innovantes (JEI) art. 44 *sexies* A
Bassins urbains à dynamiser (BUD) art. 44 *sexdecies* — Zone de développement prioritaire art. 44 *septdecies*
Exonération ou abattement pratiqué ❻ → sur les plus-values imposables à 12,8 % — sur le bénéfice professionnel
Option pour le crédit d'impôt outre-mer dans le secteur productif (art. 244 *quater* W)

7. BIC non professionnels (2031 *Bis*-SD) a – BÉNÉFICE — b – DÉFICIT

- Revenus compris dans le bénéfice imposable mais exclus de l'assiette de l'acompte du prélèvement à la source (art. 204 G).
PV à court terme, subventions d'équipement et indemnités d'assurance pour perte d'un élément d'actif (Art. 39 *duodecies** — Moins-values à court terme (Art. 39 *duodecies**

- Plus-values
PV nettes à long terme imposable à 12,8 % — PV à long terme exonérées (Art. 151 *septies* A) — PV à court terme exonérées (Art. 151 *septies* A et 238 *quindecies*)
- Exonération ou abattement pratiqué (art. 44 *sexies* et suivants) ❻ → sur le bénéfice non professionnel

8. Régime des sociétés de personnes ❾
Cadre réservé aux sociétés de personnes dont les associés sont des personnes morales soumises à l'impôt sur le revenu et d'autres à l'impôt sur les sociétés.
Résultat fiscal issu du mode de calcul de l'impôt sur les sociétés

9. Comptabilité informatisée
L'entreprise dispose-t-elle d'une comptabilité informatisée ? OUI X NON — Si oui, indication du logiciel utilisé : CEGID

ATTENTION : toutes les entreprises soumises à un régime réel d'imposition en matière de résultats ont l'obligation de souscrire leur déclaration de résultats et ses annexes par voie dématérialisée. Le non respect de cette obligation est sanctionné par l'application de la majoration prévue par l'article 1738 du code général des impôts (CGI). Vous trouverez toutes les informations utiles pour télédéclarer sur le site www.impots.gouv.fr
La notice n° 2033-NOT-SD est également accessible sur le site www.impots.gouv.fr.

CGA/OMGA X — Viseur conventionné — (Cocher la case correspondante)
Nom et coordonnées du CGA/OMGA — Nom et coordonnées du viseur conventionné
N° d'agrément du CGA/OMGA ou du viseur conventionné 1 0 2 7 5 5

Identité du déclarant:
Lieu: Le Pecq — Date: 20 avril N+1
Qualité et nom du déclarant: LATOUR Valérie Exploitant individuel
Signature: Latour

Les dispositions des articles 39 et 40 de la loi n° 78-17 du 6 janvier 1978 relative à l'informatique, aux fichiers et aux libertés, modifiée par la loi n° 2004-801 du 6 août 2004, garantissent les droits des personnes physiques à l'égard des traitements de données à caractère personnel.

CHAPITRE 9

Fiche ressource 1

Les régimes fiscaux d'imposition des BIC

L'exploitant individuel et les associés d'une entreprise industrielle et commerciale dont le résultat fiscal est imposé à l'IR, catégorie BIC, sont soumis à des déclarations qui dépendent du régime fiscal applicable : micro BIC, réel simplifié ou réel normal. Quel que soit son régime fiscal, l'entrepreneur doit déclarer chaque année ses revenus imposables et exonérés dans la déclaration complémentaire des professions non salariées n° 2042C Pro, jointe à la déclaration spécifique de son régime d'imposition.
Le champ d'application d'un régime fiscal dépend de la nature de l'activité exercée et du montant du chiffre d'affaires annuel. Les seuils sont revalorisés tous les 3 ans.

Seuils définis à compter du 01/01/2023

	Régime spécial BIC (micro-entreprise ou micro BIC)[1]	Régime du réel simplifié	Régime du réel normal
Conditions d'application d'un régime fiscal	• Ventes de biens[2] : CA HT inférieur à 188 700 € • Prestations de services : CA HT inférieur à 77 700 €[3]	• Ventes de biens : CA HT compris entre 188 700 € et 840 000 € • Prestations de services : CA HT compris entre 77 700 € et 254 000 €	• Ventes de biens : CA HT supérieur à 840 000 € • Prestations de services : CA HT supérieur à 254 000 €
Détermination du résultat	Le bénéfice est évalué par l'administration fiscale en fonction du chiffre d'affaires déclaré, avec application automatique d'un abattement forfaitaire pour frais professionnels de : – 71 % du CA pour les activités de vente de biens ; – 50 % du CA pour les activités de services.	Le résultat fiscal est déterminé à partir du résultat comptable, corrigé des déductions et réintégrations et des éventuelles plus ou moins-values réalisées.	
Obligations comptables et fiscales	• La tenue d'une comptabilité n'est pas obligatoire (dispense de bilan et compte de résultat). • L'entreprise doit tenir un registre présentant le détail de ses achats et ventes.	• La tenue d'une comptabilité est obligatoire. Elle doit être régulière, sincère et s'appuyer sur des pièces justificatives. • Les tableaux comptables et fiscaux sont néanmoins allégés au niveau du régime du réel simplifié.	
Déclarations fiscales	Seul le chiffre d'affaires est à mentionner sur la déclaration des revenus n° 2042-C Pro.	• N° 2042-C Pro • Liasse fiscale simplifiée • Déclaration de résultat des BIC n° 2031 • Tableaux n°s 2033-A à 2033-G	• N° 2042-C Pro • Liasse fiscale normale • Déclaration de résultat des BIC n° 2031 • Tableaux n°s 2050 à 2059-G
Toute entreprise dont le CA HT de ventes de biens est inférieur à 840 000 € ou inférieur à 254 000 € pour les prestations de services, soumise de plein droit à un régime fiscal particulier, peut opter pour un régime supérieur.			

1. Seules les entreprises individuelles (EI, EURL à associé unique) peuvent bénéficier de ce régime.
2. On entend par « ventes de biens » toutes les activités de commerce et de fourniture de logement (hôtels, chambres d'hôtes, gîtes ruraux, meublés de tourisme) ainsi que de location de matériels ou de biens de consommation durable.
3. Lorsque l'activité se rattache aux deux catégories d'activité, le régime micro BIC est applicable en N si le chiffre d'affaires HT global N–1 ou N–2 n'excède pas 188 700 € et le chiffre d'affaires HT afférent aux prestations de services ne dépasse pas 77 700 €.

Fiche ressource 2

Les modalités de déclaration spécifiques aux entreprises soumises à un régime réel d'imposition

Obligations déclaratives	L'exploitant individuel ou associé d'une entreprise industrielle et commerciale est tenu de déposer un ensemble de déclarations appelé « liasse fiscale » auprès du service d'imposition des entreprises dont il relève. La liasse fiscale est composée de la déclaration annuelle de résultat n° 2031, des tableaux comptables (bilan, compte de résultat…), de tableaux fiscaux (détermination du résultat fiscal, tableaux des plus ou moins-values…).
Modalités de télétransmission	Toutes les entreprises soumises à un régime réel d'imposition (simplifié ou normal) ont l'obligation de déposer leur déclaration de résultat et ses annexes par voie dématérialisée, par la procédure EDI-TDFC (échange des données informatisées avec la procédure de transfert des données fiscales et comptables). L'entreprise doit passer par un partenaire EDI comme Teledec, qui est agréé par l'État pour collecter les télédéclarations des entreprises. Pour souscrire à toutes les autres télédéclarations (TVA, paiement d'IR, etc.), la procédure EFI est utilisée. L'entreprise doit se connecter, déclarer et payer sur le site impots.gouv.fr, à partir de son compte fiscal en ligne (mode EFI) et ce, quel que soit le chiffre d'affaires.
Échéance	Au titre d'un exercice N, correspondant à l'année civile ou non, la date limite de dépôt des déclarations de résultat d'une entreprise soumise à l'IR est le deuxième jour ouvré qui suit le 1er mai N+1, quelle que soit la catégorie de revenus (bénéfices agricoles, bénéfices industriels et commerciaux, bénéfices non commerciaux). Les entreprises qui télédéclarent disposent d'un délai supplémentaire de 15 jours pour souscrire leurs déclarations de résultats. La procédure EDI *via* le site teledec.fr est un service ouvert toute l'année. Les entreprises peuvent remplir et envoyer leur télédéclaration à n'importe quel moment, dans le respect de cette date limite.
Pénalités	Les professionnels qui ne se conforment pas à l'obligation de recourir aux téléprocédures encourent une pénalité de 0,2 % du montant des sommes dues, avec un minimum de perception de 60 €. Par ailleurs, le défaut de production dans les délais prescrits de la déclaration entraîne l'application d'une majoration de 10 %.
Archivage et délai de conservation	L'archivage des liasses fiscales peut se faire sous forme papier et/ou dématérialisée. Mais dans une démarche « zéro papier », l'archivage électronique permet de conserver tous les documents comptables (compte annuel – bilan, compte de résultat et annexes –, livre journal, grand livre, livre d'inventaire, etc.) et leurs pièces justificatives (bons de commande, bons de livraison, bons de réception, factures clients et fournisseurs) sur une longue période. Sur le plan fiscal, les documents comptables sur lesquels peuvent s'exercer les droits de communication, d'enquête et de contrôle de l'administration doivent être conservés pendant un délai de 6 ans (article L102 B du Livre des procédures fiscales) et pendant 10 ans à compter du 31 décembre de l'année d'émission sur le plan comptable (article L123-22 du Code de commerce). Une « amende de 5 000 euros est applicable en cas d'absence de tenue des documents demandés par l'administration dans l'exercice de son droit de communication ou de destruction de ceux-ci avant les délais prescrits ».
Adhésion à un centre de gestion agréé et ses conséquences	Les entreprises adhérentes à un centre de gestion agréé bénéficiaient depuis 2006 d'un avantage fiscal non négligeable, à savoir celui de la non-majoration de 25 % de leur bénéfice imposable pour les professionnels relevant d'un régime réel d'imposition BIC. La loi de finances pour 2021 (loi 2020-1721 du 29 décembre 2020) a supprimé le coefficient de majoration de 1,25 pour les non-adhérents à un CGA. Cette suppression s'effectue en deux temps : une réduction progressive du coefficient multiplicateur de 2020 à 2022, et une disparition définitive de ce coefficient à compter de 2023. Pour 2022, les entreprises non adhérentes à un CGA ou n'ayant pas un expert-comptable ayant la qualité de viseur fiscal doivent majorer leur résultat fiscal de 1,10. En 2023, la majoration est supprimée.

CHAPITRE 9

Pour vérifier ses acquis

Retrouvez ce QCM en version interactive www.lienmini.fr/7022-920

1 QCM

1 Les régimes d'imposition des bénéfices des entreprises sont fonction :

- ☐ de leur résultat fiscal.
- ☐ de leur chiffre d'affaires HT.
- ☐ de leur activité.

2 Pour être soumise à un régime de micro BIC, une entreprise commerciale doit :

- ☐ réaliser un chiffre d'affaires HT < 170 000 €.
- ☐ exercer son activité à titre indépendant.
- ☐ être obligatoirement en franchise de base en matière de TVA.

3 Le régime du réel normal d'imposition s'applique :

- ☐ de plein droit à toutes les entreprises soumises à l'IS.
- ☐ de plein droit à toutes les entreprises dont le chiffre d'affaires HT excède le seuil de 840 000 € ou 254 000 € selon l'activité.
- ☐ sur option à toutes les entreprises qui en font la demande.

4 Le régime du réel simplifié d'imposition se différencie du réel normal :

- ☐ par des obligations comptables et fiscales moins importantes.
- ☐ par des seuils de chiffre d'affaires moins importants.
- ☐ par des règles de détermination du résultat fiscal différentes.

5 La liasse fiscale est :

- ☐ un ensemble de documents comptables et fiscaux.
- ☐ à produire pour toutes les entreprises.
- ☐ à télétransmettre à l'administration dans les 3 mois suivant la clôture d'un exercice.

6 La transmission de la liasse fiscale peut se faire :

- ☐ par envoi postal.
- ☐ selon la procédure EFI.
- ☐ par voie électronique.
- ☐ selon la procédure EDI.

7 Des sanctions s'appliquent aux entreprises qui :

- ☐ ne respectent pas les délais de transmission.
- ☐ ne respectent pas les modes de télétransmission.
- ☐ ne sont pas adhérentes à un centre de gestion agréé.

8 L'archivage de la liasse fiscale se fait :

- ☐ sur une durée de 10 ans.
- ☐ sur une durée de 6 ans.
- ☐ de façon illimitée.
- ☐ sous format papier.
- ☐ de façon dématérialisée pour les grandes entreprises.

2 Mini-cas

Le restaurant italien Fernando est une SARL de famille créée en N–5 et ayant opté pour l'IR., CA moyen en N–1 et N–2 : 230 000 €. Le bénéfice fiscal N s'élève à 52 600 €.

1. Quel est le régime d'imposition applicable de plein droit à son bénéfice ?
2. Quelles sont ses obligations comptables et fiscales ?
3. Si l'entreprise était soumise de plein droit à l'IS, le régime d'imposition et les obligations comptables et fiscales seraient-ils différents ?
4. Quel sera son bénéfice imposable au titre de l'année N (le restaurant n'a pas adhéré à un CGA) ?

1 Contrôler l'imprimé fiscal 2059-A et déterminer le résultat fiscal

★ **RÉSULTAT ATTENDU** L'établissement, le contrôle et le dépôt par transmission électronique des déclarations du résultat fiscal

Situation

M. Steinwood est artisan élagueur-paysagiste depuis 8 ans. Il assure des prestations d'entretien et d'aménagement d'espaces verts : élagage et abattage d'arbres, débroussaillage, taillage de haies, travaux de jardinage, pose de pelouse… Son entreprise est située dans le département des Yvelines, à Guyancourt. Son équipe de professionnels est composée de 8 salariés, qui interviennent jusqu'à 50 kilomètres autour de Guyancourt. M. Steinwood est assisté par son épouse, secrétaire et comptable unique de l'entreprise. Elle a un diplôme de technicien supérieur en comptabilité-gestion. Mme Steinwood réalise sur Excel les devis et factures, et tient la comptabilité à l'aide du logiciel Api-Compta. Elle fait appel à un cabinet d'expertise comptable, Expert +, pour l'établissement des bulletins de salaire et du livre de paye ainsi que pour l'établissement de la liasse fiscale normale.
Le résultat est imposable à l'IR dans la catégorie des BIC. L'exercice comptable coïncide avec l'année civile. Vous êtes stagiaire au sein du cabinet Expert+ en janvier N+1. Votre tuteur vous propose de participer à l'établissement de la liasse fiscale du client Steinwood. Le cabinet a signé une convention avec l'administration fiscale lui permettant d'agir en tant que viseur fiscal.

1 À partir des annexes 1 à 3, vérifiez la déclaration des plus ou moins-values (2059-A) générée par le logiciel. À cette fin, élaborez avec le tableur une feuille de contrôle sous la forme d'un tableau préparatoire à la détermination des plus ou moins-value nettes. **> P7**

2 Votre tuteur a recensé les opérations de l'année N susceptibles de subir un retraitement fiscal pour le calcul des BIC. À partir de l'annexe 3 et du travail précédent, réalisez un tableau préparatoire à la détermination du résultat fiscal en justifiant les réintégrations et les déductions que vous jugerez utiles. **> P7**

3 Téléchargez et renseignez le formulaire 2058-A avant de procéder à sa télédéclaration sur teledec.fr. **> P7**

Annexe 1 Informations relatives aux plus ou moins-values de l'exercice N

Toutes les écritures relatives à ces cessions ont été correctement enregistrées.

– Cession d'une tondeuse-débroussailleuse professionnelle

Cette tondeuse professionnelle a été immobilisée dès son acquisition le 01/06/N–3. Les amortissements sont calculés suivant le mode linéaire sur la durée de vie prévue de 5 ans. La cession est faite auprès d'une autre entreprise utilisatrice le 15/09/N, pour un prix de cession HT de 1 926 €. Votre tuteur vous fournit les renseignements suivants :

Tondeuse-débroussailleuse (Code MOI-04)	Montant HT
Coût d'acquisition	4 322,12 €
Cumul des amortissements au 31 décembre N	2 845,40 €

– Cession d'un véhicule particulier Peugeot 2008

L'entreprise a cédé à un particulier un véhicule Peugeot 2008 (véhicule de tourisme) pour 14 000 €. Les véhicules sont amortis selon le mode linéaire sur la durée de vie prévue de 5 ans.

Véhicule particulier (Code VT-02)	
Coût d'acquisition TTC	24 518,00 €
Taux de dioxyde de carbone	120 g/km
Date d'acquisition	01/04/N–2
Date de cession	30/11/N
Cumul des amortissements au 31 décembre N	13 076,27 €

Une dépréciation sur des titres inscrits en valeurs mobilières de placement a été comptabilisée en N–1 pour 250 €. Elle est devenue sans objet au 31/12/N.

Annexe 2 Informations nécessaires à la détermination du résultat fiscal de l'année N

Opérations susceptibles de retraitement fiscal :

- La rémunération de M. Steinwood a été comptabilisée en 644 Rémunération de l'exploitant : 32 400 €.
- Parmi les frais généraux a été comptabilisée la facture d'un séjour au ski de M. Steinwood et sa famille : montant TTC de 2 760 €.
- En charges d'amortissement : la dotation sur le véhicule Peugeot 2008 cédé.
- En charges exceptionnelles, une pénalité pour règlement tardif de TVA en mars N : 867 €.
- Les éléments de la déclaration 2059-A relatifs aux cessions.
- Parmi les produits financiers, des revenus de titres inscrits à l'actif du bilan en 503 pour un montant de 1 026,80 €.

Informations complémentaires : la SNC a opté pour l'étalement systématique des plus-values à court terme. Le résultat comptable après inventaire au 31 décembre N s'élève à 107 245 €.

Annexe 3 Déclaration 2059-A

cerfa N° 10179 ✱ 22 (12)

Formulaire obligatoire (article 53 A du code général des impôts).

DÉTERMINATION DES PLUS ET MOINS-VALUES

DGFiP N° 2059-A-SD

EXEMPLAIRE DESTINÉ À L'ADMINISTRATION

Désignation de l'entreprise : ______ Néant ☐ *

A - DÉTERMINATION DE LA VALEUR RÉSIDUELLE

		Nature et date d'acquisition des éléments cédés* (1)	Valeur d'origine* (2)	Valeur nette réévaluée* (3)	Amortissements pratiqués en franchise d'impôt (4)	Autres amortissements* (5)	Valeur résiduelle (6)
I - Immobilisations*	1	Tondeuse-débroussailleuse	4 322		2 845		1 477
	2	Véhicule particulier	24 518		9 760		14 758
	3						
	4						
	5						
	6						
	7						
	8						
	9						
	10						
	11						
	12						

B - PLUS-VALUES, MOINS-VALUES

Qualification fiscale des plus et moins-values réalisées *

		Prix de vente (7)	Montant global de la plus-value ou de la moins-value (8)	Court terme (9)	Long terme (10) 19 %	Long terme (10) 15 % ou 12,80 %	Long terme (10) 0 %	Plus-value taxables à 19 % (1) (11)
I - Immobilisations*	1	1 926	449	449		–		
	2	14 000	– 758	– 758				
	3							
	4							
	5							
	6							
	7							
	8							
	9							
	10							
	11							
	12							
II - Autres éléments	13	Fraction résiduelle de la provision spéciale de réévaluation afférente aux éléments cédés		+				
	14	Amortissements irrégulièrement différés se rapportant aux éléments cédés		+				
	15	Amortissements afférents aux éléments cédés mais exclus des charges déductibles par une disposition légale		+ 3 316				
	16	Amortissements non pratiqués en comptabilité et correspondant à la déduction fiscale pour investissement, définie par les lois de 1966, 1968 et 1975, effectivement utilisée		+				
	17	Résultats nets de concession ou de sous concession de licences d'exploitation de brevets faisant partie de l'actif immobilisé et n'ayant pas été acquis à titre onéreux depuis moins de deux ans						
	18	Provisions pour dépréciation des titres relevant du régime des plus ou moins-values à long terme devenues sans objet au cours de l'exercice				250		
	19	Dotations de l'exercice aux comptes de provisions pour dépréciation des titres relevant du régime des plus ou moins-values à long terme						
	20	Divers (détail à donner sur une note annexe)*						
		CADRE A : plus ou moins-value nette à court terme (total algébrique des lignes 1 à 20 de la colonne) (9)		3 007		250		
		CADRE B : plus ou moins-value nette à long terme (total algébrique des lignes 1 à 20 de la colonne) (10)		(A)	(B) (Ventilation par taux)			(C)
		CADRE C : autres plus-values taxable à 19 % (11)						

* Des explications concernant cette rubrique sont données dans la notice n° 2032.

(1) Ces plus-values sont imposables au taux de 19 % en application des articles 238 *bis* JA, 208 C et 210 E du CGI.

N° 2059-A-SD – (SDNC-DGFiP) - Janvier 2018

Contexte 5

Présentation de l'entreprise Urbain 2000

L'entreprise et son activité

FICHE D'IDENTITÉ

- **Dénomination sociale :** SA Urbain 2000
- **Adresse :** 5, rue des Jonquilles 91420 Morangis
- **Téléphone :** 01 64 38 64 XX
- **Statut juridique :** SA
- **Secteur d'activité (code APE ou NAF) :** 4614Z Intermédiaires du commerce en machines, équipements industriels, navires et avions
- **Effectif :** 148 salariés
- **Capital :** 3 000 000 €
- **Numéro de TVA intracommunautaire :** ES000569873
- **Régime de TVA :** réel normal
- **Statut RCS :** immatriculée au RCS le 15/01/1990
- **SIREN :** 312 275 498
- **SIRET siège :** 312 275 498 00075
- **Régime d'imposition des bénéfices :** IS, régime du réel normal

La SA Urbain 2000, spécialisée dans la vente de matériel de voirie (balayeuses, laveuses de containers, bennes à ordures, etc.) est dotée d'un conseil d'administration. Située à Morangis, dans l'Oise, elle emploie 148 salariés. Son capital, d'un montant de 3 millions d'euros, est composé de 300 000 actions de 10 € de valeur nominale. Le capital est entièrement libéré et est entièrement détenu par des personnes physiques.

La société achète du matériel de voirie en pièces détachées en France, en Allemagne, en Suisse et en Belgique. Elle l'assemble ensuite avant de le commercialiser, principalement auprès des administrations et des collectivités publiques du territoire national.

Contexte 5

Présentation de l'entreprise

Outre l'atelier de montage, la SA Urbain 2000 possède :
- un bureau d'études, qui conçoit à la demande des clients les plans des pièces servant à améliorer le fonctionnement des machines ou le bien-être des utilisateurs ;
- un atelier de fabrication, où sont créés ces équipements (par exemple : troisième balai, grattoir, rampe de haute pression, potence pour recevoir une caméra supplémentaire, etc.).

La société Urbain 2000 possède 40 % du capital social de la société Plaquo, entreprise spécialisée dans la location et la maintenance du matériel de voirie. Elle détient également 3 % de la SA Bric, une autre entreprise spécialisée dans l'entretien de la voirie. Ces prises de participations lui permettent de recevoir des dividendes depuis plusieurs années, mais aussi de sous-traiter certaines opérations.

Organisation comptable

La société Urbain 2000 dispose d'un service comptable dirigé par le directeur administratif et financier : M. Hassard. Pour l'aider dans sa fonction, il a sous ses ordres :
- M. Leblond, comptable, qui s'occupe de toute la comptabilité générale ;
- Mme Dupontel, comptable également, qui s'occupe du contrôle de gestion.

Externalisation des travaux fiscaux

Les travaux fiscaux sont externalisés auprès du cabinet Brune, comme convenu dans la lettre de mission. En effet, l'évolution rapide des règles fiscales et le manque de temps pour assurer une veille efficace ont poussé la SA Urbain 2000 à se tourner vers le cabinet Brune, dont la réputation n'est plus à faire. M. Bonnet souhaite que vous vous occupiez de la détermination du résultat fiscal de la société.

Comprendre le contexte

1. La société Urbain 2000 est-elle une entreprise commerciale ou industrielle ? À quel régime d'imposition est-elle soumise ?
2. Que perçoit la société Urbain 2000 en échange de ses participations ?
3. Pour quelles raisons la société Urbain 2000 externalise-t-elle ses travaux fiscaux ?

CHAPITRE 10

Les particularités de l'IS

SAVOIRS ASSOCIÉS

- Résultat imposable de l'entreprise
- Règles fiscales d'imposition des produits
- Règles fiscales de déductibilité des charges
- Réductions d'impôts et crédits d'impôts

COMPÉTENCE

Déterminer le résultat fiscal imposable dans le cadre des entreprises soumises à l'IS en identifiant et évaluant les réintégrations et déductions extracomptables nécessaires

> PROCESSUS 7

Une utilisation du tableur adaptée pour automatiser les procédures de calcul

Situation professionnelle

Maintenant que vous avez terminé les travaux relatifs au salon de coiffure Valérie Latour (L'Hair du temps), M. Bonnet souhaite que vous vous occupiez des travaux fiscaux de la société Urbain 2000. Il vous met en garde sur le fait que vous allez passer d'une entreprise soumise aux BIC à une entreprise soumise à l'impôt sur les sociétés (IS). Bien qu'il subsiste énormément de points communs, il existe des différences sur la fiscalité des produits et des charges. Il souhaite donc que vous travailliez avec méthode, en commençant par les produits imposables, les charges décaissées, puis les charges calculées. Lorsque vous avez le choix au niveau fiscal, vous devez adopter la règle fiscale la plus avantageuse pour votre client. Une fois cette tâche terminée, M. Bonnet contrôlera votre travail.

> Voir présentation générale, p. 151

1. Quelle est la différence sur le plan fiscal entre l'entreprise L'Hair du temps et Urbain 2000 ?
2. Les règles fiscales utilisables pour les entreprises soumises aux BIC sont-elles applicables pour les sociétés soumises à l'IS ?
3. Un comptable peut-il avoir de la latitude sur les règles fiscales à adopter ?

Activités professionnelles guidées

Activité 1 Déterminer les produits fiscalement imposables

Dans un premier temps, M. Bonnet souhaite que vous déterminiez le montant des produits imposables de la société Urbain 2000.

Votre mission

1. Comment peut-on considérer fiscalement la société Plaquo par rapport à Urbain 2000 ?

   > Fiche ressource + Annexe 1

   À partir du pourcentage d'actions détenues, il est possible de déterminer si cette société est une filiale d'un point de vue fiscal.

2. Que pouvez-vous conclure fiscalement sur l'imposition de ces titres ?

3. Comment peut-on considérer fiscalement la société Bric par rapport à Urbain 2000 ? Que pouvez-vous conclure fiscalement sur l'imposition de ces titres ?

4. L'écart de conversion est-il favorable à l'entreprise ? Quel est le traitement fiscal des écarts de conversion passif ?

   Le traitement des écarts de conversion est le même quel que soit le régime d'imposition. Se référer aux chapitres sur les BIC.

Annexe 1 Précisions relatives à certains produits

- La société Urbain 2000 a reçu 6 500 € de dividendes de la part de la SA Plaquo (société dont elle détient 40 % du capital).
- La société Urbain 2000 a reçu 1 500 € de dividendes de la part de la SA Bric (société dont elle détient 3 % du capital).
- L'entreprise a acheté des matières premières de Chine, qu'elle réglera en janvier. Cela a entraîné des écarts de conversion passif de 440 €.

Activité

2 Déterminer les charges fiscalement déductibles

Les produits imposables déterminés, vous devez maintenant identifier les charges fiscalement déductibles de la société Urbain 2000.

Votre mission

1. Quel est le statut fiscal de la rémunération du PDG ? Déduisez-en le retraitement.

> Fiche ressource + Annexe 2

2. Déterminez le montant des intérêts fiscalement déductibles et le montant à réintégrer.

Calculer d'abord les intérêts versés (sans oublier le *prorata*), puis le montant des intérêts fiscalement déductibles (prendre le taux légal) et, enfin, comparer les deux.

3. Déterminez le montant à réintégrer pour la rémunération des administrateurs.

Déterminer le montant de la rémunération déductible pour un administrateur. En déduire le montant des rémunérations déductibles pour tous les administrateurs. Déduire le montant des réintégrations.

Annexe 2 Précisions sur certaines charges

Le PDG a perçu une somme de 75 000 €, qui n'est pas considérée comme excessive.

M. Bivre, un des associés, a laissé une somme de 14 000 € sur un compte courant du 1er mars au 31 décembre. Des intérêts lui ont été versés au taux de 4 %.

- La société a versé une somme de 45 000 € à l'ensemble des sept membres du conseil d'administration de la société.
- La moyenne annuelle des cinq salariés les mieux rémunérés est de 85 000 €, et celle des 10 salariés les mieux rémunérés est de 68 000 €.
- Le taux légal applicable aux comptes courants s'élève à 2,25 % pour l'année.

Activité

3 Apprécier la déductibilité de certaines charges calculées

M. Bonnet souhaite que vous déterminiez le montant des dotations fiscalement déductibles. En effet, comme pour le régime des BIC, la déductibilité des dotations pour les véhicules de tourisme est limitée.

Votre mission

1. Quels sont les deux critères à prendre en compte pour déterminer le plafond de déductibilité d'un véhicule de tourisme ?
   > Fiche ressource

2. Indiquez la date à laquelle commence le plan d'amortissement du véhicule de tourisme. Quelle sera la base amortissable ? En déduire l'annuité d'amortissement enregistrée en comptabilité.
   > Annexe 3

3. Déterminez le montant fiscalement déductible.

   Le montant fiscal est déterminé par l'administration fiscale.

4. En déduire le montant à réintégrer.

Annexe 3 Fiche d'immobilisation du véhicule de tourisme

Code :	V01	Libellé :	Véhicule particulier Nissan
Compte immobilisation :	218200	Date de mise en service :	1er juillet N
Fournisseur :	Garage Projac		
Date d'acquisition :	15 juin N	Valeur résiduelle :	0,00 €
Montant HT :	18 000,00 €		
TVA facturée :	3 600 €		
TVA récupérée :	0,00 €		
Montant TTC :	21 600,00 €		
Méthode d'amortissement :	Linéaire	Compte d'amortissement :	281820
Durée d'utilisation :	5 ans	Compte de dotation :	681120
Observations :	Taux de dioxyde de carbone de 130 g/km		

> Voir lexique BTS CG, p. 255

CHAPITRE 10

Fiche ressource

Les règles spécifiques aux produits et aux charges dans le cadre de l'IS

I Les règles spécifiques aux produits

Comme pour les entreprises soumises aux BIC, la plupart des produits sont imposables, par exemple les ventes de marchandises ou les reprises sur amortissements. Néanmoins, certains produits ont un traitement fiscal particulier dans le cas de l'IS.

1. Les dividendes perçus

Lorsqu'une société détient des actions ou des parts sociales d'une autre société, elle peut percevoir des dividendes (produits financiers). Ce sont des produits imposables, il n'y a donc aucun retraitement fiscal à effectuer car les règles comptables et fiscales sont en adéquation.
Néanmoins, il existe une exception sur option : lorsqu'une société détient au moins 5 % du capital d'une autre société, alors, fiscalement, il s'agit d'une filiale. L'entreprise bénéficiaire des dividendes pourra opter pour le régime des sociétés mères. Il permet à la société mère soumise à l'IS de déduire de son résultat la totalité des dividendes et de réintégrer une quote-part de 5 % de ces dividendes.

2. Le dégrèvement d'impôt

Le dégrèvement d'impôt est une réduction ou une suppression d'un impôt accordée par l'administration fiscale. L'IS étant un impôt non déductible faisant l'objet d'une réintégration, alors le dégrèvement est non imposable. Il fera donc l'objet d'une déduction.

II Les règles spécifiques aux charges

La plupart des règles fiscales abordées dans le cadre des BIC sont similaires à celles de l'IS. Néanmoins, le traitement de certaines charges obéit à des règles spécifiques dans le cadre de l'IS.

1. Les rémunérations du personnel

Comme pour les entreprises soumises aux BIC, les charges de personnel sont déductibles à une double condition :
- qu'elles correspondent à un travail effectif ;
- que le montant ne soit pas exagéré par rapport à la fonction exercée.

Néanmoins, la rémunération des dirigeants est déductible.

2. Les taxes sur les émissions de CO_2 et de polluants

Depuis le 1er janvier 2022, la taxe sur les véhicules de tourisme (TVS) est remplacée par deux taxes : la taxe annuelle sur les émissions de CO_2 et la taxe annuelle sur les émissions de polluants atmosphériques. Ces taxes ne sont pas déductibles pour les sociétés soumises à l'IS.

3. La rémunération des administrateurs

Les administrateurs d'une société anonyme perçoivent une rémunération qui vise à récompenser leur assiduité au conseil d'administration. Fiscalement, leur déductibilité est limitée en fonction de la taille de l'entreprise.

Effectif de la société	Plafond de déductibilité
Supérieur à 200 salariés	5 % × (moyenne annuelle des dix plus hautes rémunérations brutes de l'entreprise) × nombre d'administrateurs
Entre 5 et 200 salariés	5 % × (moyenne annuelle des cinq plus hautes rémunérations brutes de l'entreprise) × nombre d'administrateurs
Moins de 5 salariés	457 € × nombre d'administrateurs

4. Les intérêts en compte courant d'associés

Pour faire face au besoin de trésorerie d'une société, ses associés, actionnaires ou dirigeants peuvent lui consentir des avances en comptes courants. Ces avances sont assimilées à des prêts donnant lieu à rémunération sous forme d'intérêts. Afin de limiter les abus, fiscalement, la déductibilité de ces intérêts est limitée. En effet, pour qu'ils soient déductibles :
– le capital social doit être libéré en totalité ;
– le taux de déductibilité des intérêts pratiqués est plafonné (2,25 % au 31 décembre 2022).

5. L'amortissement des véhicules de tourisme

La déduction des amortissements des véhicules de tourisme est limitée selon le barème de l'administration fiscale en fonction de l'année d'acquisition et du taux d'émission de CO_2.

Limite de déductibilité des loyers ou amortissements des véhicules de tourisme

<table>
<tr><th rowspan="3">Emissions de CO_2 / mise en circulation</th><th colspan="7">Véhicules acquis ou loués</th></tr>
<tr><th>En 2017</th><th>En 2018</th><th>En 2019</th><th colspan="2">En 2020</th><th colspan="2">En 2021</th></tr>
<tr><th></th><th></th><th></th><th>Ancien dispositif</th><th>Nouveau dispositif</th><th>Ancien dispositif</th><th>Dispositif NDI</th></tr>
<tr><td>Inférieur à 20 g par km</td><td colspan="7">30 000 €</td></tr>
<tr><td>Entre 20 g et 50 g par km</td><td colspan="7">20 300 €</td></tr>
<tr><td>Entre 50 g et 60 g par km</td><td colspan="3">20 300 €</td><td>20 300 €</td><td rowspan="8">18 300 €</td><td>20 300 €</td><td rowspan="7">18 300 €</td></tr>
<tr><td>Entre 60 g et 130 g par km</td><td rowspan="5">18 300 €</td><td rowspan="4">18 300 €</td><td rowspan="3">18 300 €</td><td rowspan="2">18 300 €</td><td>18 300 €</td></tr>
<tr><td>Entre 130 g et 135 g par km</td><td rowspan="6">9 900 €</td></tr>
<tr><td>Entre 135 g et 140 g par km</td><td rowspan="5">9 900 €</td></tr>
<tr><td>Entre 140 g et 150 g par km</td><td rowspan="4">9 900 €</td></tr>
<tr><td>Entre 150 g et 155 g par km</td><td rowspan="3">9 900 €</td></tr>
<tr><td>Entre 155 g et 160 g par km</td><td rowspan="2">9 900 €</td></tr>
<tr><td>Entre 160 g et 165 g par km</td><td>9 900 €</td></tr>
</table>

6. La location de voitures de tourisme

Si l'entreprise loue un véhicule pour une durée inférieure à trois mois, la location est entièrement déductible pour son montant TTC. Au-delà de trois mois, elle est déductible selon le barème ci-dessus.

Exemple : un véhicule de tourisme d'une valeur d'achat de 28 000 € TTC est loué du 01/01/2023 au 30/09/2023. Le loyer est de 320 € HT par mois. Le véhicule émet 105 g de CO_2 par kilomètre. La durée d'utilisation de ce bien est de 5 ans.
Le plafond de déductibilité au niveau fiscal est limité à 18 300 €.
– Annuité comptable : 28 000 / 5 × 9/12 = 4 200 €.
– Annuité fiscale : 18 300 / 5 × 9/12 = 2 745 €.
L'annuité comptable étant supérieure à l'annuité fiscale, il faudra réintégrer la différence, soit 1 455 €.

7. Les dons

Les dons ne constituent pas, en principe, des dépenses nécessaires à l'activité de l'entreprise. Ils font donc l'objet d'une réintégration fiscale. En revanche, certains dons versés ouvrent droit à une réduction d'impôt afin de ne pas pénaliser des associations et des organismes qui vivent du mécénat. Ce crédit d'impôt est égal à 60 % des sommes versées, dans la limite du plus élevé des montants suivants : 20 000 € ou 0,5 % du chiffre d'affaires HT.
Toutefois, tout don à un parti politique ou assimilé est non déductible et ne génère pas de crédit d'impôt. Un crédit d'impôt est une somme qui sera soustraite du montant de l'impôt qu'une entreprise ou qu'un particulier doit payer.

Exemple : une entreprise a réalisé un chiffre d'affaires de 1 000 000 € HT. Elle a versé des dons pour 8 000 € à des organismes d'intérêt général.
Limite du crédit d'impôt : 1 000 000 × 0,5 % = 5 000 €, ce qui est inférieur à 20 000 €, donc la limite est de 20 000 €.
Calcul du crédit d'impôt : 8 000 × 60 % = 4 800 €.

Pour vérifier ses acquis

Retrouvez ce QCM en version interactive www.lienmini.fr/7022-108

1 QCM

1 L'IS est un impôt qui frappe :

☐ les personnes physiques.
☐ les sociétés de capitaux.
☐ les actionnaires.

2 Pour être considéré comme filiale au niveau fiscal, la société mère doit détenir :

☐ la totalité du capital.
☐ au moins 10 % du capital.
☐ au moins 5 % du capital.

3 Le résultat fiscal :

☐ est supérieur au résultat comptable.
☐ sert de base d'imposition.
☐ mesure la performance de l'entreprise.

4 La rémunération des administrateurs :

☐ est déductible sans limite.
☐ récompense l'assiduité des salariés.
☐ récompense l'assiduité des administrateurs.

5 La déductibilité des amortissements des véhicules de tourisme dépend :

☐ de la marque de la voiture.
☐ du rejet de CO_2.
☐ de l'année d'acquisition.

6 Le versement d'un don permet :

☐ une baisse du résultat fiscal.
☐ d'aider certains organismes.

7 La taxe annuelle sur les émissions de CO_2 est une charge déductible :

☐ quel que soit le régime d'imposition.
☐ pour les sociétés soumises à l'IS.
☐ pour les sociétés soumises aux BIC.

8 La déductibilité des intérêts en compte courant :

☐ est conditionnée à la libération du capital en totalité.
☐ dépend du taux de déductibilité des intérêts.

2 Mini-cas

La SA Brémant est une entreprise spécialisée dans la vente de machines d'emballage.

1. À l'aide des informations ci-dessous, déterminez le résultat imposable de la SA Brémant, le montant de l'impôt et le résultat net comptable.
2. Dans quelle catégorie seront imposés les actionnaires pour leurs dividendes reçus ?

Informations relatives à certaines opérations de la SA Brémant

Résultat comptable	45 000 €
Intérêts en compte courant	1 500 € (dont 1 000 € déductibles)
Amortissement des véhicules de tourisme	4 000 € (dont 2 500 € déductibles)
Taxe annuelle sur les émissions de CO_2	450 €
Salaire annuel du dirigeant	55 000 €
Rémunération des administrateurs	7 500 € (la limite déductible est de 9 000 €)
Dividendes provenant de filiales	10 000 € (dont 500 € imposables)

Pour s'entraîner

1 Déterminer les produits imposables

★ RÉSULTATS ATTENDUS La réalisation des traitements fiscaux (nécessaires à la détermination du résultat fiscal)
La justification des retraitements fiscaux

Situation

La SA Roga, entreprise industrielle spécialisée dans la production de pièces usinées, doit déterminer son résultat fiscal.

1 À partir de l'annexe, déterminez le montant des produits imposables, sachant que l'entreprise retiendra les options fiscales les plus avantageuses.

2 Dans une note, expliquez l'avantage de l'option du régime des sociétés mères. Comparez les produits imposables de la SA Roga avec et sans option. > COMMUNICATION

Annexe Informations sur la SA Roga

Vente de produits finis	65 000 €
Dividendes perçus d'entreprises non filiales	12 000 €
Dividendes perçus de filiales	15 000 €
Écart de conversion passif	75 €

2 Calculer la déductibilité de la rémunération des administrateurs

★ RÉSULTAT ATTENDU La réalisation des traitements fiscaux (nécessaires à la détermination du résultat fiscal)

Situation

La SA Priton a versé 38 000 € de rémunérations à l'ensemble des six membres du conseil d'administration.

1 À quelle imposition est soumise cette société ?

2 Calculez le montant déductible de la rémunération des administrateurs dans chacun des cas suivants.
- Hypothèse 1 : la société a un effectif de 145 salariés.
- Hypothèse 2 : la société a un effectif de 225 salariés.
- Hypothèse 3 : la société a un effectif de 225 salariés, mais un septième membre est arrivé le 1er juillet au conseil d'administration.

Annexe Rémunération annuelle des dix salariés les mieux rémunérés

M. Petit	120 000 €	Mme Pro	60 000 €
M. Dac	110 000 €	M. Brou	60 000 €
Mme Riu	95 000 €	M. Gari	58 000 €
M. Bec	88 000 €	M. Duroc	55 000 €
Mme Chon	72 000 €	Mme Porin	50 000 €

3 Calculer la déductibilité des intérêts de compte courant

★★ RÉSULTAT ATTENDU La réalisation des traitements fiscaux (nécessaires à la détermination du résultat fiscal)

Situation

La SA Bolt a un capital de 50 000 actions de 20 € chacune. M. Pierre, associé, a laissé en compte courant une somme de 25 000 €.

- **Pour chacune des hypothèses suivantes, déterminez le montant des intérêts fiscalement déductibles et donc le montant à réintégrer, sachant que le taux maximum admis est de 2,25 %.**
  - **Hypothèse 1 : le capital n'a été libéré que de moitié.**
  - **Hypothèse 2 : les intérêts sont servis au taux de 4 %.**
  - **Hypothèse 3 : les intérêts sont servis au taux de 0,95 %.**

4 Déterminer les amortissements déductibles

★★ RÉSULTAT ATTENDU La réalisation des traitements fiscaux (nécessaires à la détermination du résultat fiscal)

Situation

L'entreprise Granjon possède quatre véhicules, utilisés notamment par les commerciaux dans le cadre de leurs missions. Ces véhicules font l'objet d'un amortissement linéaire sur 5 ans.
Le comptable s'interroge sur la déductibilité fiscale des amortissements enregistrés.

- **À l'aide de l'annexe, déterminez le montant des amortissements à réintégrer pour l'année N pour chaque véhicule.**

Annexe Caractéristiques des véhicules

Type de véhicule	Date et valeur d'acquisition HT	Taux d'émission de CO_2
Peugeot 406 HDI	01/10/N–2 – 28 000 €	147 g/km
Renault Laguna HDI	01/02/N–1 – 20 000 €	165 g/km
Citroën Xsara	15/09/N – 15 000 €	190 g/km
Renault Kangoo (utilitaire)	01/01/N–2 – 21 000 €	177 g/km

5 Traiter des écarts de conversion

★★ RÉSULTAT ATTENDU La réalisation des traitements fiscaux (nécessaires à la détermination du résultat fiscal)

Situation

Le 15 octobre, l'entreprise Milou vend pour 1500 $ de marchandises à un client américain. Le 31 décembre, le client ne les a toujours pas réglées.

- **Dans chacune des hypothèses suivantes, enregistrez la ou les écritures comptables nécessaires à la date d'inventaire. Déduisez-en le traitement fiscal.**

Hypothèse 1	Hypothèse 2
Cours au 15/11 : 1 € = 1,5 $ US	Cours au 15/11 : 1 € = 1,5 $ US
Cours au 31/12 : 1 € = 1,6 $ US	Cours au 31/12 : 1 € = 1,4 $ US

6 Déterminer le résultat fiscal

★★ RÉSULTAT ATTENDU La détermination du résultat fiscal

Situation

La société Inside, concevant des moteurs pour des grandes marques automobiles, a acquis depuis plusieurs années des participations dans deux entreprises. Dans ce cadre, elle perçoit des dividendes. Vous devez terminer les travaux relatifs à l'imposition des produits financiers.

1 **À partir de l'annexe, calculez le pourcentage de participation dans chacune des deux entreprises détenues.**

2 **Déduisez-en le résultat fiscal.**

Annexe **Informations sur l'acquisition des titres**

En N-4, la société Inside a acquis 4 000 titres de la SA Ruban. Le capital de la SA Ruban est composé de 100 000 actions. En N-3, elle a également acquis 2 000 titres de la SA Progrief, le capital étant constitué de 10 000 actions.
Au cours de l'année, la société Inside a perçu 12 000 € de dividendes de la SA Ruban et 10 000 € de la SA Progrief. Son résultat fiscal provisoire est de 34 000 €.

7 Déterminer le résultat fiscal

★★ **RÉSULTAT ATTENDU** La détermination du résultat fiscal

Situation

La société anonyme Périn, au capital de 500 000 €, a été créée par M. Bertin en 1998. Elle est spécialisée dans la conception, la fabrication et l'installation de cabines de douche.

- **À l'aide de l'annexe, déterminez le résultat fiscal de la SA Périn.**

Annexe Informations sur la SA Périn

Le résultat comptable provisoire pour N s'élève à 15 600 €. L'amortissement de l'exercice N pratiqué sur une voiture de tourisme a été calculé à partir des informations suivantes :

Véhicule Peugeot 605 acheté le 01/10/2023 (valeur d'origine : 24 300 €). Taux d'emission de CO_2 : 185 g/km. Amortissement linéaire sur une durée d'utilisation de 4 ans.
La société a invité ses meilleurs clients à la pêche : 4 000 €.
Un associé non dirigeant a laissé sur son compte courant la somme de 40 000 € durant toute l'année. Il a perçu des intérêts calculés au taux de 3,58 %. Le taux maximum fiscalement admis est de 2,25 % au 31 décembre 2023.
L'entreprise a perçu 10 000 € de dividendes par une filiale. Elle décide d'opter pour le régime des sociétés mères.
Les sept administrateurs ont perçu 22 500 € de rémunération. Le salaire annuel moyen des dix salariés les mieux payés est de 52 000 €.
La société a vendu 10 000 $ de matières premières à un client américain. Au 01/11/2023, 1 € = 1,30 $ US. Au 31/12/2023, 1 € = 1,20 $ US.
L'effectif est de 105 salariés. Son capital est entièrement libéré.

8 Acquérir des véhicules de tourisme

1) Précisez si la pollution constitue une externalité positive ou négative.

2) Comment l'administration fiscale, à travers les règles fiscales, pénalise l'acquisition des véhicules de tourisme par les entreprises ?

3) La fiscalité a pour objectif d'orienter les comportements des acteurs économiques. Quels sont les objectifs des mesures suivantes ?
   - Limite de déductibilité de la rémunération des administrateurs.
   - Limite de déductibilité des intérêts en compte courant.
   - Baisse progressive du taux de l'impôt des sociétés jusqu'en 2022.

CHAPITRE 11

IS : les plus ou moins-values professionnelles

SAVOIRS ASSOCIÉS

- Régime des plus ou moins-values professionnelles
- Réintégrations et déductions extracomptables de nature fiscale

COMPÉTENCE

Déterminer le résultat imposable à l'IS en identifiant et évaluant les réintégrations et déductions extracomptables nécessaires

› PROCESSUS 7

Une utilisation du tableur adaptée pour automatiser des procédures de calcul

Situation professionnelle

Après avoir obtenu d'excellents résultats durant ses premières années d'activité, Urbain 2000 voit depuis quelque temps sa rentabilité affectée par la multiplication d'opérations de maintenance coûteuses liées au vieillissement du matériel de production, ainsi qu'une baisse des commandes des collectivités territoriales. L'entreprise a donc décidé de renouveler son parc d'immobilisations, en achetant des machines plus performantes.

Pour financer ses nouveaux investissements, elle a cédé l'année dernière certaines immobilisations, dont une machine de chargement automatique. Elle a également dû céder certaines actions de son portefeuille de titres afin de compléter les financements nécessaires.

Le dirigeant, M. Richie, s'inquiète du régime d'imposition des résultats de cession à l'IS, qui est moins avantageux que pour les entreprises soumises aux BIC. Il souhaite en savoir plus sur ce point. Satisfait de votre travail précédent concernant cette société, M. Bonnet vous confie le dossier relatif à la cession d'immobilisations et de titres de la SA Urbain 2000.

› Voir présentation générale, p. 151

1. Rappelez la signification du terme « cession ».
2. Pour quelles raisons l'entreprise souhaite-t-elle céder certaines immobilisations et actions ?
3. Le régime des plus et moins-values de cession est-il identique pour les entreprises soumises aux BIC et celles soumises à l'IS ?

Activités professionnelles guidées

Activité 1 Déterminer le résultat de cession d'actifs amortissables

L'entreprise Urbain 2000 a vendu une machine de chargement automatique. M. Bonnet souhaite que vous déterminiez le résultat de la vente de cet actif amortissable.

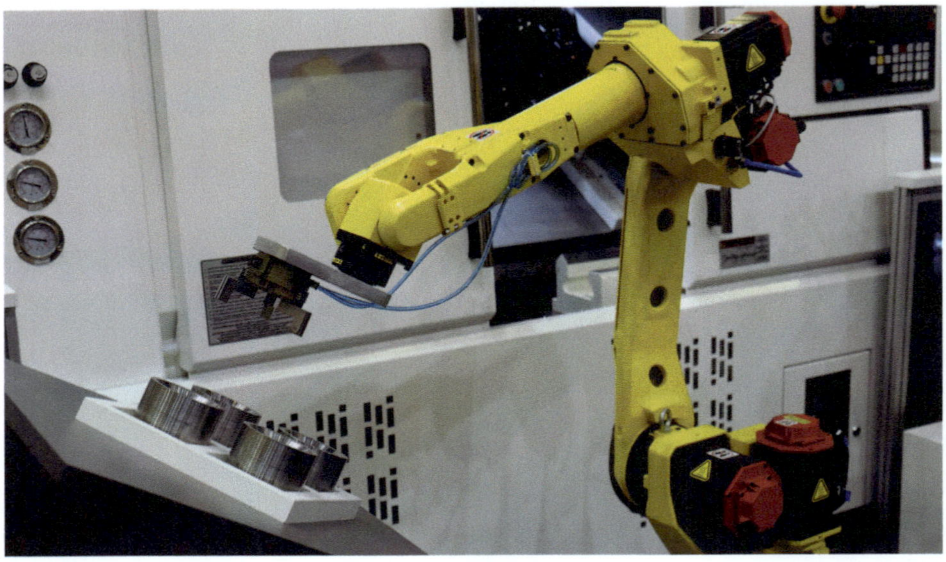

Votre mission

1. Détaillez le calcul qui permet d'obtenir le cumul des amortissements à la date de cession de la machine de chargement automatique.
   > Fiche ressource 1 + Annexes 1 et 2
2. Déterminez la valeur nette comptable (VNC) et le résultat de cette cession.
3. Déterminez le régime fiscal du résultat de cession (court terme ou long terme). Justifiez votre réponse.

Annexe 1 Fiche d'immobilisation de la machine de chargement

Société Urbain 2000	Fiche d'immobilisation	N° : IM 25
Nature immobilisation : ITMOI	Imputation comptable : 215400	
Désignation : Machine de chargement automatique	Complément : MI35B6HKM49752371	
Fournisseur : Société Garage de l'Est	Date d'acquisition : 25/03/N–3	Date de mise en service : 01/04/N–3
Prix d'acquisition HT : 25 000 €	TVA récupérée : 5 000 €	Valeur résiduelle estimée :
Durée de consommation des avantages économiques attendus (en années) : 5	Mode : Linéaire	
Amortissement fiscal : Linéaire	Durée d'amortissement (en années) : 5	

Annexe 2 Informations complémentaires sur la cession de l'actif

- Prix de cession : 9 500 € HT.
- Date de cession : 01/07/N.
- Cumul des amortissements à la date de cession : 16 250 €.

Activité **2**

Déterminer le résultat de cession d'immobilisations non amortissables

L'entreprise Urbain 2000 a également cédé un terrain et diverses actions issues de son portefeuille de titres qu'elle détient dans trois sociétés : la société ABC, la SA Colnot et la SARL Cailloux. Vous êtes chargé de déterminer le résultat relatif à chaque cession en vue de déterminer le régime fiscal applicable.

Votre mission

1. Calculez le pourcentage de capital détenu par l'entreprise Urbain 2000 dans les sociétés ABC, Cailloux et Colnot.

> Annexe 3

2. Pour chacun des titres, déduisez le régime fiscal applicable (court ou long terme).

> Fiche ressource 1 + Annexe 3

3. Déterminez le résultat de cession pour chaque titre.

| Détailler les calculs dans un tableau récapitulatif.

4. Déterminez le résultat de cession du terrain.

> Fiche ressource 1 + Annexe 4

| Donner le détail du calcul.

Annexe 3 Informations relatives aux titres

Le 25 juin N	Le 15 septembre N	Le 1er octobre N
• Cession de 10 000 titres de la société ABC • Prix unitaire : 32 € • Titres acquis le 15 février N–3 (prix unitaire : 24 €) • Capital de la société ABC : 50 000 titres	• Cession de 1 200 actions de la SARL Cailloux • Prix unitaire : 35 € • Titres acquis en juin N–5 (prix unitaire : 25 €) et qui permettaient de bénéficier du régime des sociétés mères	• Cession de 500 titres de la SA Colnot • Prix unitaire : 15 € • Titres acquis le 17 janvier N–4 (prix unitaire : 12 €) • Capital de la SA Colnot : 20 000 titres

Annexe 4 Informations relatives au terrain

Un terrain acquis 250 000 € en février N–4 a été revendu 320 000 € au mois de mars N.

Activités professionnelles guidées

Activité 3 Déterminer les plus ou moins-values nettes

Maintenant que vous avez déterminé le résultat de cession des immobilisations cédées, vous êtes chargé de déterminer les plus ou moins-values nettes afin de calculer le résultat fiscal.

Votre mission

1. Présentez la détermination des plus ou moins-values nettes de l'exercice sous forme d'un tableau récapitulatif. Vous pouvez utiliser le tableur. > P7
   > Fiche ressource 2 + Annexe 5

2. Déduisez-en le résultat fiscal.
   > Annexe 6

| Compléter le tableau. Attention : l'impôt se détermine sur le résultat fiscal et non comptable.

Annexe 5 Détermination des plus ou moins-values nettes

Opération	Court terme		Long terme	
	Moins-value	Plus-value	Moins-value	Plus-value
Matériel de transport				
Terrain				
Titres ABC				
Titres Colnot				
Titres Cailloux				
Totaux				
Plus ou moins-value nette de l'exercice				

Annexe 6 Détermination des plus ou moins-values nettes

Opération	Déduction	Réintégration
Résultat fiscal provisoire		355 000 €
Totaux		
Résultat fiscal		

Fiche ressource 1

Le résultat de la cession d'un bien

Lorsqu'une entreprise cède un bien inscrit à l'actif du bilan, elle dégage un résultat de cession. Le régime d'imposition à l'IS (impôt sur les sociétés) de ce résultat diffère de celui des BIC (bénéfices industriels et commerciaux).

I La détermination du résultat de cession

1. Pour les immobilisations amortissables

Résultat de la cession = prix de cession – VNC

Pour déterminer la VNC, il faut soustraire du coût d'acquisition le cumul des amortissements à la date de cession.
- Résultat de la cession supérieur à zéro : il s'agit d'une plus-value.
- Résultat de la cession inférieur à zéro : il s'agit d'une moins-value.

2. Pour les immobilisations non amortissables

Résultat de la cession = prix de cession – valeur d'entrée

II Les conséquences directes du régime d'imposition

1. Le régime du court terme

Contrairement au régime des BIC, toutes les plus-values et moins-values sur les cessions d'immobilisations corporelles et incorporelles sont qualifiées de « court terme », quelle que soit la durée de détention des biens.

2. Le régime de long terme des titres de participation

Fiscalement, sont considérés comme titres de participation :
- les titres de participation comptabilisés dans un compte 261 ;
- les titres ouvrant droit au régime des sociétés mères ;
- les titres acquis lors d'une OPA ou d'une OPE.

La cession de titres de participation détenus depuis au moins 2 ans relève du régime du long terme. Cependant, les titres de participation cédés et qui ont été conservés pendant moins de 2 ans ne peuvent bénéficier du régime à long terme. Seuls les titres de participation au point de vue fiscal permettent de bénéficier du régime à long terme. Les plus et moins-values des autres titres font partie du régime à court terme.
Les dotations aux dépréciations sur titre de participation sont des moins-values à long terme. Les reprises aux dépréciations (diminution ou annulation d'une dépréciation) sur titre de participation sont des plus-values à long terme.

Fiche ressource 2

Les plus ou moins-values nettes de l'exercice

I La détermination du résultat net

Comme pour les entreprises soumises aux BIC (bénéfices industriels et commerciaux), l'entreprise effectue en fin d'exercice une compensation entre les plus ou moins-values à court terme de l'exercice ainsi qu'une compensation entre les plus ou moins-values à long terme. Il en résulte :
- une plus ou moins-value à court terme (plus-value à court terme – moins-value à court terme) ;
- une plus ou moins-value à long terme (plus-value à long terme – moins-value à long terme).

Il ne peut y avoir de compensation entre les plus ou moins-values à long terme et celles à court terme.

Exemple : Une entreprise a réalisé au cours de l'année :
- une plus-value à court terme de 4 500 € sur la cession d'un camion ;
- une moins-value à court terme de 6 000 € sur la cession d'une machine ;
- une plus-value à long terme de 7 500 € sur la cession de titres de participation ;
- une moins-value à long terme de 5 000 € sur la cession de titres de participation.

Les résultats nets de cessions se déterminent de la façon suivante :
- résultat de cession à court terme = 4 500 – 6 000 = 1 500 € (moins-value nette à court terme) ;
- résultat de cession à long terme = 7 500 – 5 000 = 2 500 € (plus-value nette à long terme).

II Le régime fiscal des plus ou moins-values nettes à court terme

La plus-value nette à court terme est imposable au taux de droit commun, il n'y a donc aucun retraitement fiscal à effectuer. Contrairement aux entreprises soumises aux BIC, elle ne peut être étalée dans le cadre de l'IS.

La moins-value nette à court terme est déductible, il n'y a donc aucun retraitement fiscal à effectuer.

III Le régime fiscal des plus ou moins-values nettes à long terme

La plus-value nette à long terme de l'exercice sur les titres de participation est imposée à 0 %, elle doit donc être déduite. Néanmoins, il faut procéder à une réintégration extracomptable d'une quote-part de frais de 12 %. La moins-value nette à long terme de l'exercice sur les titres de participation n'est pas déductible, elle fera l'objet d'une réintégration.

	Traitement fiscal
Plus-value nette à court terme (PVNCT)	Imposable au taux normal, donc aucun retraitement
Moins-value nette à court terme (MVNCT)	Déductible, donc aucun retraitement
Plus-value nette à long terme (PVNLT)	Déductible, mais réintégration d'une quote-part de 12 %
Moins-value nette à long terme (MVNLT)	À réintégrer

CHAPITRE 11

Pour vérifier ses acquis

Retrouvez ce QCM en version interactive www.lienmini.fr/7022-1110

1 QCM

1 Le résultat de cession est la différence :

☐ entre les comptes 775 et 675.

☐ entre le prix de vente et le prix d'achat de l'immobilisation.

2 L'imposition des résultats de cession est :

☐ identique en BIC et en IS.

☐ différente en BIC et en IS.

3 La cession d'une immobilisation est un produit :

☐ d'exploitation.

☐ exceptionnel.

4 Le régime à long terme concerne :

☐ tous les titres de participation.

☐ les titres de participation détenus depuis au moins 2 ans.

☐ les immobilisations corporelles détenues depuis plus de 2 ans.

5 Le régime fiscal du résultat de cession dépend :

☐ de la nature de l'actif cédé.

☐ de la durée de détention.

6 La plus-value nette à long terme :

☐ sera déduite, mais une quote-part de 12 % sera réintégrée.

☐ est à réintégrer.

7 La moins-value nette à long terme :

☐ est déductible.

☐ est à réintégrer.

☐ a un traitement différent en BIC et en IS.

8 Le résultat de cession des immobilisations corporelles :

☐ sera toujours à court terme.

☐ sera toujours à long terme.

☐ ne nécessite aucun retraitement fiscal.

2 Mini-cas

Cas 1

La SARL Digbeu, entreprise industrielle fabriquant des pièces pour l'industrie aéronautique, souhaite déterminer son résultat fiscal. Elle a cédé au cours de l'année plusieurs actifs : des immobilisations corporelles, mais aussi des titres de participation.

- Résultat comptable : 185 000 €.
- Plus-value à court terme : 8 500 €.
- Moins-value à court terme : 4 500 €.
- Plus-value à long terme : 22 000 €.
- Moins-value à long terme : 4 500 €.

• À partir des informations ci-dessus, déterminez le résultat fiscal.

Cas 2

Vous travaillez au sein de la SA Drumont, qui a réalisé différentes opérations cette année :

- cession d'une machine acquise en 2015 ;
- cession de titres acquis au mois de janvier ;
- cession de titres de participation ;
- dépréciation sur titres acquis au mois d'avril ;
- reprise sur dépréciation des titres de participation cédés.

• Déterminez et justifiez le régime applicable (court terme ou long terme) de chacune des opérations. Précision : tous les titres sont des titres de participation.

1 Calculer des plus ou moins-values professionnelles

★ **RÉSULTAT ATTENDU** La réalisation des traitements fiscaux

Situation

L'entreprise Plane, spécialisée dans la production de maquettes, vient de calculer un résultat fiscal provisoire de 16 800 €. Néanmoins, les cessions n'ont pas encore été traitées d'un point de vue fiscal.

1 À l'aide de l'annexe, déterminez le résultat de cession sur chaque immobilisation.

2 Déduisez-en la plus ou moins-value nette.

3 Déterminez le résultat fiscal.

4 Dans une note adressée à votre dirigeant, M. Pierre, donnez-lui des précisions sur l'étalement de cette plus-value. L'entreprise aurait-elle pu étaler la plus-value nette à court terme ? **> COMMUNICATION**

Annexe Tableau des cessions d'immobilisations

Intitulé	Acquisitions		Cessions		Amortissements cumulés
	Date	Valeur d'origine HT	Date	Prix de cession HT	
Camion	01/08/N–3	30 000 €	15/12/N–2	24 000 €	8 250 €
Ordinateur	01/06/N–2	1 000 €	01/06/N–1	550 €	250 €
Matériel industriel	01/05/N–9	14 000 €	01/09/N–1	1 500 €	14 000 €

2 Déterminer les résultats de cession et le résultat fiscal

★ RÉSULTAT ATTENDU La justification des retraitements fiscaux nécessaires à la détermination du résultat fiscal

Situation

La SA Ventrax, entreprise commerciale dans la livraison d'objets d'art, a un résultat fiscal de 38 700 €. Elle a cédé des immobilisations pour faire face aux échéances relatives à certains emprunts. Ces cessions ont été enregistrées en comptabilité, mais le traitement fiscal n'a pas encore été effectué.

1 À l'aide de l'annexe, déterminez le résultat de cession pour chacune des immobilisations.

2 Sachant qu'il n'y a pas eu d'autres cessions d'immobilisations, déterminez les résultats nets de cessions.

3 Déduisez-en le résultat fiscal.

4 Dans une note adressée à Mme Bellegarde, la dirigeante de la société, indiquez les modalités de détermination des résultats nets de cession ainsi que le traitement fiscal. > COMMUNICATION

Annexe Tableau de cession des immobilisations

Éléments cédés	Quantités cédées	Date d'acquisition	Prix d'achat unitaire HT (en €)	Date de cession	Valeur comptable nette à la cession (en €)	Prix de cession (en €)
Camionnette	1	01/03/N–3	45 000	01/07/N	14 532	20 000
Titres de participation	150	01/08/N–4	50	24/06/N	7 500	1 200

3 Distinguer le régime du long terme et du court terme pour les titres

★★ RÉSULTAT ATTENDU La justification des retraitements fiscaux nécessaires à la détermination du résultat fiscal

Situation

La SA Benz vient de céder une grande partie de son portefeuille de titres. Vous êtes chargé d'effectuer les travaux préparatoires pour la détermination du résultat fiscal.

1 Pour chaque opération décrite dans l'annexe, justifiez le régime applicable (long terme ou court terme).

2 Déterminez le montant de la plus-value nette.

Annexe Informations concernant les titres de la SA Benz

Le 28 mars

Cession de 1 000 actions Béta au prix de 2 500 €, acquises le 10 février N–3 pour 2 200 €.
Ces titres permettaient de bénéficier du régime des sociétés mères au niveau fiscal.

Le 10 septembre

Cession de 1 500 actions de la SA Draoud (capital de 10 000 actions) pour 6 000 €.
Ces actions avaient été acquises au mois de mars dernier pour 4 900 €.

À la date d'inventaire

- Reprise d'une dépréciation sur les titres Béta : 5 100 €.
- Reprise d'une dépréciation sur les titres Draoud : 4 000 €.
- Dotation aux dépréciations sur les titres Béta restants de 800 €.

4 Déterminer le résultat fiscal à partir des écritures comptables

★★ **RÉSULTAT ATTENDU** La détermination du résultat fiscal à partir des écritures comptables

Situation

M. Bruène, le comptable de la SA Arcimboldo, spécialisée dans les entretiens d'espaces verts pour les copropriétés, a enregistré les écritures ci-dessous concernant la cession des titres Loreno durant l'année avant de démissionner. Vous êtes chargé de le remplacer et de terminer les travaux fiscaux.

1. À partir de l'annexe 1, déterminez le prix d'achat et le prix de cession des titres.
2. À partir de l'annexe 1, déterminez le résultat de cession.
3. Quel est le traitement fiscal des reprises sur dépréciations ?
4. Déduisez-en le résultat fiscal.

Annexe 1 Enregistrements comptables relatifs à la cession de titres

	15/05/N		
512	Banque	35 000,00	
775	PCEA		35 000,00
	Cession de titres		
675	VCEAC	29 000,00	
261	Titres de participation		29 000,00
	Sortie du patrimoine		
2961	Dépréciation des titres de participation	1 200,00	
786	RAP financières		1 200,00
	Reprise de la dépréciation sur titres cédés		

Annexe 2 Informations complémentaires

Les titres Loreno ont été acquis en N–4. Ils représentent 15 % du capital de la SA Loreno. Le résultat fiscal avant la prise en compte de cette cession est de 45 000 €.

5 Déterminer un résultat fiscal

★★ RÉSULTAT ATTENDU La justification des retraitements fiscaux nécessaires à la détermination du résultat fiscal

Situation

Vous travaillez au sein de la SARL Griméro, une entreprise spécialisée dans l'impression de magazines.

- À l'aide des annexes, déterminez le résultat fiscal en adoptant sur votre feuille la présentation suivante (vous pouvez utiliser le tableur). > P7

Opération	Déductions	Réintégrations	Analyses fiscales

Annexe 1 Informations utiles à la détermination du résultat fiscal

Le résultat comptable avant impôt de l'exercice N s'élève à 62 350 €.
L'amortissement de l'exercice N pratiqué sur le véhicule de tourisme que possède la société a été correctement calculé et enregistré à partir des informations suivantes :

Date d'acquisition et de mise en service	15/09/N–3
Prix d'achat TTC	28 000 €
Émissions de dioxyde de carbone	140 g/km

- Le mode d'amortissement pratiqué est le linéaire sur une durée de 5 ans.
- La taxe sur le véhicule de société comptabilisée en N s'élève à 695 €.
- Les écarts de conversion passif enregistrés au 31/12/N s'élèvent à 500 €.
- Les écarts de conversion actif enregistrés au 31/12/N s'élèvent à 230 €.

La provision correspondante a été correctement enregistrée.
La société a connu des difficultés de trésorerie au cours de l'exercice à la suite de la défaillance d'un important client. Ces difficultés ont été surmontées par un apport en compte courant d'associé de M. Randur de 15 000 € du 1er avril N au 31 octobre N, rémunéré au taux annuel de 5,78 %. La moyenne annuelle des taux effectifs pratiqués par les établissements de crédit pour des prêts à taux variable aux entreprises, d'une durée initiale supérieure à 2 ans, s'élève à 2,25 % pour N.

Annexe 2 Informations relatives aux immobilisations corporelles cédées

État au 31/12/N des immobilisations corporelles cédées							
Code	Désignation	Mise en service	Prix d'achat HT	Amortissements cumulés	VNC	Prix de cession HT	Date de cession
001	Laser de pointage	01/03/N–3	60 000 €	42 000 €	18 000 €	24 000 €	01/09/N
002	Presse DR7	01/06/N–4	250 000 €	125 000 €	125 000 €	105 000 €	01/06/N

Annexe 3 Informations relatives aux immobilisations financières cédées

État au 31/12/N des immobilisations financières cédées				
Titres	Date d'achat	Prix d'achat HT	Date de cession	Prix de cession
Titres de participation MIF (Malakoff Imprimerie Fusion)	12/04/N–4	300 actions à 25,00 € l'unité	01/09/N	800 actions à 35,90 € l'unité
	17/07/N–3	500 actions à 32,25 € l'unité		

6 Céder des titres

Situation

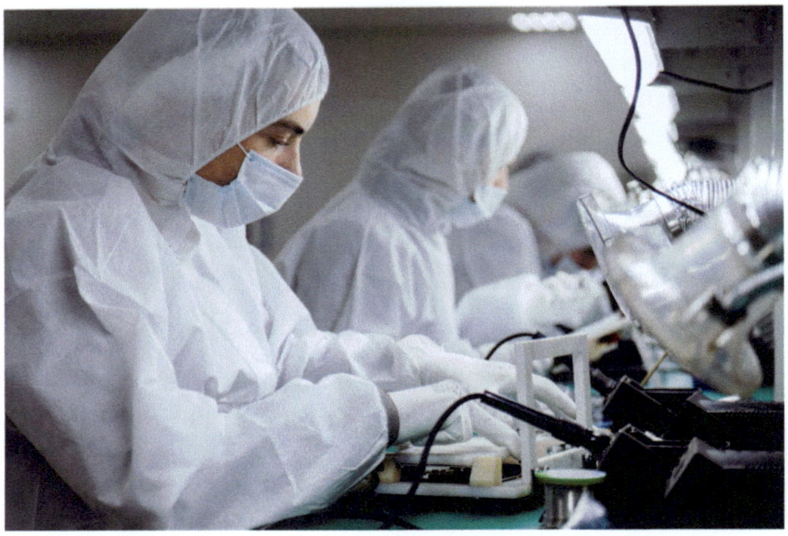

La SA Belgard fabrique des électrodes. Avec le développement de la voiture électrique, elle souhaite se concentrer sur la production de batteries lithium-ion dont les matières principales sont le manganèse, le nickel, le graphite, le lithium et le cobalt, malgé le risque de pénurie. Mais les investissements matériels pour la fabrication de batteries se révèlent très importants, la SA doit donc obtenir de nouvelles ressources financières. Elle décide donc de changer totalement de cœur de métier et souhaite céder ses équipements liés à son activité de fabrication d'électrodes. Cependant, elle hésite encore à céder les titres de sa filiale, Cobalto, qui lui garantit l'approvisionnement en cobalt. Ces titres représentent 30 % du capital de Cobalto et sont détenus depuis 3 ans.

1. En vous appuyant sur la typologie des décisions selon Ansoff (annexe), qualifiez la décision de la SA Belgard concernant son changement d'activité.
2. Comment risque d'évoluer le prix du cobalt ?
3. Dans une courte note, expliquez à M. Belgard les avantages fiscaux et les inconvénients de la cession des titres Cobalto. > COMMUNICATION

Annexe La typologie des décisions selon Ansoff

Igor Ansoff a proposé une classification des décisions. Il distingue :
- les décisions stratégiques prises par la direction de l'entreprise (elles engagent l'entreprise sur le long terme et comportent un risque élevé pour l'entreprise) ;
- les décisions tactiques prises par le personnel d'encadrement de l'entreprise (elles ont une implication sur le moyen terme et comportent un risque moyen) ;
- les décisions opérationnelles prises par le personnel d'encadrement ou les employés (elles ont une portée limitée et comportent un risque mineur).

7 Faire le lien avec le stage/l'apprentissage

Durant votre stage/apprentissage, avez-vous eu l'occasion de constater des cessions d'immobilisations ?

1. Quelles étaient les immobilisations cédées ?
2. Quelles étaient les raisons qui ont poussé l'entreprise à céder certaines immobilisations ?
3. Quels ont été les résultats de cession ?

CHAPITRE 12

La détermination, le paiement et la comptabilisation de l'IS

SAVOIRS ASSOCIÉS

- Liasse fiscale simplifiée ou normale
- Obligations déclaratives des entreprises soumises au régime du réel normal et au régime du réel simplifié
- Règles de calcul des acomptes et modalités de paiement de l'IS
- Règles de calcul de l'IS et du solde d'IS
- Pénalités de retard
- Traitement comptable de l'IS et des acomptes

COMPÉTENCES

- Établir, contrôler et transmettre la déclaration de résultat imposable correspondant au régime fiscal
- Déterminer le montant de l'IS ou du crédit d'impôt, calculer et payer les acomptes et le solde selon l'échéancier
- Comptabiliser le montant de l'IS, le paiement des acomptes et du solde à payer

› PROCESSUS 7

L'archivage des documents conforme aux procédures en vigueur dans l'organisation (chronologie, cohérence, formalisme, traçabilité, responsabilité)

Situation professionnelle

Les travaux fiscaux relatifs à la SA Urbain 2000 sont presque achevés. Les travaux que vous avez menés sur les retraitements fiscaux et les plus ou moins-values professionnelles ont été validés par M. Bonnet. Il souhaite donc que vous complétiez le formulaire 2058-A permettant la détermination du résultat fiscal. Ensuite, vous devrez déterminer le montant de l'impôt pour l'année N. À ce propos, il insiste sur le fait que la SA Urbain 2000 bénéficie du taux réduit en faveur des PME. Enfin, vous devrez calculer le solde de l'IS, c'est-à-dire le montant de l'impôt restant à payer. En effet, comme toutes les entreprises soumises à l'IS, la SA Urbain 2000 a versé au cours de l'année des acomptes calculés sur les résultats fiscaux précédents, alors que le résultat fiscal de l'année n'était pas encore déterminé. Le chiffre d'affaires de la SA Urbain 2000 est de 1 855 000 € HT en N.

› Voir présentation générale, p. 151

1 Pour quelle raison les acomptes se déterminent à partir des résultats fiscaux précédents ?

2 Que devrez-vous faire après la détermination du résultat fiscal définitif ?

3 La SA Urbain 2000 sera-t-elle imposée au taux normal ?

Activités professionnelles guidées

Activité 1 Déterminer le montant des acomptes d'IS

M. Bonnet vous demande de terminer les travaux relatifs aux acomptes d'IS : le calcul du montant de l'acompte du mois de décembre et son enregistrement.

Votre mission

1. Vérifiez que la société Urbain 2000 peut bénéficier du taux réduit en faveur des PME.
> Fiche ressource 1

2. Vérifiez le montant des trois acomptes versés au cours de l'année.
> Fiche ressource 2 + Annexes 1 et 2

S'aider des tableaux de l'annexe 2 pour effectuer les calculs.

3. Déduisez et comptabilisez le montant de l'acompte du mois de décembre.
> Fiche ressource 2

Annexe 1 Résultats fiscaux de Urbain 2000 et acomptes versés

Exercice	N–2	N–1
Résultat fiscal définitif	105 000 €	125 000 €

- 15/03 : premier acompte (5 551 €).
- 15/06 : deuxième acompte (8 001 €).
- 15/09 : troisième acompte (6 751 €).

Annexe 2 Tableau de détermination des acomptes d'IS

Acompte n° 1 :

	Base	Taux	Montant
Acompte d'impôt sur les sociétés (taux réduit)			
Acompte d'impôt sur les sociétés (taux normal)			
Montant de l'acompte			

Acompte n° 2 :

	Base	Taux	Montant
Acompte d'impôt sur les sociétés (taux réduit)			
Acompte d'impôt sur les sociétés (taux normal)			
Régularisation sur IS			
Montant de l'acompte			

Acompte n° 3 :

	Base	Taux	Montant
Acompte d'impôt sur les sociétés (taux réduit)			
Acompte d'impôt sur les sociétés (taux normal)			
Montant de l'acompte			

Activité **2**

Liquider le paiement de l'IS et compléter la déclaration 2058-A

Vous arrivez à la finalisation de vos travaux d'inventaire. M. Bonnet vous demande de liquider l'impôt sur les sociétés et de remplir la déclaration 2058-A pour l'envoyer à l'administration fiscale.

Votre mission

1. Calculez la somme des acomptes versés durant l'année N par la SA Urbain 2000.

> Fiches ressource 2 et 3

Vérifier le montant trouvé à l'aide de la deuxième méthode indiquée dans la fiche ressource 2 (3e ou 4e acompte × 4).

2. Déterminez le résultat fiscal pour l'année N et le montant de l'IS brut.

> Fiche ressource 3 + Annexe 3

Ne pas oublier que la SA Urbain 2000 bénéficie du taux réduit d'IS.

3. Déterminez le montant de l'IS dû.

> Fiche ressource 3

4. Comptabilisez l'IS et déterminez le résultat net comptable.

> Fiche ressource 3

5. Complétez le formulaire 2058-A sur un poste informatique. > P7

> Annexes 4 et 5

> Formulaire 2058-A : www.lienmini.fr/7022-1223

Annexe 3 Retraitements pour la détermination du résultat fiscal

Le résultat comptable N s'établit à 204 907 € pour un chiffre d'affaires de 1 855 000 € HT.

Éléments à réintégrer		Éléments à déduire	
Écarts de conversion passif	440 €	Dividendes régime des sociétés mères	6 175 €
Amendes et pénalités	480 €	Plus-values à long terme sur titres de participation	92 000 €
Taxe sur les véhicules de sociétés	850 €		
Intérêts comptes courants	62 €		
Rémunérations des administrateurs	5 250 €		
Amortissement excédentaire	330 €		
Quote-part sur titre de participation	11 040 €		

L'entreprise bénéficie d'un crédit d'impôt de 1 500 €.

Annexe 4 Informations pour compléter la déclaration 2058-A

- La cellule WE mentionne la part d'amortissement excédentaire pour les véhicules possédés.
- La cellule WG ne concerne que les entreprises soumises à l'IS, pour la TVS.
- La ligne XE permet de faire le cumul des lignes WD à WG.
- La ligne WJ mentionne les amendes et pénalités.
- La cellule M8 mentionne la quote-part sur titres de participation à réintégrer.
- La ligne WQ comprend notamment la part excédentaire des jetons de présence, les dons, les intérêts excédentaires de compte courant ou encore la quote-part de 12 % de plus-value à long terme des titres de participation. Concernant ces deux derniers éléments, il ne faut pas oublier qu'ils doivent également être inscrits dans la cellule SU (intérêts) et M8.
- La ligne XA comprend les dividendes (à déduire) qui bénéficient du régime des sociétés mères.
- Les cellules XI et XN comprennent le résultat fiscal (lorsqu'il est positif).

Annexe 5 Déclaration 2058-A

Résultat net comptable

cerfa N° 10951 * 19
Formulaire obligatoire (article 53 A du Code général des impôts)

⑨ **DÉTERMINATION DU RÉSULTAT FISCAL** DGFiP N° 2058-A-SD

Désignation de l'entreprise : ______ Formulaire déposé au titre de l'IR ET | Néant ☐* | Exercice N, clos le :

I. RÉINTÉGRATIONS — BÉNÉFICE COMPTABLE DE L'EXERCICE	WA
Charges non admises en déduction du résultat fiscal — Rémunération du travail (entreprises à l'IR) : de l'exploitant ou des associés	WB
Rémunération du travail : de son conjoint — moins part déductible * — à réintégrer :	WC
Avantages personnels non déductibles * (sauf amortissements à porter ligne ci-dessous) WD — Amortissements excédentaires (art. 39-4 du CGI) et autres amortissements non déductibles WE	XE
Autres charges et dépenses somptuaires (art. 39-4 du C.G.I.) WF — Taxe sur les voitures particulières des sociétés (entreprises à l'IS) WG	
Fraction des loyers à réintégrer dans le cadre d'un crédit-bail immobilier et de levée d'option RA — (Part des loyers dispensée de réintégration (art. 239 sexies D) RB)	
Provisions et charges à payer non déductibles (cf. tableau 2058-B, cadre III) WI — Charges à payer liées à des états et territoires non coopératifs non déductibles (cf. 2067-*bis*) XX	XW
Amendes et pénalités WJ — Charges financières (art. 212 *bis*) * XZ	
Réintégrations prévues à l'article 155 du CGI *	XY
Impôt sur les sociétés (cf. page 9 de la notice 2032-NOT-SD)	I7
Quote-part — Bénéfices réalisés par une société de personnes ou un GIE WL — Résultats bénéficiaires visés à l'article 209 B du CGI L7	K7
Régimes d'imposition particuliers et impositions différées — Moins-values nettes à long terme – imposées aux taux de 15 % ou de 19 % (16 % pour les entreprises à l'impôt sur le revenu)	I8
Moins-values nettes à long terme – imposées au taux de 0 %	ZN
Fraction imposable des plus-values réalisées au cours d'exercices antérieurs * – Plus-values nettes à court terme	WN
Fraction imposable des plus-values réalisées au cours d'exercices antérieurs * – Plus-values soumises au régime des fusions	WO
Écarts de valeurs liquidatives sur OPCVM * (entreprises à l'IS)	XR
Réintégrations diverses à détailler sur feuillet séparé DONT * — Intérêts excédentaires (art. 39-1-3° et 212 du C.G.I.) SU — Zones d'entreprises * (activité exonérée) SW — Déficits étrangers antérieurement déduits par les PME (art. 209 C) SX — Quote-part de 12 % des plus-values à taux zéro M8	WQ
Réintégration des charges affectées aux activités éligibles au régime de taxation au tonnage	Y1
Résultat fiscal afférent à l'activité relevant du régime optionnel de taxation au tonnage	Y3
TOTAL I	WR
II. DÉDUCTIONS — PERTE COMPTABLE DE L'EXERCICE	WS
Quote-part dans les pertes subies par une société de personne ou un G.I.E. *	WT
Provisions et charges à payer non déductibles, antérieurement taxées, et réintégrées dans les résultats comptables de l'exercice (cf. tableau 2058-B-SD, cadre III)	WU
Régimes d'imposition particuliers et impositions différées — Plus-values nettes à long terme – imposées au taux de 15 % (16 % pour les entreprises soumises à l'impôt sur le revenu)	WV
– imposées au taux de 0 %	WH
– imposées au taux de 19 %	WP
– imputées sur les moins-values nettes à long terme antérieures	WW
– imputées sur les déficits antérieurs	XB
Autres plus-values imposées au taux de 19 %	I6
Fraction des plus-values nettes à court terme de l'exercice dont l'imposition est différée *	WZ
Régime des sociétés mères et des filiales * Produit net des actions et parts d'intérêts : (Quote-part de frais et charges restant imposable à déduire des produits nets de participation 2A)	XA
Mesures d'incitation — Majoration autorisée au titre des investissements réalisés dans les collectivités d'outre-mer *.	ZY
Majoration d'amortissement *	XD
Abattement sur le bénéfice et exonérations * — Entreprises nouvelles - (Reprise d'entreprises en difficultés 44 *septies*) K9 — Entreprises nouvelles (44 *sexies*) L2 — Jeunes entreprises innovantes (art. 44 *sexies* A) L5 — Pôle de compétitivité hors CICE (Art. 44 *undecies*) L6 — Société investissements immobilier cotées (art. 208C) K3 — Zone de restructuration de la défense (44 *terdecies*) PA — ZFU-TE (art. 44 *octies* et *octies* A) ØV — Bassin d'emploi à redynamiser (art. 44 *duodecies*) 1F — Zone franche d'activité (art. 44 *quaterdecies*) XC — Zone de revitalisation rurale (art. 44 *quindecies*) PC	XF
Écarts de valeurs liquidatives sur OPCVM * (entreprises à l'IS)	XS
Déductions diverses à détailler sur feuillet séparé — dont déduction exceptionnelle pour investissement * X9 — Créance dégagée par le report en arrière de déficit ZI	XG
Déduction des produits affectés aux activités éligibles au régime de taxation au tonnage	Y2
III. RÉSULTAT FISCAL — TOTAL II	XH
Résultat fiscal avant imputation des déficits reportables : bénéfice (I moins II) XI	
Résultat fiscal avant imputation des déficits reportables : déficit (II moins I)	XJ
Déficit de l'exercice reporté en arrière (entreprises à l'IS) * ZL	
Déficits antérieurs imputés sur les résultats de l'exercice (entreprises à l'IS) *	XL
RÉSULTAT FISCAL BÉNÉFICE (ligne XN) ou DÉFICIT reportable en avant (ligne XO) XN	XO

* Des explications concernant cette rubrique sont données dans la notice n° 2032-NOT-SD

CHAPITRE 12

Fiche ressource 1

Les régimes fiscaux d'imposition et les taux d'IS

I La distinction des deux régimes

Le champ d'application d'un régime fiscal dépend de la nature de l'activité exercée et du montant du chiffre d'affaires annuel. Les seuils sont revalorisés tous les trois ans. Pour les entreprises soumises à l'IS, il existe deux régimes :
- le régime réel simplifié ;
- le régime réel normal.

Lorsqu'elles relèvent du régime réel simplifié, les sociétés doivent déposer un bilan comptable simplifié (tableaux 2033-A et suivants) joint au formulaire n° 2065 (IS).
Lorsqu'elles relèvent du régime réel normal, elles doivent télédéclarer un bilan comptable complet (tableaux 2050 et suivants) joint au formulaire n° 2065 (IS).
La différence entre ces deux régimes d'imposition réels réside dans le détail des bilans comptables.

II Les formulaires à envoyer à l'administration fiscale

1. La déclaration 2058-A

Cette déclaration sert de base au calcul de l'IS au taux normal. Elle se fonde sur les retraitements fiscaux vus dans les chapitres 10 et 11.

2. La déclaration 2059-SD

Cette déclaration permet de déterminer les plus ou moins-values de la cession d'éléments d'actif ou d'autres éléments entraînant des plus ou moins-values, telles que les redevances de brevets, les dotations ou reprises de dépréciations sur titres de participations.

III Le taux de l'impôt sur les sociétés

1. L'évolution du taux de l'impôt sur les sociétés

Une baisse de l'impôt sur les sociétés est mise en place de manière progressive.
Le taux d'IS depuis l'exercice 2022 est de 25 %.

2. Le taux réduit de 15 %

Le taux réduit de 15 % concerne les entreprises qui remplissent les 2 conditions suivantes :
- CAHT inférieur à 10 millions d'euros ;
- capital entièrement libéré et détenu au moins à 75 % par des personnes physiques (ou par une société appliquant ce critère).

Le taux de 15 % ne s'applique que dans la limite de 42 500 € de bénéfice. Au-delà, c'est le taux normal de 25 % qui s'applique.

Exemple : Une entreprise a un résultat fiscal de 75 000 €.
- IS au taux réduit de 15 % : 42 500 × 15 % = 6 375 €.
- IS au taux normal : (75 000 – 42 500) × 25 % = 8 125 €.
- IS brut : 14 500 €.

CHAPITRE 12

Fiche ressource 2

La détermination des acomptes et de l'impôt

I Les acomptes de l'impôt sur les sociétés

L'impôt sur les sociétés correspond à la taxation du bénéfice fiscal au taux normal. Il doit être arrondi à l'euro le plus proche. Toute société doit verser quatre acomptes d'IS au cours de l'exercice social. Ces acomptes sont calculés sur les résultats fiscaux des années précédentes. Chacun des acomptes est égal au quart de l'impôt concerné.
Pour les entreprises qui bénéficient du taux réduit, l'acompte est de 3,75 % (15 % / 4).

Tableau synthétique (clôture au 31 décembre)

Acompte	Date	Calcul	Commentaires
1er acompte	15 mars	(Résultat fiscal N–2 × taux d'IS) / 4	Cet acompte se calcule sur le résultat fiscal de N-2, car celui de N-1 n'est pas encore déterminé.
2e acompte	15 juin	(Résultat fiscal N–1 × taux d'IS) / 4 + régularisation	Ce 2e acompte se calcule à partir du résultat fiscal de N-1, maintenant connu avec une régularisation.
3e acompte	15 septembre	(Résultat fiscal N–1 × taux d'IS) / 4	Les 3e et 4e acomptes sont du même montant, ils se calculent à partir du résultat fiscal N-1, sans aucune régularisation.
4e acompte	15 décembre	(Résultat fiscal N–1 × taux d'IS) / 4	

Exemple : L'entreprise Saillard a un résultat fiscal de 100 000 € en N–2 et de 120 000 € en N–1.
Elle ne bénéficie pas du taux réduit.

Premier acompte	
Exercice de référence : N–2	Montant de l'acompte : (100 000 × 25 %) / 4 = 6 250 €
Deuxième acompte	
Exercice de référence : N–1	• Imposition au taux normal d'IS : (120 000 × 25 %) / 4 = 7 500 € • Régularisation du 1er acompte : 7 500 – 6 250 = 1 250 € • Montant du 2e acompte d'IS : 7 500 + 500 = 8 000 €
Troisième et quatrième acomptes	
Exercice de référence : N–1	Imposition au taux normal d'IS : (120 000 × 25 %) / 4 = 7 500 €

II La comptabilisation des acomptes de l'impôt sur les sociétés

Enregistrement du quatrième acompte :

Journal	Date	Compte	Intitulé	Débit	Crédit
OD	15/12/N	444000	État – Impôt sur les bénéfices	7 500	
		512000	Banque		7 500

CHAPITRE 12

Fiche ressource 3

La liquidation de l'impôt sur les sociétés (paiement du solde)

I La détermination et l'enregistrement comptable de l'IS

Lorsque l'entreprise a déterminé son résultat fiscal définitif, elle peut calculer le montant de son impôt sur les sociétés selon la formule suivante :

Montant de l'IS brut = résultat fiscal définitif × taux d'IS

1. Les réductions et crédits d'impôt

L'IS brut n'est pas forcément égal au montant payé puisque l'entreprise pourra bénéficier de réductions ou de crédits d'impôt, qui viennent en déduction du montant brut de l'IS.

Montant de l'IS dû = montant de l'IS brut – réduction/crédit d'impôt

Parmi les dépenses qui permettent de bénéficier de ces diminutions d'impôt figurent les dons et les dépenses de mécénat, qui ne sont pas des charges déductibles, mais qui permettent de bénéficier d'une réduction d'impôt de 60 % du montant du don versé jusqu'à 20 000 € ou 5 ‰ (cinq pour mille) du chiffre d'affaires HT (on retient le montant le plus élevé). Les dons éligibles à cette réduction d'impôt sont ceux à destination d'un organisme soutenant une œuvre d'intérêt général, qu'il soit public ou privé, à gestion désintéressée.

2. L'enregistrement comptable de l'IS

Journal	Date	Compte	Intitulé	Débit	Crédit
OD	31/12/N	695000	État – Impôt sur les bénéfices	X	
		444000	État – Impôt sur les bénéfices		X

L'impôt sur les sociétés est une charge non déductible (donc à réintégrer).

II Le calcul et l'enregistrement du solde

Pour déterminer le montant du solde, il faut effectuer la somme des acomptes versés et comparer cette somme à l'IS dû.

1. Somme des acomptes versés

Pour retrouver le montant des acomptes versés durant l'année, deux méthodes peuvent être utilisées.
- Première méthode : calculer la somme des acomptes versés.
- Deuxième méthode : multiplier le montant du quatrième acompte par 4.

2. Solde de l'IS à régler

Le solde du compte 444 (État – Impôt sur les bénéfices) est égal au montant de l'impôt sur les sociétés, auquel on soustrait le total des acomptes versés au cours de l'année. Deux situations peuvent se présenter :
- le montant des acomptes est supérieur au montant de l'impôt ; dans ce cas, l'entreprise possédera une créance envers l'État ;
- le montant des acomptes est inférieur au montant de l'impôt ; dans ce cas, l'entreprise possédera une dette envers l'État.

3. Les étapes de la détermination du résultat net comptable

Contrairement au régime des BIC, c'est l'entreprise qui est redevable de l'impôt et non les actionnaires. Pour cette raison, il existe une différence entre le résultat comptable et le résultat net comptable.

Résultat net comptable = résultat comptable – impôt sur les sociétés

Exemple (suite fiche ressource 2) : Le résultat fiscal définitif pour l'année N de l'entreprise Saillard est de 180 000 €. L'entreprise a versé 11 000 € de dons à une association reconnue d'intérêt général. Son résultat comptable est de 155 000 € pour un chiffre d'affaires de 4 400 000 € HT.

1. Détermination de l'IS brut

180 000 × 25 % = 45 000 €

2. Détermination de l'IS dû

Calcul du montant de la réduction d'impôt	• Plafond du don admissible : 4 400 000 € × 5 ‰ = 22 000 € • Le don de 11 000 € est inférieur au plafond, il permet donc de bénéficier en totalité de la réduction d'impôt. • Réduction d'impôt pour don = 11 000 × 60 % = 6 600 €
Calcul de l'IS dû	45 000 – 6 600 = 38 400 €

3. Enregistrement au journal des opérations diverses

Journal	Date	Compte	Intitulé	Débit	Crédit
OD	31/12/N	695000	État – Impôt sur les bénéfices	38 400	
		444000	État – Impôt sur les bénéfices		38 400

4. Somme des acomptes versés

Journal	Date
Première méthode	6 250 + 8 750 + 7 500 + 7 500 = 30 000 €
Deuxième méthode	Montant du quatrième acompte × 4 = 7 500 × 4 = 30 000 €

5. Solde de l'IS à régler

IS dû – acomptes versés = 38 400 – 30 000 = 8 400 €

6. Détermination du résultat net comptable

155 000 – 38 400 = 116 600 €

CHAPITRE 12

Pour vérifier ses acquis

Retrouvez ce QCM en version interactive www.lienmini.fr/7022-1224

1 QCM

1 **Le champ d'application d'un régime fiscal dépend :**

☐ du nombre d'associés.
☐ de la nature de l'activité.
☐ de la nature de l'activité et du CA.

2 **La base du premier acompte est :**

☐ le résultat fiscal N–3.
☐ le résultat fiscal N–2.
☐ le résultat fiscal N–1.

3 **Pour bénéficier du taux réduit d'IS, il faut avoir :**

☐ un résultat inférieur à 10 millions d'euros.
☐ un capital détenu par au moins 75 % de personnes physiques.

4 **Les acomptes sont au nombre de :**

☐ deux.
☐ trois.
☐ quatre.

5 **La liquidation de l'IS est effectuée le 31 décembre.**

☐ Vrai
☐ Faux

6 **Les dons :**

☐ sont déductibles.
☐ sont à réintégrer.
☐ permettent de bénéficier d'un crédit d'impôt.

7 **Le résultat fiscal doit être déterminé :**

☐ à l'aide du formulaire 2058-A.
☐ à l'aide de la déclaration CA12.

8 **Le résultat net comptable est égal à :**

☐ résultat comptable – IS.
☐ résultat fiscal – IS.
☐ résultat comptable + réintégrations.

2 Mini-cas

Cas 1

• Pour chaque résultat fiscal ci-dessous, déterminez le montant de l'IS.

Résultat fiscal	Taux d'IS
50 000 €	25 %
30 000 €	Taux réduit
55 000 €	Taux réduit
55 000 €	Taux normal Réduction d'impôt de 1 000 €
– 5 000 €	Taux réduit

Cas 2

Dans chacun des cas suivants, déterminez si l'entreprise peut bénéficier du taux réduit.

1. La SARL Phipho a réalisé un chiffre d'affaires de 2 000 000 € HT. Son capital de 50 000 € est détenu pour moitié par M. Richond, le reste par la SA RAF 500.
2. La SA Bric a un capital de 400 000 €, entièrement détenu par des personnes physiques. Son chiffre d'affaires s'élève à 3 200 000 €. L'entreprise appellera en fin d'année le dernier quart du capital.

Pour s'entraîner

1 Calculer les acomptes d'IS au taux normal

★ RÉSULTAT ATTENDU Les enregistrements comptables des opérations relatives à l'IS dans le SIC

Situation

La SARL Graph 21 est une entreprise spécialisée dans la production de films publicitaires. En tant que comptable, vous êtes chargé des travaux fiscaux.

1 À partir de l'annexe, déterminez le montant des acomptes.

2 Comptabilisez les quatre acomptes.

Annexe Résultats fiscaux (en euros)

Exercice	Résultat fiscal définitif
N–2	120 000
N–1	150 000

2 Calculer les acomptes d'IS au taux réduit et liquider l'impôt sur les sociétés

★★ RÉSULTAT ATTENDU Les enregistrements comptables des opérations relatives à l'IS dans le SIC

Situation

La SA Premium est spécialisée dans l'impression 3D de pièces de rechange pour appareils électroménagers. Créée il y a 2 ans, elle emploie 8 salariés. Le capital de la société est détenu exclusivement par des personnes physiques. Son exercice comptable se clôture le 31 décembre.

1 Vérifiez que la SA Premium peut bénéficier du régime d'imposition à taux réduit des PME.

2 Calculez le montant des acomptes d'impôt sur les sociétés payés au cours de l'année N en rappelant pour chaque acompte sa date limite d'exigibilité.

3 Comptabilisez le dernier acompte et déterminez le montant total des acomptes versés.

4 À l'aide des annexes, calculez le solde de l'IS et procédez à son enregistrement.

Annexe 1 Résultats fiscaux (en euros)

Exercice	Résultat fiscal définitif
N–2	85 000
N–1	90 000

Annexe 2 Résultat fiscal de l'année N

Résultat fiscal définitif	165 000 €
Dépenses de mécénat	22 000 €
Chiffre d'affaires	3 800 000 €

3 Vérifier la déclaration 2058-A et justifier les retraitements

★ RÉSULTAT ATTENDU L'exactitude, la justification et la conformité des traitements fiscaux

Situation

M. Drouand, gérant de la SARL Brulta, spécialisée dans la formation professionnelle, souhaite que vous lui apportiez une aide sur les travaux fiscaux.

1 Vérifiez et justifiez le montant des cellules WE et SU dans l'annexe 1 à l'aide des informations de l'annexe 2.

2 M. Drouand vous interroge sur la réintégration des intérêts en compte courant dans le calcul du résultat fiscal. Adressez-lui un courriel lui expliquant le traitement fiscal.
> COMMUNICATION

Annexe 1 Extraits du formulaire 2058-A

cerfa N° 10951 * 19
Formulaire obligatoire (article 53 A du Code général des impôts)

⑨ DÉTERMINATION DU RÉSULTAT FISCAL

DGFiP N° 2058-A-SD

Désignation de l'entreprise :			Formulaire déposé au titre de l'IR	ET	Néant ☐*		Exercice N, clos le :
I. RÉINTÉGRATIONS			BÉNÉFICE COMPTABLE DE L'EXERCICE			WA	15 780
Charges non admises en déduction du résultat fiscal – Rémunération du travail (entreprises à l'IR) de l'exploitant ou des associés						WB	
Rémunération du travail (entreprises à l'IR) de son conjoint			moins part déductible *		à réintégrer :	WC	
Avantages personnels non déductibles * (sauf amortissements à porter ligne ci-dessous)	WD		Amortissements excédentaires (art. 39-4 du CGI) et autres amortissements non déductibles	WE	4 050	XE	4 050
Autres charges et dépenses somptuaires (art. 39-4 du C.G.I.)	WF		Taxe sur les voitures particulières des sociétés (entreprises à l'IS)	WG			
Fraction des loyers à réintégrer dans le cadre d'un crédit-bail immobilier et de levée d'option	RA		(Part des loyers dispensée de réintégration (art. 239 sexies D))	RB			
Provisions et charges à payer non déductibles (cf. tableau 2058-B, cadre III)	WI		Charges à payer liées à des états et territoires non coopératifs non déductibles (cf. 2067-*bis*)	XX		XW	
Amendes et pénalités	WJ		Charges financières (art. 212 *bis*) *	XZ			
Réintégrations prévues à l'article 155 du CGI *						XY	
Impôt sur les sociétés (cf. page 9 de la notice 2032-NOT-SD)						I7	3 607
Quote-part – Bénéfices réalisés par une société de personnes ou un GIE	WL		Résultats bénéficiaires visés à l'article 209 B du CGI	L7		K7	
Régimes d'imposition particuliers et impositions différées – Moins-values nettes à long terme – imposées aux taux de 15 % ou de 19 % (16 % pour les entreprises à l'impôt sur le revenu)						I8	
Moins-values nettes à long terme – imposées au taux de 0 %						ZN	
Fraction imposable des plus-values réalisées au cours d'exercices antérieurs * – Plus-values nettes à court terme						WN	
Fraction imposable des plus-values réalisées au cours d'exercices antérieurs * – Plus-values soumises au régime des fusions						WO	
Écarts de valeurs liquidatives sur OPCVM * (entreprises à l'IS)						XR	
Réintégrations diverses à détailler sur feuillet séparé DONT * – Intérêts excédentaires (art. 39-1-3° et 212 du C.G.I.)	SU	609	Zones d'entreprises * (activité exonérée)	SW		WQ	609
Déficits étrangers antérieurement déduits par les PME (art. 209 C)	SX		Quote-part de 12 % des plus-values à taux zéro	M8			

Annexe 2 Informations complémentaires sur l'obtention du résultat comptable

M. Drouand a laissé en compte courant une somme de 30 000 € au taux de 4,28 % durant toute l'année N. Le taux fiscalement admis est de 2,25 %. L'entreprise ne possède qu'un seul véhicule, dont les caractéristiques sont les suivantes :

Véhicule	Date d'acquisition	Valeur HT	Valeur TTC	Durée d'amortissement	Taux émission de CO_2
Peugeot 308	01/03/N	28 500 €	34 200 €	5 ans	150 g/km

La base fiscale amortissable pour ce véhicule est de 9 900 €.

4 Déterminer le résultat fiscal et liquider l'impôt sur les sociétés

★★ RÉSULTATS ATTENDUS L'exactitude, la justification et la conformité des traitements fiscaux
Les enregistrements comptables des opérations relatives à l'IS dans le SIC

Situation

La SARL Rigrau est spécialisée dans la vente et la pose de carrelage et de faïence. Son capital appartient à 55 % à la SA Nuevo et son effectif est de 240 salariés. Sa clientèle est composée de particuliers et d'entreprises. Son chiffre d'affaires HT annuel est de 4 millions d'euros. Son exercice comptable coïncide avec l'année civile.

1 Dans une courte note, indiquez à la dirigeante, Mme Rigrau, si l'entreprise peut bénéficier du taux réduit. > COMMUNICATION

2 Calculez les acomptes d'IS versés l'année N.

3 Calculez le résultat fiscal de la SARL Rigrau en adoptant la présentation suivante :

Nº de l'opération	Analyse fiscale	Déductions	Réintégrations

4 Procédez à la liquidation de l'IS, puis à son enregistrement.

Annexe Informations relatives à la SARL Rigrau

Durant les deux derniers exercices, la SARL Rigrau a réalisé les résultats fiscaux suivants :
– Résultat en N–2 : 350 000 €.
– Résultat en N–1 : 310 000 €.

Pour l'exercice N, le résultat est de 290 000 €, il comprend les éléments suivants :

Taxe annuelle sur les émissions de CO_2	4 200 €
Amende pour infraction à la législation fiscale	1 300 €
Location d'une villa pour les vacances des époux Rigrau	3 500 €
Intérêts versés sur le compte courant d'associé de Mme Rigrau pour 30 000 € (période du 01/02/N au 30/09/N)	Dépôts rémunérés au taux de 5,78 % (taux fiscalement admis : 2,25 %)
Perte de change sur une créance en francs suisses	900 €
Location d'un véhicule particulier pendant 6 mois (taux de CO_2 = 50 g/km, soit une base fiscale maximale amortissable de 20 300 €)	1 800 €
Le 1er février N–1, acquisition par la société de location du véhicule loué (amortissement sur 4 ans)	26 700 € TTC

Cession titres de participation

Éléments cédés	Quantité cédée	Date d'acquisition	Prix d'achat HT	Date de cession	Valeur comptable nette à la cession	Prix de cession
Titres de participation	150	01/08/N–3	40	21/05/N	6 000 €	10 000 €

5 Justifier les retraitements fiscaux de la déclaration 2058-A

★★ RÉSULTAT ATTENDU L'exactitude, la justification et la conformité des traitements fiscaux

Situation

La SARL Miradian est spécialisée dans la vente d'articles de cuisine qu'elle vend par correspondance ou bien à des professionnels. Vous avez été embauché comme comptable depuis 6 mois. Votre supérieur vous demande d'effectuer la vérification de la déclaration 2058-A qu'il a préparée et de comptabiliser l'impôt sur les sociétés.

1 **Justifiez le montant des retraitements fiscaux dans le tableau de l'annexe 2 à l'aide des annexes 1 et 3.**

2 **Enregistrez l'impôt sur les sociétés au 31 décembre N.**

Annexe 1 Informations comptables concernant l'exercice N

Résultat comptable	95 546 €
Chiffre d'affaires	1 155 000 €
Amendes pour infraction au Code de la route	600 €
Don réalisé au profit d'une association d'intérêt général	900 €
Versement de dividendes de la part d'une filiale (capital détenu : 40 %)	4 000 €

La société loue également des véhicules dont les caractéristiques sont présentées ci-dessous. Les redevances de crédit-bail sont payées mensuellement. Le taux de TVA applicable aux redevances est de 20 %. La base fiscale amortissable pour les véhicules qui rejettent plus de 160 g de CO_2/km est de 9 900 €.

Véhicule	Type	Redevance mensuelle HT	Début du crédit-bail	Valeur TTC	Durée amortissement	Taux émission CO_2
Peugeot Boxer	VU[1]	420,00 €	15/03/N–1	25 500 €	5 ans	120 g/km
Citroën Berlingo	VU	345,00 €	15/10/N	18 500 €	5 ans	120 g/km
Renault Laguna	VT[2]	450,00 €	15/07/N	22 200 €	5 ans	165 g/km

1. VU : Véhicule utilitaire.
2. VT : Véhicule de tourisme.

Annexe 2 Tableau de vérification de la déclaration 2058-A

Ligne	Intitulé	Montant	Justification
WA	Bénéfice comptable de l'exercice	71 952 €	
WF	Autres charges et dépenses somptuaires	1 128 €	
WJ	Amendes et pénalités	600 €	
I7	Impôt sur les sociétés	25 594 €	
WQ	Réintégrations diverses	900 €	
XA	Régime des sociétés mères	3 800 €	
XN	Résultat fiscal	94 374 €	

Annexe 3 Déclaration 2058-A préremplie

cerfa N° 10951 * 19
Formulaire obligatoire (article 53 A du Code général des impôts)

⑨ **DÉTERMINATION DU RÉSULTAT FISCAL** — DGFiP N° 2058-A-SD

Désignation de l'entreprise : ______ | Formulaire déposé au titre de l'IR ET | Néant ☐* | Exercice N, clos le :

I. RÉINTÉGRATIONS

		Code	Montant
BÉNÉFICE COMPTABLE DE L'EXERCICE		WA	72 499
Rémunération du travail (entreprises à l'IR)	de l'exploitant ou des associés	WB	
	de son conjoint — moins part déductible * — à réintégrer :	WC	
Avantages personnels non déductibles * (sauf amortissements à porter ligne ci-dessous)	WD		
Amortissements excédentaires (art. 39-4 du CGI) et autres amortissements non déductibles	WE	XE	1 128
Autres charges et dépenses somptuaires (art. 39-4 du C.G.I.)	WF : 1 128		
Taxe sur les voitures particulières des sociétés (entreprises à l'IS)	WG		
Fraction des loyers à réintégrer dans le cadre d'un crédit-bail immobilier et de levée d'option	RA		
Part des loyers dispensée de réintégration (art. 239 sexies D)	RB		
Provisions et charges à payer non déductibles (cf. tableau 2058-B, cadre III)	WI	XW	600
Charges à payer liées à des états et territoires non coopératifs non déductibles (cf. 2067-*bis*)	XX		
Amendes et pénalités	WJ : 600		
Charges financières (art. 212 *bis*) *	XZ		
Réintégrations prévues à l'article 155 du CGI *		XY	
Impôt sur les sociétés (cf. page 9 de la notice 2032-NOT-SD)		I7	23 047
Quote-part : Bénéfices réalisés par une société de personnes ou un GIE	WL		
Résultats bénéficiaires visés à l'article 209 B du CGI	L7	K7	
Moins-values nettes à long terme	– imposées aux taux de 15 % ou de 19 % (16 % pour les entreprises à l'impôt sur le revenu)	I8	
	– imposées au taux de 0 %	ZN	
Fraction imposable des plus-values réalisées au cours d'exercices antérieurs *	– Plus-values nettes à court terme	WN	
	– Plus-values soumises au régime des fusions	WO	
Écarts de valeurs liquidatives sur OPCVM * (entreprises à l'IS)		XR	
Réintégrations diverses à détailler sur feuillet séparé DONT *	Intérêts excédentaires (art. 39-1-3° et 212 du C.G.I.) SU ; Zones d'entreprises * (activité exonérée) SW ; Déficits étrangers antérieurement déduits par les PME (art. 209 C) SX ; Quote-part de 12 % des plus-values à taux zéro M8	WQ	900
Réintégration des charges affectées aux activités éligibles au régime de taxation au tonnage		Y1	
Résultat fiscal afférent à l'activité relevant du régime optionnel de taxation au tonnage		Y3	
	TOTAL I	WR	98 174

(Charges non admises en déduction du résultat fiscal ; Régimes d'imposition particuliers et impositions différées)

II. DÉDUCTIONS

		Code	Montant
PERTE COMPTABLE DE L'EXERCICE		WS	
Quote-part dans les pertes subies par une société de personne ou un G.I.E. *		WT	
Provisions et charges à payer non déductibles, antérieurement taxées, et réintégrées dans les résultats comptables de l'exercice (cf. tableau 2058-B-SD, cadre III)		WU	
Plus-values nettes à long terme	– imposées au taux de 15 % (16 % pour les entreprises soumises à l'impôt sur le revenu)	WV	
	– imposées au taux de 0 %	WH	
	– imposées au taux de 19 %	WP	
	– imputées sur les moins-values nettes à long terme antérieures	WW	
	– imputées sur les déficits antérieurs	XB	
Autres plus-values imposées au taux de 19 %		I6	
Fraction des plus-values nettes à court terme de l'exercice dont l'imposition est différée *		WZ	
Régime des sociétés mères et des filiales * Produit net des actions et parts d'intérêts :	Quote-part de frais et charges restant imposable à déduire des produits nets de participation 2A : 200	XA	3 800
Majoration autorisée au titre des investissements réalisés dans les collectivités d'outre-mer *.		ZY	
Majoration d'amortissement *		XD	
Abattement sur le bénéfice et exonérations *	Entreprises nouvelles - (Reprise d'entreprises en difficultés 44 septies) K9 ; Entreprises nouvelles (44 sexies) L2 ; Jeunes entreprises innovantes (art. 44 sexies A) L5 ; Pôle de compétitivité hors CICE (Art. 44 undecies) L6 ; Société investissements immobilier cotées (art. 208C) K3 ; Zone de restructuration de la défense (44 terdecies) PA ; ZFU-TE (art. 44 octies et octies A) ØV ; Bassin d'emploi à redynamiser (art. 44 duodecies) 1F ; Zone franche d'activité (art. 44 quaterdecies) XC ; Zone de revitalisation rurale (art. 44 quindecies) PC	XF	
Écarts de valeurs liquidatives sur OPCVM * (entreprises à l'IS)		XS	
Déductions diverses à détailler sur feuillet séparé	dont déduction exceptionnelle pour investissement * X9 ; Créance dégagée par le report en arrière de déficit ZI	XG	
Déduction des produits affectés aux activités éligibles au régime de taxation au tonnage		Y2	
	TOTAL II	XH	3 800

(Régimes d'imposition particuliers et impositions différées ; Mesures d'incitation)

III. RÉSULTAT FISCAL

		Code	Montant	Code	Montant
Résultat fiscal avant imputation des déficits reportables :	bénéfice (I moins II)	XI	94 374		
	déficit (II moins I)			XJ	
Déficit de l'exercice reporté en arrière (entreprises à l'IS) *		ZL			
Déficits antérieurs imputés sur les résultats de l'exercice (entreprises à l'IS) *				XL	
RÉSULTAT FISCAL	BÉNÉFICE (ligne XN) ou DÉFICIT reportable en avant (ligne XO)	XN	94 374	XO	

* Des explications concernant cette rubrique sont données dans la notice n° 2032-NOT-SD

EXEMPLAIRE À CONSERVER PAR LE DÉCLARANT

N° 2058-A-SD – (SDNC-DGFiP) - Janvier 2017

Entraînement à l'épreuve E41

Nutrivet & Cie

Présentation générale de l'entreprise

L'entreprise Nutrivet & Cie, spécialisée dans l'alimentation et les compléments nutritionnels pour les chiens et les chats, a été créée par trois associés. L'entreprise souhaite s'implanter sur de nouveaux marchés : en Chine, en Inde et au Brésil. Un changement de forme juridique et de régime d'imposition est envisagé en N+1 pour obtenir les capitaux nécessaires à la croissance de l'entreprise.
La société clôture ses comptes au 31/12 de chaque année. Au cours du premier trimestre N+1, le service comptable de l'entreprise réalise les travaux de déclaration de ses résultats N, en lien avec un centre de gestion agréé. Étudiant stagiaire dans le service comptable de la société Nutrivet & Cie en janvier N+1, vous avez l'opportunité de participer à ces travaux.

Mission

Détermination des plus ou moins-values et du résultat fiscal (BIC/IS)

> Annexes A1, A2 et A3

1. Complétez le tableau préparatoire de calcul des plus ou moins-values professionnelles de l'exercice N (annexe B1).
2. Complétez le tableau de détermination du résultat fiscal N (annexe B2).
3. Les associés vous demandent si les règles de détermination du résultat fiscal d'une société soumise à l'IS sont les mêmes que celles d'une entreprise soumise aux BIC. Argumentez vos propos en reprenant les éléments de charges et produits de l'exercice N en considérant que la SNC opte pour l'IS ou change de forme juridique (SAS par exemple). Rédigez la réponse à adresser aux associés.

Annexes

Annexe A1 Informations générales de l'entreprise

Structure juridique	Société en nom collectif (SNC)
Dénomination sociale	Nutrivet & Cie
Adresse du siège	ZA Siailles, 47240 Castelculier, France
Date de création	1er février 2000
Capital social	50 000 €
Associés	– Jean Boyer : 60 % des parts – Éric Briand : 20 % des parts – Edith Carrie : 20 % des parts
Organe de direction	Gérant associé majoritaire : Jean Boyer
Chiffre d'affaires	1 654 852 € HT
Résultat comptable N	310 970 €
Effectif	27 salariés, dont Jean Boyer (assimilé à un dirigeant non salarié) et son épouse, Amandine, salariée à temps plein en tant qu'assistante commerciale.
Régime de TVA	Régime du réel normal (CA3 mensuelle)
Régime fiscal	Régime des BIC de plein droit
Option fiscale	L'entreprise opte pour l'étalement des PVN CT sur 3 ans.
Taux de crédit N	Taux moyen pratiqué par les établissements de crédit envers les entreprises pour des prêts à taux variable d'une durée supérieure à 2 ans (TMP) = 2,21 %.
Titres inscrits à l'actif	300 titres de la SA Camargue et Riz inscrits en titres de participation : – lot 01/04/N–3 = 120 titres au prix unitaire de 66,20 € ; – lot 20/01/N–1 = 180 titres au prix unitaire de 72,50 €.
Adhésion à un CGA	Depuis la création

Annexe A2 Informations sur les éléments cédés

Date	Opérations
30/04/N	**Cession d'un entrepôt acquis neuf** • Prix de cession : 57 000 € • Date de mise en service : le 1er février N–10 • Durée d'utilisation : 20 ans en mode linéaire • Prix d'acquisition : 38 000 € HT (TVA à 19,6 % déduite à l'achat : 7 448 €)
20/04/N	**Cession d'une machine-outil acquise neuve** • Prix de cession : 1 300 € HT • Date de mise en service : le 01/09/N–5 • Durée d'utilisation : 5 ans en mode linéaire • Prix d'acquisition et de mise en service : 5 750 € HT • Amortissement fiscal dégressif sur 5 ans (= durée d'usage), coefficient 1,75
01/07/N	**Cession à un marchand de biens d'occasion d'un véhicule de tourisme VW Golf** • Prix de cession : 14 000 € HT • Date de mise en service : le 01/10/N–2 (véhicule acquis neuf) • Prix d'acquisition : 25 000 € TTC • Durée d'utilisation et d'usage : 5 ans en mode linéaire • Taux de CO_2 = 120 g/km (véhicule non polluant)
15/09/N	**Cession de 150 titres de participation Camargue et Riz** • Cours unitaire : 73,50 € • Une provision de 120 € avait été constituée au 31/12/N–1. Fin N, elle devient sans objet. Le cours d'inventaire des titres restants est supérieur à la valeur d'achat des titres restants dans le portefeuille.

Annexe A3 Précisions sur les opérations enregistrées en charges ou produits pendant l'exercice N

Location d'une résidence d'agrément sur la Côte d'Azur pour 15 jours de vacances pour la famille Boyer	6 050 € TTC
Location de longue durée (8 mois) d'un véhicule de tourisme Prix neuf : 40 000 € TTC – Amortissement linéaire sur 5 ans – Taux d'émission de CO_2 = 170 g/km – Date de début de location : le 20/09/N.	673 € TTC/mois
Prime d'assurance-vie souscrite sur la tête de Jean Boyer, exigée par la banque pour garantir un emprunt	980 €
Contribution économique territoriale de N	1 340 €
Impôt sur le revenu des époux Boyer déclaré et payé l'année N	3 290 €
Pénalité pour erreur dans le calcul du montant de la TVA de l'année N–1	350 €
Rappel de TVA à reverser (inscrit en 44551)	3 500 €
Rémunération des fonctions de gérant (et autres activités) de M. Boyer dans l'entreprise. Ces sommes ont été inscrites en charges de personnel.	2 500 €/mois
Prélèvements des deux autres associés (enregistrés dans un compte de prélèvements associés et non en charges)	1 500 € chacun/mois
Salaire brut annuel de l'année N d'Amandine Boyer, épouse du gérant, en rémunération de son travail d'assistante commerciale	26 200 €
Amortissement du véhicule cédé le 01/07/N	2 500 €
Dividendes reçus le 5 juin N en provenance de la SA Camargue et Riz	2 000 €
Par ailleurs, M. Jean Boyer a laissé sur son compte courant une somme de 7 000 € du 01/06/N au 30/11/N, rémunéré par l'entreprise au taux de 3,5 % par an.	122,50 €

Annexe B1 Modèle de tableau de détermination des plus ou moins-values nettes de l'exercice N

Élément	VO	TVA à régulariser	Cumul amortissements	Valeur résiduelle	Prix de cession HT	Résultat	CT		LT	
							PV	MV	PV	MV
	(1)	(2)	(3)	(4) = (1) +/– (2) – (3)	(5)	(6) = (5) – (4)				
Total										
Détermination des PV ou MV nettes CT et LT										

TVA à régulariser :
- reversement de TVA sur cession d'un immeuble ;
- complément de déduction de TVA sur cession d'un véhicule de tourisme revendu à un marchand de biens d'occasion.

Le cumul des amortissements correspond aux amortissements économiquement justifiés et aux amortissements dérogatoires. La valeur résiduelle correspond à la valeur nette comptable rectifiée.

Annexe B2 Détermination du résultat fiscal N (BIC)

Élément	RAF	Déduction	Réintégration	Justifications
Résultat comptable			310 970 €	Bénéfice comptable
PVN CT N				
PVN LT N				
Location résidence d'agrément				
Location d'un VT pour 8 mois – Location de plus de 3 mois				
Prime d'assurance-vie sur la tête du gérant				
Impôt CET				
Impôt sur le revenu du foyer fiscal Boyer				
Pénalité pour erreur de calcul de TVA et rappel de TVA				
Prélèvements de M. Boyer et des autres associés				
Intérêts du compte courant de M. Boyer				
Salaire de Mme Boyer, assistante commerciale				
Amortissement du véhicule cédé en N				
Dividendes de la SA Camargue et Riz				
Totaux				
Résultat fiscal N				

Contexte 6

Présentation de l'entreprise Prod TV

L'entreprise et son activité

FICHE D'IDENTITÉ

- **Dénomination sociale :** Prod TV
- **Adresse :** 540, rue Balard 75015 Paris
- **Téléphone :** 01 42 79 44 XX
- **Statut juridique :** SAS
- **Secteur d'activité (code APE ou NAF) :** 5911A Production de films et de programmes pour la télévision
- **Effectif :** 4 salariés permanents, 50 salariés en équivalent temps plein (en prenant en compte les intermittents du spectacle)
- **Capital :** 200 000 €
- **Numéro de TVA intracommunautaire :** FR 66 44516011008
- **Régime de TVA :** réel normal

Prod TV est une entreprise de production audiovisuelle fondée par deux producteurs : Tom Francesci et Ali Abane.

Tom et Ali se sont rencontrés chez leur précédent employeur, un grand groupe de production audiovisuelle. Ils étaient alors tous les deux chargés de production. En 2010, ils décident de voler de leurs propres ailes et créent ensemble leur société. Depuis, ils ont produit des téléfilms pour les grandes chaînes de télévision françaises et, plus récemment, pour des acteurs majeurs du numérique comme Amazon, Netflix ou Apple. Il y a deux ans, Prod TV a décroché une commande pour une série télévisuelle de 6 épisodes de 52 minutes : *Lune rouge*. La série vient d'être livrée au diffuseur. Tom et Ali sont dans l'attente de la commande de la saison 2. Mais ce n'est pas leur seule préoccupation, puisque l'échéance du dépôt de leur déclaration de revenus approche.

Contexte 6

Informations sur le personnel

Organigramme de la société

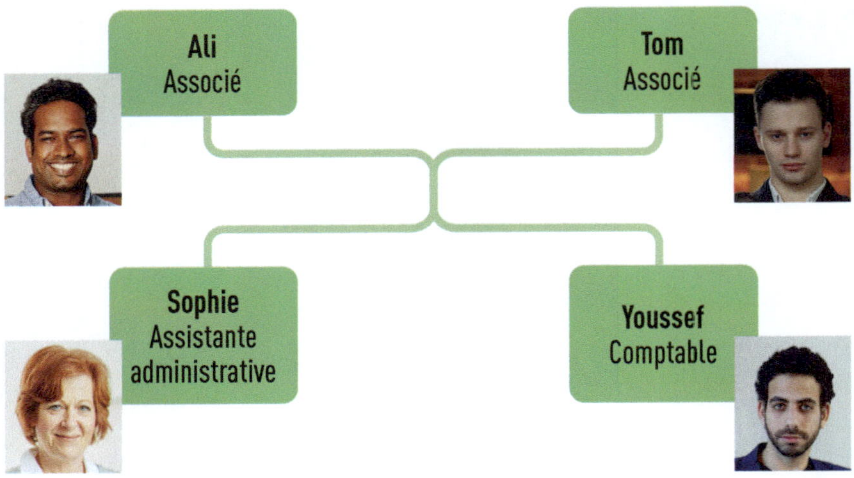

Prod TV dispose d'une structure légère, avec un effectif permanent de quatre personnes. Tom et Ali sont salariés en tant que producteurs. Sophie les a rejoints dès la création de la société, en tant qu'assistante administrative. Youssef, le comptable, a été engagé en 2012. Toutefois, Prod TV fait également appel à des intermittents du spectacle pendant la durée des tournages. Dès que le diffuseur donne son feu vert pour lancer une production, Ali et Tom engagent temporairement un directeur de production pour mener cette production à son terme. Ils font souvent appel à Laurent Delpierre, qui met en place une équipe de techniciens constituée d'intermittents du spectacle (régisseur, directeur photo, décorateurs, monteurs, etc.) salariés de Prod TV jusqu'à la fin du tournage ou de la postproduction.

Règles et procédures

Youssef tient la comptabilité générale et analytique (de gestion) de la société Prod TV. Le cabinet d'expertise comptable Fidintex revoit les écritures d'inventaire et assiste Youssef pour finaliser les états financiers et la liasse fiscale. En cours d'exercice, il assure également une mission régulière de conseil, en fonction de l'actualité fiscale et sociale et des problématiques spécifiques que rencontre Prod TV (comme le recours à des inrtermittents du spectacle).

Comprendre le contexte

1. Quelle est l'activité de Prod TV ?
2. Identifiez les clients de Prod TV.
3. Décrivez l'organisation de la fonction comptable.

CHAPITRE 13

Le champ d'application de l'impôt sur le revenu (IRPP)

SAVOIR ASSOCIÉ

Champ d'application de l'impôt sur le revenu

COMPÉTENCE

Calculer le montant de l'IR en prenant en compte différents éléments

> PROCESSUS 7

Une utilisation du tableur adaptée pour automatiser des procédures de calcul, simuler le calcul d'impôt

Situation professionnelle

Vous réalisez votre stage de BTS auprès de Youssef, le comptable de Prod TV. Tom et Ali tiennent leur réunion d'équipe hebdomadaire du mardi avec Sophie, leur assistante administrative, et Youssef. Vous y êtes naturellement convié. L'ordre du jour porte principalement sur la prochaine mise en production de la saison 2 de *Lune rouge*.

La réunion se termine. Ali, Tom, Sophie et Youssef échangent sur les délais pour remplir leur déclaration d'impôt en ligne. La date butoir approche. C'est l'occasion pour chacun d'évoquer les questions qu'il se pose, notamment concernant leurs enfants à associer dans leur déclaration ou pas. Youssef propose que vous étudiiez ces questions.

> Voir présentation générale, p. 195

1 Quel est le sujet évoqué en fin de réunion ?

2 Quelles sont les problématiques personnelles qui préoccupent les quatre salariés ?

Chapitre 13 — Activités professionnelles guidées

Activité 1 — Déterminer la composition des foyers fiscaux et identifier les options de rattachement

De retour dans votre bureau, vous évoquez de nouveau avec Youssef les problématiques de ses collègues au regard de la composition de leur foyer fiscal. Vous travaillez sur les réponses à lui fournir.

Votre mission

- **Précisez la composition du foyer fiscal des quatre salariés permanents de Prod TV dans le cas où aucune option de rattachement n'est formulée.**

> Fiche ressource 1 + Annexe 1

Préciser les options pour lesquelles il serait possible d'opter.
Porter une attention particulière à l'âge des enfants

Annexe 1 Composition de la famille des quatre salariés

Famille de Tom	Famille d'Ali
– Tom et son épouse, Isabelle, ont deux enfants mineurs : Rose et Mathéo. – Tom a également un autre fils : Lilian, 17 ans, issu d'une précédente union, dont le lieu de résidence a été fixé chez sa mère. – Lilian rend visite à son père un week-end sur deux et la moitié des vacances scolaires.	– Ali et sa compagne, Anissa, sont pacsés depuis 2 ans. – Leurs trois enfants vivent chez eux. – Leur fille, Anabella, 20 ans, est intermittente du spectacle depuis octobre 2022. – Rayanne, 23 ans, est étudiant dans une école qui prépare aux métiers de l'audiovisuel. – Sophian, son frère jumeau, a été engagé en CDI en tant que paysagiste depuis le 1er juin 2022.
Famille de Sophie	**Famille de Youssef**
– Sophie, 60 ans, est célibataire. – Elle héberge sa fille, Léa (32 ans), depuis 18 mois, suite à son divorce. – Léa a un petit garçon, Gaspard (8 ans), en garde alternée.	– Youssef a 33 ans. – Il vit avec son colocataire, Amine.

> Voir lexique BTS CG, p. 255

Activité

2 Identifier les rattachements possibles et calculer le nombre de parts

Vous voyant travailler avec Youssef sur le sujet de l'impôt sur le revenu, Ali vous sollicite pour lui imprimer sa fiche de paie du mois de décembre 2022, mentionnant son salaire net imposable à déclarer. Il en profite pour vous demander dans quelle catégorie il doit faire figurer ses autres revenus.

Votre mission

1. **Calculez le nombre de parts du foyer fiscal d'Ali, sachant qu'Anabella et Rayanne sont rattachés au foyer fiscal de leurs parents.**

> Fiche ressource 1 + Annexe 3

2. **En considérant que tous les enfants (pour lesquels cela est possible) optent pour le rattachement, relevez les différents revenus catégoriels à déclarer par le foyer fiscal d'Ali et Anissa.**

> Annexes 2 et 4

3. **Après prise en compte des éventuelles déductions et abattements, identifiez l'agrégat auquel correspond la somme de ces revenus nets catégoriels.**

> Fiche ressource 2

Annexe 2 Informations communiquées par Ali

Au titre de son contrat de travail en tant que producteur, Ali perçoit un salaire annuel net de 42 000 €. Anissa, avec laquelle il est pacsé, travaille dans la grande distribution en tant que contrôleuse de gestion. Elle perçoit un salaire net de 55 000 €. Elle dispose également d'un chalet à Avoriaz. Des loyers lui ont été versés à hauteur de 3 000 €.
Ali détient des titres en portefeuille. Ils ont généré 550 € de dividendes et 235 € d'intérêts. Leur fille, Anabella, 20 ans, a perçu 1 850 € en contrepartie de son contrat de travail d'intermittente du spectacle. Leur fils, Rayanne, 23 ans, étudiant, a été rémunéré 6 000 € dans le cadre de son job d'été. Son frère jumeau, Sophian, a bénéficié d'un salaire de 14 000 € en tant que paysagiste.

Annexe 3 Extrait de la notice « Remplir sa déclaration de revenu »

4. NOMBRE DE PARTS "N" UTILISÉ POUR L'APPLICATION DU BARÈME DE L'IMPÔT SUR LE REVENU

SITUATION DE FAMILLE	PERSONNE À CHARGE[a]						
	0	0[b]	1	2	3	4	+1
Mariés ou pacsés soumis à une imposition commune[c]	2	2,5 ou 3	2,5	3	4	5	+1
Veuf(ve)[d, f]	1	1,5	2,5	3	4	5	+1
Célibataire, Divorcé(e)[e, f]	1	1,5	1,5	2	3	4	+1
VOTRE NOMBRE DE PART N							

EXPLICATION DES RENVOIS

a. + ½ part pour chaque personne à charge titulaire d'une carte pour invalidité.
Si vous avez des enfants en résidence alternée ou à charge partagée consultez la notice n° 2041GV pour déterminer le nombre de parts.

b. Vous remplissez une des conditions des cases P, F, L (case N non cochée), W ou G.

c. + ½ part quand un des conjoints est invalide, ou a plus de 74 ans et la carte du combattant, + 1 part si chacun est invalide.

d. – Votre conjoint est décédé en 2022 : vous suivez le régime des "mariés".
– Vous avez déclaré au moins un enfant à charge (case F ou H), ou une personne recueillie invalide (case R) ou un enfant rattaché (case J) : vous suivez le régime des "mariés".

e. + ½ part pour une personne vivant seule et ayant au moins un enfant à charge.

f. + ½ part pour une personne invalide.

Annexe 4 Extrait du site www.impots.gouv.fr

Exonération liée aux « jobs » réalisés au cours des congés scolaires : les salaires versés aux jeunes gens âgés de 25 ans au plus au 1er janvier de l'année d'imposition en rémunération d'une activité exercée pendant l'année scolaire ou universitaire ou durant leurs congés scolaires ou universitaires sont, sur option des bénéficiaires, exonérés d'impôt sur le revenu dans la limite de trois fois le montant mensuel du SMIC (5 036 € au titre des revenus perçus en 2022).

> Voir lexique BTS CG, p. 255

Activité 3 Identifier les revenus catégoriels et appliquer les règles de territorialité

Sophie contacte Laurent Delpierre, le directeur de production, qui se chargera de mener à bien la production de la saison 2 de *Lune rouge*, qui vient d'être commandée. Elle envisage avec lui différentes dates de début pour son contrat de travail. Il lui confie qu'il a besoin de s'octroyer une journée de congé avant de démarrer son contrat, pour notamment s'occuper de sa déclaration de revenus. Sophie l'informe de votre présence dans les murs de la société et lui propose votre aide. Vous vous entretenez avec lui pour comprendre ses problématiques et réfléchir aux réponses à lui apporter.

Votre mission

1. Identifiez les revenus imposables en France de chacune des personnes de la famille de Laurent Delpierre.

> Fiche ressource 1+ Annexe 5

Rechercher dans un premier temps quel est le lieu du domicile fiscal.

2. Identifiez les catégories dans lesquelles les différents foyers fiscaux devront déclarer leurs revenus en France et chiffrez les sommes à déclarer.

> Fiche ressource 2

Annexe 5 Informations sur les revenus des personnes de la famille de Laurent Delpierre

Laurent est marié avec Francesca sous le régime de la séparation de biens. Ils habitent à Boulogne-Billancourt (Hauts-de-Seine). Francesca est chef décoratrice pour le cinéma. Elle a travaillé de janvier à mars 2022 sur un tournage en Italie, pour une société de production italienne. Elle a perçu un salaire de 12 500 €. Laurent l'a rejointe de temps en temps à Milan (Italie) et y a séjourné 13 jours au total. Puis Francesca a été engagée sur un tournage en France à compter du 1er juin 2021. Sa fiche de paie de décembre 2022 fait apparaître un net imposable cumulé de 28 000 €. Entre-temps, elle avait été indemnisée par Pôle emploi à hauteur de 3 500 €.
Laurent a perçu des salaires s'élevant à 42 500 €. Louis, le fils de Laurent de 24 ans, s'est lancé depuis 18 mois dans une activité de paysagiste à Champigny-sur-Marne (94). Il exerce sa profession dans le cadre d'une EURL. Le résultat de son exercice 2021 calculé par son expert-comptable s'élève à 38 900 €.
Valérie, la fille de Francesca de 28 ans, de nationalité française, vit en Italie depuis presque 2 ans, où elle est enseignante. Sa rémunération s'élève à 29 000 € au titre de l'année 2022.

Fiche ressource 1

L'impôt sur le revenu

L'impôt sur le revenu (IR) frappe les personnes physiques, qui le versent directement à l'État.

I Les caractéristiques de l'impôt sur le revenu (IR)

L'IR est un impôt annuel, calculé sur les revenus de l'année civile en cours. Il est versé par prélèvement à la source sur les salaires et les pensions de retraite, notamment, ou sous forme d'acomptes pour les travailleurs indépendants. L'IR est calculé sur l'ensemble des revenus du foyer du contribuable.

Les revenus issus d'une activité professionnelle	Les revenus issus du patrimoine	Les plus ou moins-values
• Les traitements et salaires pour les fonctionnaires et les salariés. • Les revenus issus d'activités commerciales, industrielles ou artisanales exercées par des entrepreneurs individuels ou par des associés de sociétés relevant de l'IR. • Les indemnités perçues par les personnes à la recherche d'un emploi. • Les pensions de retraite.	• Les revenus fonciers provenant de la location d'immeubles. • Les revenus issus de produits de placements tels que les actions ou les parts sociales.	Elles peuvent être générées par la vente de titres ou d'immeubles.

L'IR est un impôt personnel qui tient compte de la composition du foyer du contribuable en considérant sa situation maritale et le nombre de personnes à sa charge. L'IR est un impôt progressif. Chaque tranche de revenus est soumise à un taux spécifique, qui augmente d'une tranche à l'autre.

II Le champ d'application de l'IR

1. Le domicile fiscal

Une personne physique est imposée à l'IR dès lors que son domicile fiscal est situé en France ou qu'elle a des revenus de source française. Le domicile fiscal est réputé être en France si l'un des trois critères suivants est vérifié.

Critère personnel	Critère professionnel	Critère économique
Foyer situé en France ou séjour de plus de 6 mois en France	Activité salariée ou profession indépendante exercée en France	Sources de revenus (capitaux, immeubles, investissements) principalement en France

Des conventions fiscales internationales viennent modifier ces règles pour éviter les doubles impositions.

2. L'imposition commune des revenus du foyer fiscal

Les revenus de l'ensemble des personnes d'un même foyer fiscal font l'objet d'une imposition commune. Le foyer fiscal est composé du contribuable, de son conjoint (marié ou pacsé), ainsi que de toutes les personnes à charge du foyer :
- les enfants mineurs non mariés ;
- les enfants infirmes ;
- les personnes invalides vivant sous le même toit que le contribuable.

Les enfants célibataires, majeurs de moins de 21 ans (ou de moins de 25 ans s'ils sont étudiants), les enfants majeurs non mariés chargés de famille et les enfants mariés ou pacsés (si l'un des deux a moins de 21 ans ou moins de 25 ans et poursuivant des études) peuvent être rattachés au foyer fiscal de leurs parents à titre dérogatoire s'ils en font la demande.

CHAPITRE 13

Fiche ressource 2

La détermination du revenu imposable

I Les revenus catégoriels

Le contribuable doit affecter les revenus de son foyer fiscal dans les catégories de revenus suivantes.

Traitements et salaires (TS)	Rémunérations des salariés, fonctionnaires, chômeurs, retraités.
Bénéfices industriels et commerciaux (BIC)	Revenus issus d'une activité commerciale ou industrielle qui n'est pas exercée au sein d'une entreprise soumise à l'IS.
Bénéfices non commerciaux (BNC)	Revenus provenant notamment de l'exercice d'une profession libérale (médecin ou avocat par exemple).
Revenus des capitaux mobiliers (RCM)	Rémunérations générées par des placements financiers tels que les intérêts ou les dividendes.
Rémunérations de certains dirigeants de sociétés	Dirigeants relevant de l'article 62 du CGI, par exemple les gérants majoritaires de SARL.
Bénéfices agricoles (BA)	Revenus issus d'une activité agricole.

Pour chacune de ces catégories, le législateur a prévu des règles de détermination des revenus catégoriels (exonération, abattements, etc.). Le référentiel du BTS CG prévoit de limiter l'étude aux catégories TS, BIC, RCM et rémunérations des dirigeants de sociétés.

II Les étapes de calcul de l'impôt sur le revenu (IR)

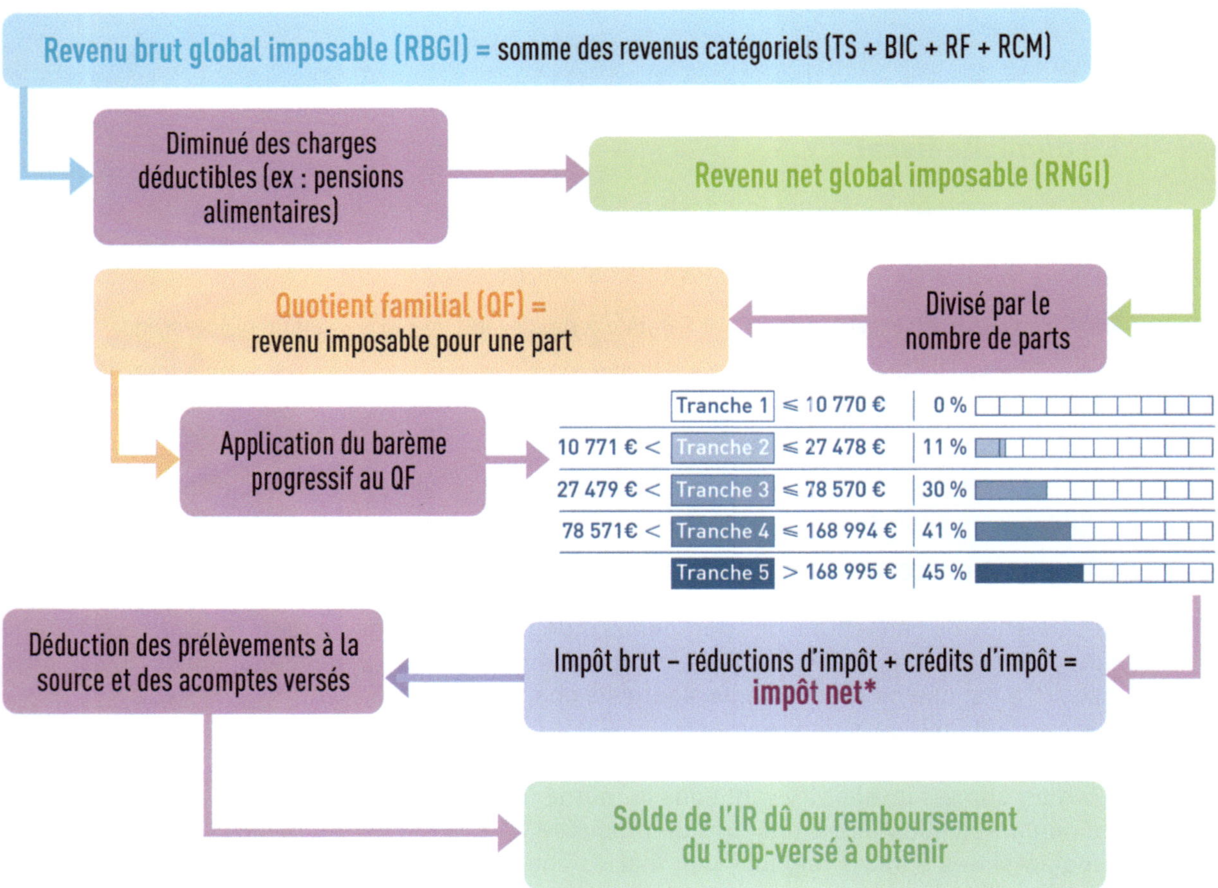

* Il conviendra d'ajouter le cas échéant le prélèvement forfaitaire unique (PFU) à 12,80 % sur les RM.

CHAPITRE 13

Pour vérifier ses acquis

Retrouvez ce QCM en version interactive www.lienmini.fr/7022-137

1 QCM

1 L'impôt sur le revenu frappe :

☐ les personnes physiques et les entreprises.
☐ uniquement les personnes physiques.
☐ uniquement les entreprises.

2 Dans le cadre de la mise en place du prélèvement à la source :

☐ l'impôt sur le revenu a été supprimé.
☐ la déclaration annuelle des revenus a été supprimée.
☐ la déclaration annuelle des revenus a été maintenue.

3 Un foyer fiscal peut comprendre :

☐ un couple marié sous le régime de la séparation de biens.
☐ un couple divorcé.
☐ deux colocataires.

4 Peuvent être rattachés au foyer fiscal de leurs parents :

☐ les enfants majeurs de moins de 21 ans.
☐ les enfants majeurs étudiants, quel que soit leur âge.
☐ les enfants majeurs ayant de faibles ressources.

5 Les loyers perçus d'immeubles doivent être déclarés dans la catégorie :

☐ revenus des capitaux mobiliers.
☐ plus-values immobilières.
☐ revenus fonciers.

2 Mini-cas

Cas 1

- Adrien dirige une entreprise individuelle de plomberie. Dans quelle catégorie devra-t-il déclarer les revenus suivants ?

– Les revenus provenant de son activité professionnelle.
– Les revenus perçus au titre de sa fonction s'il apportait son fonds de commerce à une SAS qu'il créerait à cette occasion et dont il deviendrait président.
– Les dividendes perçus.

Cas 2

M. et Mme Desnos ont un fils de 22 ans, étudiant en gestion. Il habite seul dans un studio près de l'université où il suit ses cours.

- Ses parents peuvent-ils le rattacher à leur foyer fiscal ? Sinon, quelle autre possibilité s'offre à eux ?

Cas 3

M. et Mme Fourny, retraités et amoureux du soleil, ont décidé de vivre leur retraite au Portugal. Ils ont déménagé en octobre 2023.

- Seront-ils redevables de l'impôt sur le revenu français au titre de l'année 2023 ?

CHAPITRE 13

Pour s'entraîner

1 Traiter des situations de rattachement et pension alimentaire

★ RÉSULTAT ATTENDU L'exactitude, la justification et la conformité des traitements fiscaux effectués

Situation

Vous êtes stagiaire dans le cabinet d'expertise comptable Expert Plus. Un des experts-comptables associés vous a transféré un courriel d'un client du cabinet qui pose des questions concernant sa déclaration personnelle de revenus, notamment au regard de la possibilité de rattacher ses enfants majeurs à son foyer fiscal. Vous prenez connaissance du message que l'expert-comptable vous a transféré (annexe 1).

1 À l'aide des annexes 2 et 3, indiquez quelles sont les possibilités de rattachement de Sarah et Thibaud au foyer fiscal de M. et Mme Renoir, et envisagez les alternatives. Précisez quelles sont les implications financières de chacune des solutions.

2 À l'aide de l'annexe 4, identifiez les éléments qui permettraient de répondre aux interrogations de M. Renoir au sujet de la mère de son épouse.

3 Préparez la rédaction d'un courriel de réponse aux trois questions de M. Renoir. Formulez notamment les recommandations qui vous paraissent utiles en matière de conservation des justificatifs. > COMMUNICATION

Annexe 1 Courriel reçu d'un client du cabinet

De : Roger Renoir
À : eric.martin@expert-plus.com
Date : 22 avril 2022 17:30

Monsieur Martin,

Je vous remercie à nouveau pour vos conseils en matière d'organisation comptable lors de votre dernière visite dans nos locaux. Je reviens vers vous sur un sujet qui m'est plus personnel, concernant ma déclaration d'impôt. C'est habituellement ma femme qui s'en occupe, mais elle est partie en mission à l'étranger jusqu'au début de l'été.

Notre fille, Sarah, 24 ans, est toujours étudiante en médecine. Pouvons-nous continuer à la rattacher à notre foyer fiscal ? Son frère, Thibaud, a eu 27 ans en novembre dernier et vient de terminer ses études d'architecte. Il est à la recherche de son premier emploi et nous l'aidons financièrement tant qu'il n'est pas autonome sur ce plan. Pouvons-nous également le rattacher à notre foyer cette année ?
La mère de mon épouse est entrée en maison de retraite en janvier 2022. Compte tenu de la faiblesse de ses revenus, nous réglons ses frais de séjour auprès de l'établissement. Pouvons-nous déduire ces dépenses ?

Enfin, notre fille, Jessica, 19 ans, est entrée à l'université en septembre dernier. Je sais qu'il faut la rattacher à notre foyer, mais je ne me souviens plus comment formaliser ce rattachement. Pourriez-vous me le rappeler ?

Bien cordialement,
Monsieur Renoir.

Annexe 2 Rattachement d'un enfant majeur

Pour la déclaration de revenus déposée durant l'année N, peuvent demander à être rattachés les enfants :

- âgés de moins de 21 ans au 1er janvier N-1 ;
- âgés de moins de 25 ans et poursuivant leurs études au 1er janvier N-1 ou au 31 décembre N-1.

Vous pouvez également rattacher vos enfants non mariés chargés de famille et vos enfants mariés ou liés par un Pacs si l'un des deux conjoints remplit l'une des deux conditions d'âge ci-dessus.
Votre avantage en impôt est différent selon la situation de famille de votre enfant :

- si votre enfant majeur est célibataire sans charge de famille, le rattachement vous permet de bénéficier d'une augmentation du nombre de parts pour le calcul du quotient familial ;
- si votre enfant est marié, pacsé ou chargé de famille, le rattachement ne se traduit pas par une majoration du nombre de parts, mais vous bénéficiez d'un abattement sur votre revenu (exemple : 6 328 € pour l'imposition des revenus 2022) par personne rattachée (votre enfant, son conjoint s'il est marié ou pacsé, et chacun de ses/leurs enfants).

www.impots.gouv.fr

Annexe 3 Déduction d'une pension alimentaire

Si votre enfant effectue sa propre déclaration et n'a pas de revenus suffisants, vous pouvez lui verser une pension alimentaire. Il n'est pas nécessaire que vous l'hébergiez, mais vous devez fournir la preuve du versement effectif de la pension alimentaire et de l'état de besoin de votre enfant (absence de revenus suffisants). Les sommes sont déductibles de vos revenus dans certaines limites. Par exemple, pour l'imposition des revenus 2022, la déduction est limitée à 6 368 € par enfant.
À la différence du rattachement, cette déduction est possible même si l'enfant a plus de 25 ans et n'est plus étudiant. La pension alimentaire déduite est imposable au nom du bénéficiaire (excepté sous certaines conditions pour les enfants majeurs infirmes).
À noter : vous ne pouvez pas bénéficier à la fois du rattachement et de la déduction de la pension alimentaire, vous devez choisir.

www.impots.gouv.fr

Annexe 4 Puis-je déduire les sommes que je verse à la maison de retraite de mes parents ?

Aux termes des articles 205 à 207 du Code civil, vous êtes tenu à une obligation alimentaire vis-à-vis de vos parents, beaux-parents et grands-parents. Lorsque vous les aidez à subvenir aux besoins essentiels de la vie courante, vous pouvez déduire les dépenses correspondantes (nourriture, logement, habillement, santé…) selon l'article 156 II. 2° du Code général des impôts (CGI).
Cette aide déductible peut effectivement prendre la forme d'un paiement direct des frais d'accueil à une maison de retraite, un établissement hospitalier ou de dépendance.
Les conditions générales de déduction des pensions alimentaires doivent tout de même être respectées, tant du point de vue de l'obligation alimentaire (lien de parenté) que de l'état de besoin du bénéficiaire. Le montant de la déduction doit donc être limité aux besoins du parent et constitue, en principe, un revenu à déclarer par ce dernier.
Cependant, comme prévu au BOI-RSA-PENS-10-30 §90, dans le cas précis de versements directs à l'établissement qui héberge le parent, celui-ci ne sera pas tenu de déclarer la somme que vous déduisez dès lors qu'il ne dispose que de très faibles ressources, telles que notamment l'allocation de solidarité aux personnes âgées (ASPA).

www.impots.gouv.fr

2 Choisir la rémunération des dirigeants de sociétés

★★ **RÉSULTAT ATTENDU** L'exactitude, la justification et la conformité des traitements fiscaux effectués

Situation

Vous réalisez votre stage de première année de BTS dans un cabinet d'expertise comptable. Vous avez beaucoup travaillé sur les déclarations de revenus des clients du cabinet. Dans le cadre de l'élaboration de votre rapport de stage, vous souhaitez construire une annexe synthétisant les modalités d'imposition des rémunérations des dirigeants.

1 **À l'aide des annexes 1 et 2, dressez un tableau synthétique sur l'imposition des rémunérations des dirigeants d'entreprises. Indiquez les catégories dans lesquelless les revenus doivent être déclarés et leurs taux d'imposition. Pour les entreprises relevant de l'IR, vous vous limiterez aux entreprises individuelles.**

2 **Quel critère le dirigeant doit-il prendre en compte pour arbitrer entre les deux modalités d'imposition des dividendes ?**

Annexe 1 Régime fiscal des distributions de dividendes

Les dividendes ne sont pas considérés comme une rémunération mais comme des revenus de capitaux mobiliers (actions et parts sociales). Depuis le 1er janvier 2018, les dividendes versés aux dirigeants et aux associés font l'objet d'un prélèvement forfaitaire unique (PFU) ou « *flat tax* » de 30 %, composé de :
- 12,8 % au titre de l'impôt sur le revenu ;
- 17,2 % au titre des prélèvements sociaux.

Si elles y ont intérêt, les personnes physiques peuvent opter globalement pour le barème progressif.
Les dividendes sont soumis à l'impôt sur le revenu dans la catégorie des revenus de capitaux mobiliers (RCM). Ils s'ajoutent aux autres revenus du foyer fiscal, puis l'ensemble est soumis au barème progressif par tranches de l'impôt sur le revenu.

www.service-public.fr

Annexe 2 Régime fiscal des rémunérations des dirigeants de sociétés

Les dirigeants de sociétés peuvent percevoir une rémunération en contrepartie de leurs fonctions ou exercer à titre gratuit (SARL, SAS). L'imposition des rémunérations des dirigeants dépend du régime fiscal et de la forme juridique de la société.

I. Sociétés soumises à l'impôt sur les sociétés (IS)

1. Salaires et compléments

Toute rémunération (traitement de base, prime, gratification, avantage en nature, intéressement aux résultats par exemple) perçue par les dirigeants de sociétés relevant de l'impôt sur les sociétés (IS) est soumise au barème progressif de l'impôt sur le revenu (IR) dans la catégorie des traitements et salaires.

Il en est ainsi dans :

- une société anonyme (SA), pour le président du conseil d'administration ou du conseil de surveillance, le directeur général, le directeur général délégué, les membres du directoire et les membres du conseil d'administration ou du conseil de surveillance, qui exercent par ailleurs une fonction technique salariée au sein de l'entreprise ;
- une SAS ou une SASU, pour le président ou les autres organes de direction mis en place par les statuts qui déterminent le pouvoir de fixation et le mode de rémunération ;
- une SARL, pour le gérant minoritaire ou égalitaire, le gérant non associé qui exerce un travail effectif.

Certaines catégories de dirigeants ne sont pas fiscalement assimilées à des salariés mais sont, dans la pratique, imposées selon les règles prévues en matière de traitements et salaires (catégorie de rémunération de dirigeants - article 62 du CGI) :

- gérant majoritaire d'une SARL ;
- gérant associé commandité ;
- gérant d'une société de personnes (SNC et SCI notamment) ayant opté pour l'IS.

2. Rémunérations de l'activité des administrateurs

On distingue deux types de rémunérations :

- les rémunérations ordinaires versées aux membres du conseil de surveillance et aux administrateurs sont imposées dans la catégorie des revenus mobiliers ;
- les rémunérations spéciales versées aux administrateurs qui exercent des fonctions de direction sont imposées dans la catégorie des traitements et salaires.

Les rémunérations ordinaires sont soumises depuis le 1er janvier 2018 au plan forfaitaire unique (PFU, ou « *flat tax* »). Elles supportent à ce titre un prélèvement forfaitaire de 12,8 % et des prélèvements sociaux de 17,2 %. Une option pour l'imposition au barème progressif est possible.

II. Sociétés soumises à l'impôt sur le revenu (IR)

Sont considérées comme une répartition des bénéfices de la société les rémunérations des dirigeants associés d'une société de personnes n'ayant pas opté pour l'IS (SNC, SCI notamment) ou d'une société de capitaux ayant opté pour le régime des sociétés de personnes. Ces sommes sont soumises à l'impôt sur le revenu, au nom du dirigeant, dans la catégorie correspondant à la nature de l'activité de la société (BIC, BNC, BA, revenus fonciers).

www.service-public.fr

3 Identifier les tranches et catégories de revenus

Situation

Vous réalisez votre stage dans un cabinet d'expertise comptable au moment de la campagne des déclarations à l'impôt sur le revenu. L'expert-comptable est chargé d'établir les déclarations personnelles de certains clients. Afin de gagner du temps, il vous charge de préparer son travail en identifiant la composition du foyer fiscal et les différentes catégories de revenus concernées dans chacun des dossiers.

1 Identifiez toutes les personnes qui peuvent composer les différents foyers fiscaux.

2 Citez les catégories de revenus dans lesquelles devront être déclarées les rémunérations. Pour formuler votre réponse, vous dresserez un tableau à double entrée sur tableur.

Annexe Extraits des dossiers

Dossier Arton

Henri Arton est président-directeur général de la société Arton et Fils. Sa rémunération au titre de son contrat de travail est de 57 000 €. Il est pacsé depuis 3 ans avec Samia. Cette dernière a perçu une indemnité de Pôle emploi à hauteur de 13 000 € et 27 000 € en tant que salariée d'une boulangerie. Ils ont trois enfants : Malo (12 ans), Katia (17 ans) et Chloé (19 ans), qui est étudiante.
Leur portefeuille d'actions leur a permis d'encaisser 4 000 € de dividendes.

Dossier Hadjad

Amadou Hadjad vit avec Saly depuis 3 mois. Amadou est veuf et a deux enfants : Yasmina (8 ans) et Soumane (5 ans). Amadou est commerçant. Son bénéfice imposable est de 45 000 €. Son appartement à Toulouse lui a rapporté 15 000 €. Saly exerce une activité d'ostéopathe, dont le résultat est de 33 000 €.

4 Faire le lien avec le stage/l'apprentissage

Durant votre stage ou votre apprentissage, avez-vous eu l'occasion d'intervenir sur les déclarations d'impôts sur le revenu de particuliers ?

1 Quelles ont été les grandes catégories de revenus traitées ?

2 Êtes-vous intervenu(e) dans la prise de décision de rattachement d'un enfant ?

3 À quelles difficultés avez-vous été confronté(e) ?

CHAPITRE 14

Les différents types de revenus

SAVOIRS ASSOCIÉS

- Champ d'application de l'impôt sur le revenu
- Les différents types de revenus (salaires et traitements, revenus des capitaux mobiliers, BIC)

COMPÉTENCE

Calculer le montant de l'IR en prenant en compte différents éléments

› PROCESSUS 7

Une utilisation du tableur adaptée pour automatiser des procédures de calcul, simuler le calcul de l'impôt

Situation professionnelle

Vous avez déjà réalisé plus de la moitié de votre stage au sein de la société Prod TV, spécialisée dans la production audiovisuelle. Tom et Ali, les deux actionnaires, sont toujours préoccupés par leur déclaration de revenus. Compte tenu de l'actualité chargée de l'entreprise, ils n'ont que très peu de temps à y consacrer. Ils vous font part de leurs dernières interrogations. En effet, s'ils ont réussi à rassembler toutes les informations liées à leurs différents revenus, ils ne savent en revanche pas comment affecter ces sommes dans les différentes catégories qu'ils ont repérées sur leur déclaration (traitements, salaires, revenus des valeurs et capitaux mobiliers). Ils se demandent également s'ils ont la possibilité de faire des choix qui permettraient d'optimiser le montant de leur impôt.

1 I TRAITEMENTS, SALAIRES, PENSIONS, RENTES

Si vous déclarez ci-dessous des ***salaires versés par une société que vous contrôlez****, remplissez également les lignes "Dirigeants*

TRAITEMENTS, SALAIRES		DÉCLARANT 1		DÉCLARANT 2
Revenus d'activité	1AJ		1BJ	
Revenus des salariés des particuliers employeurs	1AA		1BA	

2 I REVENUS DES VALEURS ET CAPITAUX MOBILIERS

Produits des bons et contrats de capitalisation et d'assurance-vie de 8 ans et plus
- produits des versements effectués avant le 27.9.2017
  - produits soumis au prélèvement libératoire ....
  - autres produits ....
- produits des versements effectués à compter du 27.9.2017
  - produits imposables à 7,5 % *produits correspondant aux primes n'excédant pas 150 000 €* ....
  - produits imposables à 12,8 % *produits correspondant aux primes excédant 150 000 €* ....

› Voir présentation générale, p. 195

1 Quel statut ont Tom et Ali dans la société ?

2 Sur quel sujet portent les interrogations dont ils vous font part ?

3 Quelles sont les problématiques évoquées ?

Activités professionnelles guidées

Activité 1 Identifier les différentes catégories de revenus

Sophie, assistante administrative de Prod TV, comprend au travers des échanges que vous avez avec Tom et Ali que vous maîtrisez relativement bien le sujet de l'impôt sur le revenu. Elle en profite pour vous demander de lui préciser dans quelles catégories de l'IR il faut affecter différents types de revenus. Elle évoque également la situation de sa fille, Léa, qui va se lancer dans une activité de décoratrice d'intérieur, taxable en BIC.

Votre mission

1. **Précisez les différentes catégories de revenus de Sophie.**
   > Fiches ressource 1 à 4 + Annexe 1

2. **Recherchez sur Internet un formulaire de déclaration de revenus et repérez les rubriques dans lesquelles il faudra déclarer les revenus de Sophie figurant dans l'annexe 1.** > P7

Le formulaire de déclaration de revenus est le formulaire Cerfa 2042.

Annexe 1 Les revenus de Sophie

1	Revenus tirés d'une activité commerciale exercée en EURL
2	Dividendes
3	Indemnités légales perçues dans le cadre d'un licenciement
4	Salaire versé à un gérant minoritaire d'une SARL soumise à l'IS
5	Revenu de solidarité active (RSA)
6	Rémunération versée à un membre du conseil de surveillance d'une SA
7	Rémunération de l'associé d'une EURL ayant opté pour l'IS
8	Gratification d'un apprenti de 15 000 € par an
9	Allocation versée par Pôle Emploi
10	Allocation pour frais professionnels versée à un dirigeant
11	Rémunération versée par une caisse de retraite
12	Intérêts versés en rémunération de dépôt sur un livret A
13	Salaire versé à un étudiant de 23 ans à hauteur de 25 000 € annuels
14	Indemnité journalière perçue au titre d'un accident du travail

> Voir lexique BTS CG, p. 255

Activité **2**

Déterminer les revenus catégoriels nets

La société Prod TV a été transformée en SAS en janvier 2022. Auparavant, Tom et Ali exerçaient leur activité dans le cadre d'une EURL. Ils se demandent si le changement de statut juridique a un impact sur l'imposition de leurs revenus personnels. Tom s'interroge également sur les modalités d'imposition des revenus de ses placements en actions et en obligations.

Votre mission

1. **Rappelez dans quelle catégorie Tom et Ali devaient déclarer les revenus qu'ils tiraient de leur activité professionnelle avant que Prod TV ne soit transformée en SAS.**

> Fiche ressource 3

2. **Exposez brièvement les modalités de détermination du revenu catégoriel dans cette catégorie.**

| Mentionner l'intérêt d'une adhésion à un CGA.

3. **Précisez dans quelle catégorie Tom et Ali devront déclarer leur rémunération de 2022 issue de leur contrat de travail. Exposez-leur les modalités de calcul du revenu net dans cette catégorie.**

| Préciser si différentes options s'offrent à eux.

4. **Identifiez la catégorie dans laquelle Tom devra déclarer les revenus de son patrimoine financier.**

| Fiche ressource 2 + Annexe 2

5. **Précisez le montant des prélèvements obligatoires non libératoires qui a fait l'objet d'un prélèvement à la source sur ces revenus.**

| Vérifier les sommes qui ont été prélevées à la source au moment du versement de ces revenus.

6. **Indiquez quelle serait la base du calcul de l'imposition définitive de ces revenus dans le cas où le foyer fiscal n'aurait exercé aucune option et dans le cas où il aurait opté pour l'application du barème progressif de l'IR.**

Annexe 2 Données relatives aux revenus de placement de Tom

La banque de Tom indique que son foyer doit déclarer 4 523 € de dividendes bruts et 1 245 € d'intérêts d'obligations. Les frais de garde prélevés par la banque se sont élevés à 125 €.

> Voir lexique BTS CG, p. 255

Activité 3 Déterminer les revenus nets catégoriels des dirigeants

Tom et Ali reviennent vers vous pour déterminer leur revenu net catégoriel imposable dans la catégorie traitements et salaires (TS).

Votre mission

1. Calculez le revenu net catégoriel en traitements et salaires du foyer d'Ali.

> Fiches ressource 1 et 3 + Annexe 3

Attention aux spécificités concernant les dirigeants d'entreprises.

2. Effectuez une recherche sur Internet pour déterminer les frais réels que le foyer de Tom pourrait déduire en fonction des frais professionnels d'Isabelle. > P7

Utiliser le tableur pour déterminer s'il est intéressant de déduire les frais réels d'Isabelle ou de privilégier la déduction forfaitaire. Indiquer si l'option pour les frais réels est applicable à l'ensemble du foyer.

> Annexe 4

Orienter notamment les recherches sur les frais de tenue vestimentaire.

3. Calculez le revenu net en traitements et salaires du foyer de Tom.

> Annexe 5

Annexe 3 Revenus imposables 2022 en TS du foyer d'Ali

Personnes composant le foyer fiscal	Net imposable figurant sur les fiches de paie de décembre 2022
Ali, actionnaire de Prod TV	42 000 €
Anissa, avec laquelle il est pacsé	55 000 €
Rayanne, leur fils, étudiant de 23 ans	6 000 €

En outre, Ali a perçu une allocation de Prod TV pour frais professionnels d'un montant annuel de 6 000 €. Ali et Anissa ont décidé qu'ils n'opteraient pas pour la déduction des frais réels.

Annexe 4 Frais professionnels recensés par Isabelle

Nature des dépenses	Montants
Frais kilométriques travail-domicile déterminés selon le barème fiscal	3 300 €
Billets de train pour se rendre à des entretiens d'embauche	560 €
Nuits d'hôtel à l'occasion des entretiens d'embauche	250 €
Frais de réparation de la voiture	120 €
Tenue vestimentaire achetée pour les entretiens d'embauche	99 €

Annexe 5 Revenus imposables 2022 en TS du foyer de Tom

Personnes composant le foyer fiscal	Net imposable figurant sur les fiches de paie de décembre 2022
Tom, actionnaire de Prod TV	42 000 €
Isabelle, son épouse	• 22 000 € versés par ses employeurs • 12 000 € versés par Pôle emploi

Tom a également perçu en sus une allocation pour frais professionnels de 6 000 €.

Fiche ressource 1

L'imposition des traitements et salaires (TS)

I Le champ d'application

Les traitements et salaires perçus par un salarié dans le cadre de son contrat de travail, comme diverses pensions et allocations, constituent des revenus imposables. Certains d'entre eux font l'objet d'exonérations.

II Les revenus imposables

Salaires	Revenus de remplacement	Pensions
Salaire net imposable versé, figurant sur la fiche de paie du salarié	Allocations perçues au cours d'une période de chômage, de maladie ou de maternité	• Pensions de retraite • Pensions d'invalidité • Pensions alimentaires

III Les principaux revenus exonérés

Salaires	Revenus de remplacement	Autres
Certaines indemnités de licenciement : • celles versées dans le cadre d'un PSE (plan de sauvegarde de l'emploi) • les indemnités conventionnelles collectives • les autres indemnités, dans la limite du montant légal ou conventionnel	• Les allocations familiales • Les indemnités perçues en cas d'accident du travail ou de maladie professionnelle • RSA (revenu de solidarité active)	• Les allocations et les remboursements de frais d'emplois (voir fiche ressource n° 2) • Les rémunérations des apprentis, les gratifications versées aux stagiaires dans la limite du montant moyen annuel du SMIC (19 744 € en 2022) • Les rémunérations des lycéens ou des étudiants âgés de 25 ans au plus, dans la limite de trois fois le montant mensuel moyen du SMIC

IV La détermination des revenus nets catégoriels

Les revenus nets catégoriels sont constitués des rémunérations effectivement perçues jusqu'au 31 décembre de l'année d'imposition, diminuées d'une déduction forfaitaire pour frais professionnels de 10 %. Le contribuable a cependant la possibilité d'opter pour la déduction de ses frais réels.

	Régime de droit commun	Option pour la déduction des frais réels
Salaire à déclarer	Cumul du salaire net imposable, figurant sur la dernière fiche de paie de l'année civile	Cumul du salaire net imposable, figurant sur la dernière fiche de paie de l'année civile + Allocations forfaitaires et remboursements de frais professionnels
Déductions	Application d'une déduction forfaitaire de 10 % sur l'ensemble de ces revenus catégoriels	Déductions possibles des frais justifiés, par exemple : • frais de transport domicile-travail • frais de double résidence • frais de tenue vestimentaire • frais de formation et de documentation • frais de repas • frais de matériels informatiques

Fiche ressource 2

L'imposition des revenus de capitaux mobiliers (RM)

I Le champ d'application

Relèvent de la catégorie des revenus de capitaux mobiliers (RM) :

Les dividendes	Revenus issus des actions et des parts sociales de sociétés
La rémunération de l'activité des administrateurs	Revenus issus de fonctions exercées au sein des organes de direction des entreprises (conseil d'administration…)
Les intérêts perçus	Revenus issus des produits de placement tels que les obligations ou les comptes courants

II Les modalités d'imposition

1. Le régime de droit commun

Depuis le 1er janvier 2018, les RM présentent la particularité de faire l'objet d'un prélèvement forfaitaire unique (PFU, ou « *flat tax* ») de 30 %, avec deux composantes :
- imposition sur le revenu (IR) de 12,8 % ;
- prélèvements sociaux (CSG, CRDS, etc.) de 17,2 %.

Au moment de leur versement, ces revenus bruts sont soumis à un prélèvement à la source par la société distributrice : le prélèvement forfaitaire obligatoire non libératoire (PFO) de 30 %. Il s'analyse comme un acompte et se décompose de la même façon que le prélèvement forfaitaire unique (PFU).

2. L'option possible pour le barème progressif

Le contribuable a la possibilité d'opter pour l'application du barème progressif pour l'imposition à l'IR de l'ensemble de ses revenus de capitaux mobiliers. Le prélèvement forfaitaire obligatoire (PFO) prélevé à la source constitue alors un acompte sur l'imposition définitive. Les prélèvements sociaux restent applicables à hauteur de 17,2 %.

3. La détermination du choix d'imposition

Le contribuable devra déterminer s'il a intérêt à opter pour l'application du barème progressif en fonction de son taux marginal d'imposition et des modalités de détermination des revenus catégoriels imposables.

	Dividendes	Rémunération de l'activité des administrateurs, intérêts perçus*
Détermination du revenu net catégoriel	Dividendes bruts avant PFO – abattement de 40 % – frais déductibles = revenu net imposable catégoriel	Aucun abattement
Conclusion	Faire le calcul pour déterminer si le contribuable a intérêt à opter	Le contribuable n'a pas intérêt à opter si son taux marginal d'imposition est supérieur à 12,8 %

* Les revenus de certains placements sont exonérés (livret A, livret développement durable, livret jeune, etc.).

Fiche ressource 3

L'imposition de la rémunération des dirigeants d'entreprises

I L'imposition des revenus des dirigeants

Le régime d'imposition des dirigeants est fonction :
- du statut juridique de l'entreprise (entreprise individuelle ou société) ;
- de l'imposition de son résultat (IR acquitté par les dirigeants ou IS acquitté par la société).

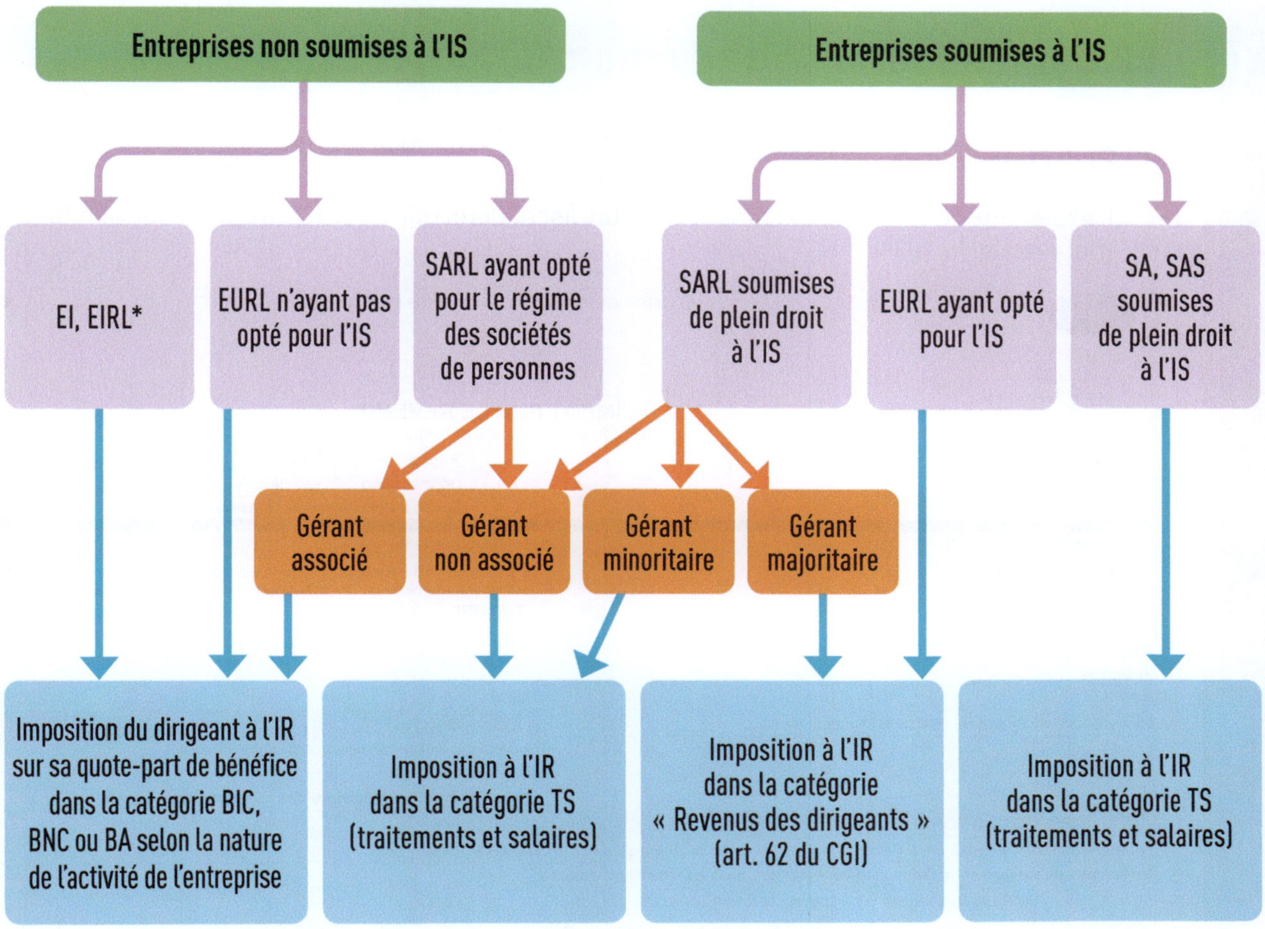

* EIRL : statut juridique supprimé en 2022.

II La détermination des revenus catégoriels des dirigeants

	Imposition des dirigeants en TS ou selon l'article 62 du CGI
Principe	• Règles de détermination des revenus catégoriels identiques à celles des autres salariés. • Possibilité d'opter pour la déduction des frais réels (avec imposition des allocations forfaitaires et des remboursements au titre des frais professionnels).
Particularité	Les allocations forfaitaires pour frais professionnels sont imposables même en cas d'application de la déduction forfaitaire de 10 %.

CHAPITRE 14

Fiche ressource 4

L'imposition des bénéfices industriels et commerciaux

I Le champ d'application

Cette catégorie comprend les revenus déclarés par les entrepreneurs individuels, les associés de sociétés relevant de l'IR (notamment l'associé unique d'EURL n'ayant pas opté pour l'IS) ou les associés de SARL ayant opté pour l'IR (voir fiche ressource n° 2).

II La détermination du revenu catégoriel

1. Principe

L'exploitant ou l'associé déclare le résultat fiscal déterminé par l'entreprise sur son formulaire Cerfa 2031.

cerfa

N° 11085*21

Formulaire obligatoire (art 53 A ou 302 septies A bis du Code général des impôts)

DIRECTION GÉNÉRALE DES FINANCES PUBLIQUES

N° 2031-SD

Liberté • Égalité • Fraternité
RÉPUBLIQUE FRANÇAISE

IMPÔT SUR LE REVENU
Bénéfices industriels et commerciaux

(Cocher la ou les cases correspondantes)

Exercice ouvert le		Régime "simplifié d'imposition"		ou "réel normal"	
et clos le		Option pour la comptabilité super-simplifiée		TVA	
		Option pour le régime de la taxation au tonnage			

A IDENTIFICATION

Dénomination de l'entreprise :	Adresse du déclarant (quand celle-ci est différente de l'adresse du destinataire) et/ou adresse du domicile de l'exploitant si elle est différente de l'adresse de la direction de l'entreprise :
Adresse de l'entreprise : Mél : Téléphone :	
SIREN	Mél :
Préciser l'ancienne adresse en cas de changement :	**B DIVERS**
	Activités exercées (souligner l'activité principale) : Personne inscrite au répertoire des métiers (cocher la case)

C RÉCAPITULATION DES ÉLÉMENTS D'IMPOSITION (cf. notice, page 3)			Col. 1	Col. 2
1 Résultat fiscal Bénéfice col. 1, Déficit col.2 (report XN ou XO du 2058-A-SD ou 370 ou 372 du 2033-B-SD)				
2. Revenus de valeurs et capitaux mobiliers (compris dans les résultats ci-dessus)				
- Revenus exonérés de l'impôt sur le revenu..	a			
à déduire : quote-part des frais et charges correspondants ❶	b			
revenus nets exonérés (a – b)..	c			
- Revenus soumis à l'impôt sur le revenu...	d		Total c + d.............	
3. Total				
4. Bénéfice imposable (col. 1 – col. 2) ou **Déficit déductible** (col. 2 – col. 1) ❷				

2. Particularités à prendre en compte

La rémunération de l'exploitant au cours de l'année est intégrée dans le résultat fiscal de l'entreprise.
Le salaire du conjoint de l'exploitant est considérée comme une charge déductible du résultat fiscal de l'entreprise et est imposée dans la catégorie traitements et salaires (TS).
La non-adhésion à un centre de gestion agréé (CGA) n'entraîne plus de majoration du revenu imposable à compter de l'imposition des revenus 2023.

Pour vérifier ses acquis

Retrouvez ce QCM en version interactive www.lienmini.fr/7022-149

1 QCM

1 Les revenus issus d'une activité industrielle en EI sont imposables en :

☐ TS.
☐ revenus des dirigeants (art. 62 du CGI).
☐ BIC.

2 Les revenus nets catégoriels des dirigeants imposables dans la catégorie art. 62 sont déterminés de la même façon que les revenus des dirigeants en TS.

☐ Vrai
☐ Faux

3 Les allocations pour frais professionnels sont toujours imposables pour les dirigeants.

☐ Vrai
☐ Faux

4 L'option pour la déduction des frais réels concerne la catégorie :

☐ BIC.
☐ TS.
☐ RCM.

5 La « *flat tax* » constitue :

☐ une taxe sur les salaires perçus à l'étranger.
☐ une imposition des revenus des capitaux mobiliers.
☐ une imposition des dirigeants d'entreprises.

6 Pour les RM, la « *flat tax* » est fixée à :

☐ 30 %.
☐ 45 %.
☐ 14 %.

2 Mini-cas

Cas 1

Vous postulez pour un emploi dans un cabinet d'expertise comptable. Votre futur employeur vous questionne sur les modalités de détermination de certains revenus catégoriels à l'IR.

1. Rappelez les choix d'imposition qui peuvent être opérés dans la catégorie traitements et salaires.
2. Même question pour la catégorie des RCM.

Cas 2

L'entreprise Les Déménageurs du Nord était organisée en EI. L'exploitant a décidé d'apporter son fonds de commerce à une SAS créée pour l'occasion, dont il sera président.

1. Rappelez dans quelle catégorie est imposé l'exploitant avant l'opération juridique.
2. Indiquez si la création de cette SAS aura des conséquences sur l'imposition de son futur président.

CHAPITRE 14

Pour s'entraîner

1 Optimiser le choix d'imposition des produits financiers

★ **RÉSULTATS ATTENDUS**

L'exactitude, la justification et la conformité des traitements fiscaux effectués

Des propositions d'amélioration des procédures de détermination de l'IR en fonction des options éventuelles possibles

Situation

Vous travaillez auprès d'un expert-comptable qui vous transfère un courriel reçu de M. Abelkrim. Celui-ci expose un certain nombre d'interrogations concernant sa déclaration de revenus. L'expert-comptable vous demande de préparer une réponse.

1 Déterminez dans quelle catégorie M. Abelkrim devra déclarer ses salaires.

2 Pourquoi les produits financiers perçus ne correspondent pas à ceux que sa banque lui demande de déclarer ?

3 Quels sont les différents modes d'imposition des produits financiers ?

4 Indiquez, en justifiant vos calculs, quel est le choix le plus intéressant pour lui en considérant les deux hypothèses suivantes :
- son taux marginal d'imposition est de 11 % ;
- son taux marginal d'imposition est de 30 %.

5 Synthétisez l'ensemble de ces informations dans un courriel de réponse à M. Abelkrim.
> COMMUNICATION

Annexe Courriel reçu de M. Abelkrim

Bonjour,

Comme vous le savez, j'ai créé la SARL Foodplus (dont je suis le gérant) en février 2022. Je dispose de 53 % des parts sociales. Je n'identifie pas bien dans quelle catégorie je dois déclarer mes salaires versés par Foodplus. Je dispose par ailleurs d'un portefeuille d'actions figurant sur mon compte titres. Ma banque m'a communiqué les informations à déclarer :
– le montant brut des dividendes (3 200 €) ;
– le montant brut des intérêts d'obligations (1 320 €).

Je ne comprends pas bien ces montants, dans la mesure où ils ne correspondent pas à ce que j'ai perçu au cours de l'année. J'ai également acquitté des frais de garde de 508 € pour mes actions. Je comprends qu'en matière d'imposition de ces produits financiers, j'ai un choix à opérer qui conditionne mon mode d'imposition. Je suis un peu perdu. Pourriez-vous m'expliquer cela ?

Cordialement,

M. Abelkrim.

2 Optimiser la déduction des frais professionnels

★★ RÉSULTATS ATTENDUS

L'exactitude, la justification et la conformité des traitements fiscaux effectués

Des propositions d'amélioration des procédures de détermination de l'IR en fonction des options éventuelles possibles

Situation

Vous vous êtes porté volontaire pour participer à une permanence organisée par votre mairie visant à assister les contribuables dans l'établissement de leur déclaration de revenus. Vous vous entretenez avec Mme Provins et recueillez les informations (annexe 1). Vous avez consulté la documentation qui est à votre disposition et extrait les informations (annexes 2 à 5). Vous proposez une solution aux différentes questions que se pose Mme Provins.

1 Déterminez si l'allocation pour frais de Mme Provins est imposable.

2 Calculez sur tableur les salaires nets imposables à déclarer par le couple Provins. > P7

3 Déterminez si M. et Mme Provins ont intérêt à opter pour la déduction de leurs frais réels.

4 Calculez sur tableur leurs revenus catégoriels en traitements et salaires (TS). > P7

Annexe 1 Informations recueillies lors de l'entretien avec Mme Provins

M. et Mme Provins sont pacsés depuis deux ans. Après avoir passé cinq ans en région parisienne, ils ont souhaité vendre leur appartement et s'installer en région. Mme Provins a réussi à trouver un poste de contrôleuse de gestion à Nantes et y vit depuis mars 2020 avec leur fils de 2 ans. M. Provins est à la recherche d'un poste de juriste à Nantes. Toutefois, en attendant, il a conservé son poste en région parisienne, mais il télétravaille depuis son domicile nantais les vendredis et lundis. Il réside donc à l'hôtel trois nuits par semaine pour 50 € par nuit.

Au cours de l'année 2022, M. Provins a effectué 45 allers-retours de 770 km chacun entre Paris et Nantes. Il utilise une Renault Scénic de 5 CV. Il a déjeuné à la cantine de son entreprise trois fois par semaine pour 7 € par repas, et ce pendant 45 semaines.

Mme Provins déjeune au restaurant d'entreprise pour 6 € par repas et y a déjeuné 225 fois en 2022. Ses trajets domicile-travail ont représenté 6 750 km en 2022. Elle utilise une Citroën C3 de 4 CV. Lors de son embauche, elle avait négocié une allocation pour frais professionnels de 200 € par mois visant à couvrir ses déplacements domicile-travail. Elle se demande si son allocation forfaitaire pour frais est imposable.

	Mme Provins	M. Provins
Salaires bruts 2022	52 380 €	58 450 €
Cotisations salariales*	13 050 €	14 615 €
*dont CSG et CRDS non déductibles	1 520 €	1 880 €

Annexe 2 Allocations pour frais d'emploi – dispositions générales applicables à l'ensemble des salariés

- **Les allocations doivent correspondre à des dépenses professionnelles spéciales.**

Sont considérés comme telles, les frais spéciaux occasionnés par l'exercice même de l'activité professionnelle et spécifiques à cette activité, qui sont exposés directement par le salarié dans l'intérêt de l'entreprise. Ce sont, par exemple, les frais liés aux déplacements nécessités par l'emploi occupé ou les fonctions exercées, qu'il s'agisse des frais d'hébergement, de restauration ou de transport (quels que soient le mode de transport utilisé et les distances parcourues) ou les dépenses entraînées par des invitations résultant d'obligations professionnelles.

Au contraire, **les dépenses professionnelles courantes** auxquelles doivent faire face les salariés pour être en mesure d'occuper leur emploi ou d'exercer leur fonction ne peuvent pas donner lieu à des allocations ou des remboursements exonérés d'impôt.

Il s'agit notamment des :
– frais de déplacement du domicile au lieu de travail ;
– frais de restauration sur le lieu de travail ;
– frais de documentation professionnelle.

Les remboursements éventuels de ces frais par l'employeur doivent être ajoutés à la rémunération imposable puisque les dépenses considérées sont ensuite déduites, soit dans le cadre de la déduction forfaitaire de 10 %, soit pour leur valeur réelle lorsque le salarié renonce à la déduction forfaitaire.

www.impots.gouv.fr

Annexe 3 Barèmes kilométriques

En se référant à ces barèmes, les salariés peuvent évaluer leurs dépenses durant leurs déplacements et demander aux services fiscaux la déduction de leurs frais réels pour l'impôt 2023 sur les revenus 2022.

Tarif applicable aux automobiles			
Puissance administrative	**Jusqu'à 5 000 km**	**De 5 001 km à 20 000 km**	**Au-delà de 20 000 km**
3 CV et moins	d × 0,502	(d × 0,3) + 1 007	d × 0,35
4 CV	d × 0,575	(d × 0,323) + 1 262	d × 0,387
5 CV	d × 0,603	(d × 0,339) + 1 320	d × 0,405
6 CV	d × 0,631	(d × 0,355) + 1 382	d × 0,425
7 CV et plus	d × 0,661	(d × 0,374) + 1 435	d × 0,446

d représente la distance parcourue en kilomètres
Pour les véhicules électriques, le montant des frais de déplacement calculés est majoré de 20 %.

www.service-public.fr

Annexe 4 Puis-je déduire d'autres frais que les frais de transport et de repas ?

En plus des frais les plus courants (frais de transport et de nourriture), si vous pouvez les justifier, les frais suivants peuvent également être déduits :
- frais de voyages ou de déplacements professionnels ;
- frais de vêtements spécifiques à la profession (bleus de travail, uniformes…) ;
- frais supportés si vous êtes contraint de changer de résidence pour obtenir un nouvel emploi, à l'exclusion des dépenses de réinstallation du foyer ;
- frais de documentation professionnelle ;
- frais de stage de formation professionnelle lorsque vous les supportez au cours de votre activité ou en tant que demandeur d'emploi régulièrement inscrit auprès du service compétent ;
- dépenses supportées pour l'acquisition d'un diplôme ou d'une qualification permettant l'amélioration de votre situation professionnelle ou l'accès à une autre profession ;
- dépenses que vous engagez pour l'utilisation professionnelle d'un bureau ou d'un local spécifique nécessaire à votre activité, lorsque votre employeur ne met pas à votre disposition de local adapté aux conditions d'exercice de la profession ;

- cotisations versées aux syndicats et cotisations ou primes d'assurances de responsabilité professionnelle ;
- frais de double résidence lorsque les époux ou partenaires liés par un PACS exercent leur activité professionnelle dans des lieux éloignés l'un de l'autre, et qu'ils n'ont pu remédier à cette situation, malgré les démarches entreprises. Cette situation ne doit pas relever de convenances personnelles.

www.impots.gouv.fr

Annexe 5 Frais de repas

Votre activité vous oblige à prendre certains repas hors de chez vous ? Vous pouvez déduire les frais supplémentaires que vous engagez par rapport au prix d'un repas pris à domicile. La valeur du repas pris au foyer est évaluée chaque année par l'administration. Pour l'imposition des revenus 2022, la valeur d'un repas pris au foyer est de 4,95 €.

Les salariés qui optent pour la déduction des frais réels sont autorisés à faire état des dépenses supplémentaires sur les repas pris sur leur lieu de travail lorsqu'ils ne peuvent rentrer les prendre chez eux en raison de leurs horaires de travail ou de l'éloignement de leur domicile.

Le montant retenu est différent selon les situations :
- vous ne disposez pas d'un mode de restauration collective sur votre lieu de travail ou à proximité ;
- si vous avez les justificatifs complets et précis, le montant des frais supplémentaires est égal à la différence entre le prix du repas payé et le montant défini chaque année par l'administration pour un repas pris à domicile ;
- si vous n'avez pas de justificatif détaillé, les frais supplémentaires sont évalués au prix défini par l'administration pour un repas pris à domicile.

Si vous disposez d'un mode de restauration collective sur votre lieu de travail ou à proximité, vous pouvez, le cas échéant et si vous avez les justificatifs, déduire le montant des frais supplémentaires égal à la différence entre le prix du repas payé « à la cantine » et le montant défini chaque année par l'administration pour un repas pris à domicile.

À noter : dans tous les cas, vous devez déduire des frais supplémentaires de nourriture la participation de l'employeur à l'acquisition de titres-restaurant.

www.impots.gouv.fr

3 Arbitrer la rémunération d'un dirigeant entre dividendes et salaires

★★ **RÉSULTAT ATTENDU** Des propositions d'amélioration des procédures de détermination de l'IR en fonction des options éventuelles possibles

Situation

Vous réalisez votre stage dans un cabinet d'expertise comptable. Vous assistez à un rendez-vous de synthèse de l'expert-comptable, Mme Vernet, avec un de ses clients, le dirigeant de la société Autostore, concessionnaire automobile. Mme Vernet remet les comptes annuels d'Autostore, les commente et discute de la possibilité de distribuer des dividendes lors de la prochaine assemblée générale. Mme Vernet promet à son client de revenir vers lui pour envisager un arbitrage de sa rémunération entre dividendes et salaires. Sur le chemin du retour, elle vous demande de rédiger une note de synthèse sur ce sujet et de mettre en place un outil pour le cabinet qui permettrait de résoudre ce type de problématique.

1 À l'aide des fiches ressource de ce chapitre et de vos recherches sur Internet, rédigez une note de synthèse reprenant les modalités d'imposition des salaires et des dividendes perçus par les dirigeants.

2 Concevez une feuille de calcul sur tableur permettant de réaliser des simulations de calculs d'impôts pour différentes répartitions de la rémunération entre dividendes et salaires. Votre outil posera comme hypothèse que le dirigeant est le seul membre de son foyer fiscal. Intégrez notamment les paramètres suivants : salaire brut, cotisations salariales, résultat de l'entreprise avant rémunération du dirigeant, cotisations patronales, dividendes bruts. >P7

3 Complétez votre tableur en tenant compte de la rémunération des autres membres du foyer fiscal du dirigeant.

4 Faire le lien avec le stage/l'apprentissage

Durant votre stage/apprentissage, avez-vous eu l'occasion d'observer un processus de détermination des revenus nets catégoriels ?

1 Quelles étaient les différentes catégories de revenus traitées ?

2 Avez-vous été confronté(e) à des problématiques impliquant des choix à faire ?

3 Avez-vous rempli des déclarations ? Si oui, sur quel support ?

CHAPITRE 15

La liquidation et le paiement de l'impôt sur le revenu

SAVOIR ASSOCIÉ

Méthode de calcul de l'IR (principes de traitement des charges déductibles, des réductions d'impôt et de crédits d'impôt, principe de calcul de l'impôt net, prélèvements sociaux) et de paiement de l'IR

COMPÉTENCES

- Calculer le montant de l'IR en prenant en compte différents éléments
- Détecter les anomalies éventuelles et/ou identifier des adaptations nécessaires

› PROCESSUS 7

Une utilisation du tableur adaptée pour automatiser des procédures de calcul, simuler le calcul d'impôt

Situation professionnelle

Vous entamez la dernière phase de votre stage au sein de la société Prod TV, spécialisée dans la production audiovisuelle. Tom et Ali, les deux associés, vous ont précédemment sollicité pour la compréhension des différents types de revenus soumis à l'impôt. Laurent Delpierre, le directeur de production (auquel Prod TV fait souvent appel), a également bénéficié de vos explications et vous sollicite de nouveau au sujet de sa situation personnelle. Il souhaite comprendre comment calculer l'impôt qu'il doit à l'administration fiscale et à quel stade du calcul il faut prendre en compte les crédits d'impôt. Il se demande également si cet impôt aura un impact sur son prélèvement à la source.

› Voir présentation générale, p. 195

1. Quelle est la fonction de Laurent Delpierre ?
2. Quelles sont ses préoccupations quant au calcul de l'impôt sur le revenu ?
3. Quel est l'élément impacté par le montant de l'impôt nouvellement calculé auquel pense Laurent Delpierre ?

Activités professionnelles guidées

Activité 1 Appliquer le barème progressif

Laurent Delpierre, directeur de production de la série *Lune rouge*, travaille sur le repérage des lieux de tournage de la prochaine saison. De passage dans les locaux de Prod TV, il vous remercie de l'avoir aidé à identifier les différents revenus à déclarer par son foyer. Il vous explique qu'il a tenté de procéder au calcul de son impôt, mais il ne sait pas quel taux appliquer et vous demande de l'éclairer.

Votre mission

1. **Reprenez les différents revenus catégoriels du foyer de Laurent et déterminez son revenu net imposable.**
   > Fiche ressource 1 + Annexe 1

   Calculer de façon simple les revenus catégoriels (après application de la déduction forfaitaire).

2. **Déterminez le quotient familial du foyer fiscal, sachant que Laurent et Francesca (son épouse) n'ont pas d'enfant rattaché à leur foyer.**

   Déterminer au préalable le nombre de parts.

3. **Calculez l'impôt dû selon le barème progressif.**
   > Fiche ressource 1

   Faire une seconde fois le calcul en appliquant la formule simplifiée et vérifier que le résultat obtenu est identique.

4. **Déterminez quel sera le taux du prélèvement à la source applicable au foyer de Laurent à compter du mois de septembre.**

   Après avoir calculé le montant de l'impôt, appréhender le taux du prélèvement à la source qui sera appliqué aux revenus postérieurs à la réception de l'avis d'imposition. On mesure ainsi l'impact du calcul de l'impôt sur la trésorerie du contribuable pour les mois à venir.

Annexe 1 Revenus à déclarer par le foyer de Laurent Delpierre

Personnes composant le foyer fiscal	Salaires et revenus de remplacement nets imposables
Laurent Delpierre	42 500 €
Francesca Delpierre	44 000 €

Laurent et Francesca n'ont pas opté pour la déduction des frais réels.

> Voir lexique BTS CG, p. 255

Activité

2 Calculer l'impôt d'un foyer avec personnes à charge

Laurent Delpierre a bien compris comment l'impôt de son foyer a été calculé. Il a appliqué la même méthode de calcul aux données du foyer fiscal de sa sœur Sandrine pour aboutir au montant de son impôt brut. Il est toutefois surpris du faible résultat et vous demande de vérifier son calcul.

Votre mission

1. Repérez l'étape oubliée par Laurent dans son calcul.

Expliquer le principe de cette étape. Procéder au calcul de l'impôt brut du foyer de Sandrine.

> Fiche ressource 2 + Annexes 2 et 3

2. Calculez l'impôt net du foyer fiscal de Sandrine.

> Fiche ressource 3 + Annexe 2

Identifier de quelles réductions et de quels crédits d'impôt le foyer peut bénéficier.

3. Déterminez le montant de l'impôt à régulariser lors de la réception du prochain avis d'imposition.

> Fiche ressource 4 + Annexes 4 et 5

Comparer les sorties de trésorerie déjà opérées par le foyer fiscal et l'impôt réellement dû.

4. Déterminez le nouveau taux de prélèvement à la source pour le foyer de Sandrine.

Expliquer quels types de taux de prélèvement à la source Sandrine pourrait choisir puis déterminer ces différents taux, sachant que sa rémunération est linéaire.

> Annexe 6 + Recherchez sur Internet les modalités de calcul du taux individualisé pour un couple avec enfants

Annexe 2 Données du foyer fiscal de Sandrine

Sandrine et Thibaut ont deux enfants de 4 et 6 ans. Ils n'optent pas pour les frais réels.

Salaires nets imposables de Sandrine	43 200 €
Salaires nets imposables de son époux, Thibaut	46 700 €
Frais de garde des enfants chez une assistante maternelle agréée	5 300 €
Achat à crédit d'une voiture électrique	15 000 €
Don pour la reconstruction de Notre-Dame de Paris	1 000 €

Annexe 3 Calculs de Laurent

Salaires nets catégoriels annuels	(43 200 + 46 700) × 0,9 = 80 910 €
Nombre de parts	1 + 1 + 0,5 + 0,5 = 3 parts
Quotient familial	80 910 / 3 = 26 970 €
Application de la formule simplifiée de calcul de l'impôt brut	(80 910 × 0,11) – (1 185,47 × 3) = 8 900,10 – 3 556,41 = 5 343,69 €

Annexe 4 Acompte versé en janvier sur les crédits d'impôt

Avec la mise en place du prélèvement à la source, les réductions/crédits d'impôt sont pris en compte sur la base des dépenses renseignées dans la déclaration annuelle de revenus et versés avec une année de décalage. Pour limiter les décalages de trésorerie, les réductions/crédits d'impôt les plus récurrents donnent lieu au versement d'un acompte de 60 % en janvier. Le montant de cette avance est calculé par l'administration fiscale sur la base des réductions/crédits d'impôt portés dans la déclaration de revenus de l'année N–1. Le solde est versé à l'été si le contribuable y a droit.

Ainsi, le montant de l'avance qui sera versé en janvier 2024 sera calculé sur le montant des réductions/crédits d'impôt dont vous avez bénéficié au titre de 2022. Le solde vous sera versé à l'été 2024 sur la base des dépenses réellement engagées en 2023 (suite à la déclaration 2024 de vos revenus 2023).

www.economie.gouv.fr

Annexe 5 Prélèvements à la source et versement de l'acompte sur les crédits d'impôt

Somme des prélèvements à la source opérés par les employeurs du couple	6 473 €
Acompte perçu en janvier dernier au titre des crédits d'impôt	1 400 €

Annexe 6 Taux neutre de prélèvement à la source

Grille de taux par défaut en 2023 (France métropolitaine)	
Base de prélèvement mensuel	**Taux**
< 1518 €	0 %
⩾1518 € et < 1577 €	0,5 %
⩾ 1578 € et < 1678 €	1,3 %
⩾ 1678 € et < 1791 €	2,1 %
⩾ 1791 € et < 1914 €	2,9 %
⩾ 1914 € et < 2016 €	3,5 %
⩾ 2016 € et < 2150 €	4,1 %
⩾ 2150 € et < 2544 €	5,3 %
⩾ 2544 € et < 2912 €	7,5 %
⩾ 2912 € et < 3317 €	9,9 %
⩾ 3317 € et < 3734 €	11,9 %
⩾ 3734 € et < 4357 €	13,8 %
⩾ 4357 € et < 5224€	15,8 %
⩾ 5224 € et < 6537 €	17,9 %
⩾ 6537 € et < 8165 €	20 %
⩾ 8165 € et < 11333 €	24 %
⩾ 11333 € et < 15349 €	28 %
⩾ 15349 € et < 24094 €	33 %
⩾ 24094 € et < 51611 €	38 %
⩾ 51611 €	43 %

Article 204 H du CGI

CHAPITRE 15

Fiche ressource 1

Le calcul de l'impôt brut

I Les étapes du calcul de l'impôt

❶ Revenu brut global = somme des revenus nets catégoriels
Revenu brut global ❶ – CSG à 6,8 % sur les revenus du patrimoine (en cas d'option pour l'application du barème progressif) – charges déductibles (ex. : pensions alimentaires versées, frais d'accueil d'une personne de plus de 75 ans) – épargne retraite = revenu net imposable ❷
❸ Quotient familial = Revenu net imposable ❷ / Nombre de parts du foyer fiscal
❹ Impôt brut : application du barème progressif au quotient familial ❸
Impôt brut résultant de l'application du barème ❹ – correction liée au plafonnement du quotient (voir fiche ressource 2) – décote = impôt brut corrigé ❺
Impôt brut corrigé ❺ – réductions d'impôt (voir fiche ressource 3) – crédits d'impôt (voir fiche ressource 3) – corrections liées au plafonnement des niches fiscales = impôt net ❻

II L'application du barème

Le calcul de l'impôt brut résulte, pour une part, de l'application du barème, tranche par tranche, au quotient familial.

Le barème applicable est le suivant :

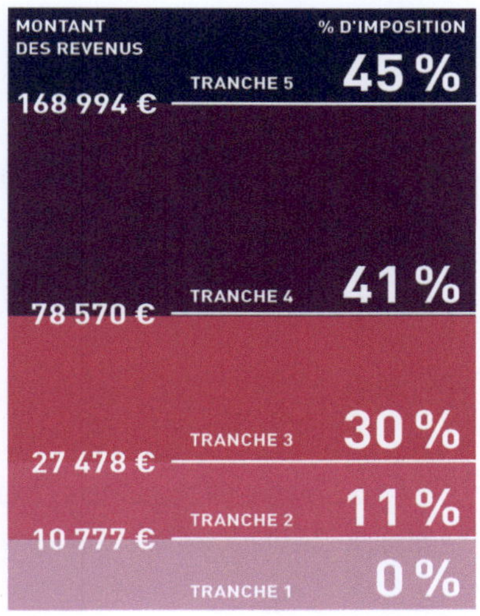

Pour éviter de procéder au calcul tranche par tranche, l'administration fiscale fournit une formule de calcul simplifiée à appliquer :

Barème 2023 de l'impôt sur le revenu pour une part de quotient familial		
Tranche de revenu net (QF en €)	**Taux marginal d'imposition**	**Formule de calcul de l'impôt brut***
Jusqu'à 10777 €	0 %	
De 10777 € à 27478 €	11 %	(R × 0,11) – (1185,47 × N)
De 27478 € à 78570 €	30 %	(R × 0,30) – (6406,29 × N)
De 78570 € à 168994 €	41 %	(R × 0,41) – (15048,00 × N)
Au-delà de 168994 €	45 %	(R × 0,45) – (21808,75 × N)

* N = nombre de parts ; R = revenu net imposable.

Fiche ressource 2

Les corrections de l'impôt brut

I Le plafonnement du quotient

L'avantage fiscal lié aux parts des personnes à charge est plafonné à 1 678 € par demi-part pour les revenus 2022. L'application de la formule simplifiée ne permet pas de tenir compte de ce plafonnement. Il convient donc de calculer l'impôt du foyer sans les parts supplémentaires, puis avec celles-ci, et de limiter (le cas échéant) l'avantage fiscal au plafond mentionné ci-dessus.

Exemple : Un couple marié avec deux enfants mineurs à charge dispose de trois parts, dont une liée aux enfants à charge, et d'un revenu net imposable de 104 250 €.

Revenu net imposable pour une part (si le foyer avait 2 parts)	104 250 / 2 = 52 125 €
Revenu net imposable pour une part (si le foyer avait 3 parts)	104 250 / 3 = 34 750 €
Impôt brut avec 2 parts	104 250 × 0,3 – (6 406,29 × 2) = 18 462,42 €
Impôt brut avec 3 parts	104 250 × 0,3 – (6 406,29 × 3) = 12 056,13 €
Avantage fiscal lié aux 2 demi-parts	18 462,42 – 12 056,13 = 6 406,29 €
Application du plafonnement	Avantage fiscal limité à 1 678 × 2 demi-parts soit 3 356 €
Impôt brut après plafonnement du quotient	18 462 – 3 356 = 15 106 €

II La décote

La décote est une réduction d'impôt dont bénéficient les foyers les plus modestes, dont l'impôt ne dépasse pas un certain plafond.

Le nouveau système de la décote applicable depuis 2021 s'applique comme indiqué dans le tableau ci-dessous :

Composition du foyer fiscal	Impôt en dessous duquel la décote est applicable	Formule de calcul de la décote
Célibataire	1 840 €	833 – 45,25 % de l'impôt
Couple	3 045 €	1 378 – 45,25 % de l'impôt

Exemple : pour un couple dont l'impôt déterminé avant l'application de la décote serait de 950 €, une décote sera appliquée puisque cet impôt est inférieur au seuil de 3 045 €. La décote sera de 1 410 € (1 840 – 950 × 45,25 %).

Fiche ressource 3

La détermination de l'impôt net

Les réductions d'impôt et crédits d'impôt viennent en déduction de l'impôt brut corrigé. L'excédent entre les réductions d'impôt et l'impôt calculé n'est toutefois pas remboursé. L'impôt est nul dans ce cas. À l'inverse, l'excédent entre les crédits d'impôt et le montant de l'impôt fait l'objet d'une restitution financière.

I Les principales réductions d'impôt

La loi a créé de nombreuses réductions d'impôt. Seules les principales sont citées ci-dessous, ainsi qu'une synthèse de leurs modalités d'application.

Frais de scolarisation des enfants à charge	
• 61 € par enfant scolarisé au collège • 153 € par enfant scolarisé au lycée • 183 € par enfant poursuivant des études supérieures	
Dons et modalités de calcul des réductions	
Dons aux organismes d'intérêt général ou reconnus d'utilité publique	• 66 % du montant du don • Dans la limite de 20 % du revenu imposable
Dons aux organismes d'aide aux personnes en difficulté distribuant gratuitement des repas, des soins ou favorisant le logement	• 75 % du montant du don pour la partie inférieure à 1 000 € de celui-ci • 66 % au-delà, sans que la totalité de la réduction d'impôt ne dépasse 20 % du revenu imposable
Frais de séjour en établissement pour personnes dépendantes	
25 % des dépenses (plafonnées à 10 000 € par an)	

II Les crédits d'impôt

La liste ci-dessous n'est pas exhaustive et reprend les crédits d'impôt les plus fréquemment déduits par les ménages.

Frais d'emploi d'un salarié à domicile (garde d'enfants, ménage, entretien, jardinage...)	50 % des dépenses engagées (dans la limite de 12 000 €) majorés de 1 500 € par personne à charge (sans dépasser 15 000 €)
Frais de garde des jeunes enfants à l'extérieur du domicile	50 % des dépenses de garde d'enfants de moins de 6 ans auprès d'une assistante maternelle agréée ou d'un centre d'accueil (crèche, centre de loisirs...). Le plafond des dépenses retenues pour le calcul est fixé à 3 500 € par an et par enfant

Fiche ressource 4

La liquidation de l'impôt

L'impôt sur le revenu fait l'objet, depuis la loi de finances 2018, de prélèvements à la source lors de la perception des revenus en année N. Ces versements sont régularisés à la fin de l'été N+1, sur la base de la déclaration en mai-juin N+1 des revenus de l'année N.

I Le prélèvement à la source

Le prélèvement à la source prend deux formes :

Forme du prélèvement	Revenus concernés	Modalités de prélèvement
Retenue à la source par un tiers collecteur	Salaires, pensions de retraite, allocations chômage…	Prélèvement à la source par l'organisme payeur (employeur, caisse de retraite, Pôle emploi…)
Acompte versé par le contribuable	• Revenus des exploitants individuels imposables en BIC ou BNC • Revenus fonciers • Pensions alimentaires • Revenus des dirigeants relevant de l'article 62 du CGI	Prélèvement par l'administration fiscale sur le compte bancaire du contribuable

Les taux de prélèvement se déclinent ainsi :

Taux de droit commun	Taux = montant de l'IR avant réductions et crédits d'impôt / revenus nets imposables
Taux neutre par défaut	Taux proportionnel fixé par tranche de revenu, applicable aux contrats courts, aux entrants sur le marché du travail ou sur option des salariés afin de garantir la confidentialité de leurs revenus vis-à-vis de leur employeur[1]
Taux individualisé sur option	Les contribuables mariés ou pacsés peuvent opter pour un taux individualisé déterminé en fonction de leurs revenus personnels

1. Les salariés ayant opté pour le taux neutre s'acquitteront directement auprès de l'administration fiscale d'un complément de retenue.

Ces taux sont communiqués aux tiers collecteurs par l'administration fiscale et réajustés en septembre suivant la déclaration du contribuable.

II La déclaration de revenus

La souscription de la déclaration se fait obligatoirement en ligne pour les contribuables dont la résidence principale est équipée d'un accès à Internet. Chaque contribuable dispose d'un espace personnel dans lequel il trouve une déclaration préremplie à compter d'avril-mai. Les données préremplies résultent de la transmission des informations par les tiers déclarants (employeurs, banques, caisses de retraite…).

III La régularisation et la liquidation du solde de l'impôt

Sur la base des revenus, des déductions et crédits d'impôt déclarés par le contribuable, l'administration procède au calcul définitif de l'impôt et lui communique son avis d'imposition en septembre.

CHAPITRE 15

Pour vérifier ses acquis

Retrouvez ce QCM en version interactive www.lienmini.fr/7022-1523

1 QCM

1 Les pensions alimentaires versées constituent :

- ☐ des déductions d'impôt.
- ☐ des réductions d'impôt.
- ☐ des crédits d'impôt.

2 Les déductions d'impôt se déduisent :

- ☐ de l'impôt brut.
- ☐ de l'impôt net.
- ☐ du revenu brut global du foyer.

3 Le quotient est le rapport entre :

- ☐ revenu net imposable / nombre de parts.
- ☐ revenu brut / nombre de parts.
- ☐ revenu net imposable / taux du prélèvement à la source.

4 Le plafonnement du quotient vise à :

- ☐ limiter l'avantage fiscal lié aux crédits d'impôt.
- ☐ limiter l'avantage fiscal lié au nombre de parts.
- ☐ limiter l'avantage fiscal lié aux réductions d'impôt.

5 La décote vise à :

- ☐ plafonner l'impôt des contribuables imposables dans la dernière tranche.
- ☐ alléger l'impôt de l'ensemble des contribuables.
- ☐ alléger les charges des contribuables les plus modestes.

6 La déclaration de revenus est réalisée :

- ☐ en janvier-février.
- ☐ en mai-juin.
- ☐ en septembre-octobre.

7 Les revenus des nouveaux entrants sur le marché du travail :

- ☐ ne font pas l'objet d'un prélèvement à la source.
- ☐ font l'objet d'un prélèvement à la source de 10 %.
- ☐ font l'objet d'un prélèvement à la source sur la base d'un taux neutre.

2 Mini-cas

Cas 1

L'expert-comptable avec lequel vous travaillez vous demande de lui rappeler les différentes étapes de calcul de l'impôt sur le revenu.

1. Rappelez les modalités de passage du revenu brut global à la détermination du quotient.
2. Rappelez les modalités d'application du barème progressif.
3. Rappelez le calcul du passage de l'impôt brut à l'impôt net.

Cas 2

M. et Mme Petit hébergent la mère de Mme Petit à leur domicile.

- Peuvent-ils bénéficier d'un avantage fiscal à ce titre ?

Cas 3

Mme Coreal a fait intervenir un paysagiste pour tondre sa pelouse.

- Peut-elle bénéficier d'un avantage fiscal sur la base de la facture de ce professionnel ?

Pour s'entraîner

1 Calculer l'impôt

★ **RÉSULTAT ATTENDU** L'exactitude, la justification et la conformité des traitements fiscaux effectués

Situation

M. Fournier, ingénieur, est responsable du contrôle qualité dans l'industrie automobile. Son salaire net imposable s'élève à 65 530 €. Son épouse est contrôleuse de gestion dans une société d'édition. Sa rémunération nette imposable s'élève à 72 340 €. Quatre de leurs enfants sont encore scolarisés. Agnès (5 ans) est à l'école maternelle. Louis (9 ans) est en CM1. Émilie (17 ans) est en terminale et Thomas (20 ans) est au lycée en 2e année de BTS comptabilité et gestion. Depuis deux ans, ils ont engagé Floriane, une salariée à domicile qui s'occupe d'Agnès et de Louis à la sortie de l'école et les mercredis. Elle réalise également quelques heures de ménage. Son salaire net annuel et les charges sociales correspondantes s'élèvent à 18 320 €.

1 **Déterminez le quotient familial du foyer dans l'hypothèse où Thomas est rattaché au foyer fiscal.**

2 **À l'aide de l'annexe, calculez le crédit d'impôt au titre de l'emploi de Floriane.**

3 **Calculez l'impôt sur le revenu dû par le couple.**

4 **Sachant que les parents de Thomas lui versent une pension de 600 € par mois, qu'ils pourraient déduire à hauteur de 6 042 € de l'impôt brut, calculez l'impôt qui serait dû par les deux foyers fiscaux si Thomas n'était pas rattaché au foyer de ses parents.**

5 **En considérant la situation la plus favorable, calculez le taux de prélèvement à la source applicable au foyer des époux Fournier.**

Annexe Emploi à domicile – Crédit d'impôt

Vous pouvez bénéficier d'un crédit d'impôt si vous engagez des dépenses au titre des services à la personne qui vous sont rendus à votre résidence principale ou secondaire située en France, que vous en soyez propriétaire ou non. Nature des dépenses éligibles : www.impots.gouv.fr/portail/particulier/emploi-domicile

Calcul de l'avantage fiscal :

Le crédit d'impôt est égal à 50 % des dépenses effectivement supportées.

Plafond global des dépenses :

Les dépenses sont retenues dans la limite de 12 000 euros, majorées de 1 500 € :

- par enfant à charge ou rattaché (750 € en cas de résidence alternée) ;
- par membre du foyer âgé de plus de 65 ans ;
- et, uniquement pour le calcul de la réduction d'impôt, par ascendant âgé de plus de 65 ans remplissant les conditions pour bénéficier de l'APA (allocation personnalisée d'autonomie) lorsque les dépenses sont engagées à son domicile.

La limité majorée ne peut pas excéder 15 000 €. Le plafond de dépenses retenues est porté de 12 000 € à 15 000 € (majoré de 1 500 € par personne à charge dans les mêmes conditions que la limite de 12 000 €, sans excéder le total de 18 000 € après majorations) pour la première année au cours de laquelle le contribuable emploie un salarié à domicile (case 7DQ de la déclaration des revenus).

www.impots.gouv.fr

2 Calculer l'impôt à l'appui de la documentation fiscale

★★ RÉSULTAT ATTENDU L'exactitude, la justification et la conformité des traitements fiscaux effectués

Situation

Vous travaillez dans un cabinet d'expertise comptable et êtes chargé de calculer l'impôt dû par le foyer de M. Ali, client du cabinet. L'expert-comptable, M. Akram, vous transmet un courriel de sa part reprenant les principales données liées à ses revenus de l'année. M. Ali est garagiste, en EI. Le résultat fiscal de l'entreprise s'est élevé à 67 867 €. M. Ali n'a pas opté pour l'impôt sur les sociétés.

1 **Déterminez à l'aide d'un tableur le montant de l'impôt du foyer de M. Ali.** > P7

2 **Calculez également cet impôt avec le simulateur du site impots.gouv.fr et générez une copie de la feuille de calcul reprenant l'ensemble des rubriques de la déclaration pour la transmettre à M. Ali.**

3 **Rédigez un courriel à l'attention de M. Ali pour répondre à l'ensemble de ses questions.** > COMMUNICATION

Annexe Courriel de M. Ali

De : Youssef Ali
À : Jean Akram
Date : 11/04/N 11:04
Objet : Ma déclaration d'impôt

Cher Jean,

Comme chaque année, je vous transmets les éléments pour le calcul de ma déclaration d'impôt. Le salaire de mon épouse à déclarer est de 56 564 €. Nos deux filles sont toujours scolarisées au collège. Nous avons versé un don aux Restos du Cœur de 500 €. Nous hébergeons toujours ma belle-sœur, qui a des revenus de 6 650 €.

Pourriez-vous me communiquer dès que possible le calcul de l'impôt ? Pourriez-vous également me transmettre comme l'an passé une copie de votre calcul sur le simulateur du site des impôts ? Cela m'aidera pour remplir ma déclaration en ligne.

Bien cordialement,
Youssef Ali.

3 Calculer l'impôt et arbitrer entre les différents types de rémunération

Situation

Vous travaillez en tant que comptable dans une EIRL spécialisée dans la distribution d'articles de sport. L'entrepreneur, M. Aymeric, vous demande de calculer son impôt. Le statut juridique de l'EIRL ayant été supprimé en 2022, il envisage d'exercer son activité en SAS, dont il serait le président. Il souhaite savoir quel serait l'impact sur son imposition (à titre personnel et pour sa future société, imposée au taux de droit commun).

1 À l'aide de l'annexe 1, calculez l'impôt sur le revenu de M. Aymeric.

2 En suivant les hypothèses de l'annexe 2, simulez l'imposition personnelle de M. Aymeric et de sa future société.

3 Identifiez quel arbitrage pourrait effectuer M. Aymeric quant à la rémunération qu'il tirerait de son activité après la création de la SAS.

Annexe 1 Informations communiquées par M. Aymeric

M. Aymeric est divorcé et verse une pension de 4 200 € par an à son ex-épouse. Il a prélevé 56 000 € dans son compte d'exploitant. Le résultat fiscal de l'EIRL s'élève à 87 000 € (après réintégration des prélèvements de l'exploitant).

Annexe 2 Hypothèses pour simuler l'imposition des parties dans la nouvelle organisation juridique

Les prélèvements de M. Aymeric en tant qu'exploitant correspondent à ses futurs salaires nets imposables en tant que président. La SAS sera imposée au taux de droit commun.

4 Faire le lien avec le stage/l'apprentissage

Durant votre stage/apprentissage, avez-vous eu l'occasion de procéder au calcul de l'impôt sur le revenu ?

1 Quelles ont été les difficultés rencontrées ?

2 Avez-vous été amené(e) à expliciter vos calculs ?

3 Avez-vous traité des déclarations en ligne ?

4 Avez-vous été confronté(e) aux problématiques du prélèvement à la source ?

Entraînement à l'épreuve E41

La SARL Gambais et Fils

Vous venez d'être embauché(e) dans le cabinet d'expertise comptable ECPlus. Avant de vous confier un portefeuille de clients, Mme Poirier, une expert-comptable associée du cabinet, vous confie plusieurs missions, dont le suivi de la fiscalité personnelle de M. Gambais, client du cabinet.

Organisation sociale et fiscale de la SARL

Pierre Gambais est gérant majoritaire de la SARL Gambais et Fils, qui exploite une concession automobile. La société clôture ses comptes au 31 décembre. La comptabilité est tenue quotidiennement par Valérie, chef comptable, et Julien, un alternant en DCG. Le cabinet établit les bulletins de paie chaque fin de mois. Mme Poirier et Thierry, le collaborateur du cabinet affecté au dossier Gambais et Fils, réalisent un travail de révision comptable sur la base d'une situation au 30 juin et des comptes provisoires au 31 décembre préparés par Valérie et Julien. Après avoir constaté les derniers ajustements au 31 décembre, le cabinet établit la plaquette des comptes annuels et la liasse fiscale de la SARL Gambais et Fils.

Missions

A Déterminer la composition du foyer fiscal (10 points)

> Annexes A1 et A2

Vous prenez connaissance de l'échange de courriels entre Mme Poirier et M. Gambais (en annexe).

- **Déterminez la composition du foyer fiscal de M. Gambais et, le cas échéant, identifiez les choix pouvant se présenter. Rédigez votre réponse sous forme d'un courriel adressé à M. Gambais (p.gambais@g2.fr).**

B Déterminer les revenus nets catégoriels (20 points)

> Annexes B1, B2, B3, B4 et B5

Vous avez consulté la documentation du cabinet et extrait les informations en annexes vous permettant d'appréhender les revenus catégoriels du foyer fiscal Gambais. Vous vous êtes également entretenu avec Thierry, en charge du dossier Gambais, qui vous a communiqué les informations chiffrées dont vous avez besoin pour réaliser votre mission. M. Gambais vous a confirmé que son fils, Marceau, sera rattaché à son foyer fiscal.

- **Identifiez les options possibles pour le couple Gambais afin de déterminer leurs revenus catégoriels. Calculez les revenus nets catégoriels dans tous les cas de figure.**

C Calculer l'impôt dû (20 points)

> Annexes C1, C2, C3 et C4

Mme Poirier a validé vos calculs des revenus catégoriels du foyer fiscal Gambais. En vous appuyant sur la documentation que vous avez extraite, vous poursuivez votre travail jusqu'à la détermination de l'impôt net.

- **Identifiez les choix les plus favorables pour le couple Gambais et calculez l'impôt dû par le foyer fiscal selon ces hypothèses. Déterminez le taux de prélèvement à la source qui en découle.**

Annexes

Annexe A1 Extrait de l'entretien entre Mme Poirier et M. Gambais

Mme Poirier : Bonjour, M. Gambais. Nous allons travailler sur votre déclaration de revenus de l'année N. Nous souhaitons vous poser quelques questions pour prendre en compte l'évolution de votre situation familiale. Votre épouse est-elle toujours salariée ?

M. Gambais : Ma femme travaille toujours chez Bessac. Sa fiche de paie indique un salaire annuel imposable de 42 430 €.

Mme Poirier : Vous aviez déclaré des frais réels l'an passé la concernant, pour 3 520 €. Qu'en est-il cette année ?

M. Gambais : Elle avait réalisé des déplacements professionnels exceptionnels l'année dernière. Ces frais s'élèvent à 1 345 € cette année.

Mme Poirier : Comment la situation scolaire de vos enfants a-t-elle évolué ?

M. Gambais : Lucie (12 ans) est au collège, en cinquième. Gatien (14 ans) est en troisième. Marceau (19 ans) est en L1 de droit à l'université et Perrine (22 ans) travaille depuis 18 mois dans une société d'affacturage. Son revenu imposable pour l'année est de 28 650 €.

Mme Poirier : Nous vous remercions. Nous reviendrons vers vous si nous avons besoin de préciser d'autres éléments et préparons votre calcul d'impôt.

Annexe A2 Informations fournies par Thierry, collaborateur du cabinet

Résultat fiscal de la société Gambais	234 765 €
Parts détenues par M. Gambais	60 %
Parts détenues par Mme Gambais	20 %
Dividendes mis en distribution au cours de l'année N	58 000 €
Salaires nets imposables perçus par M. Gambais	56 378 €
Allocations pour frais professionnels perçues par M. Gambais	2 200 €

Annexe B1

Extrait de la documentation fiscale – Composition du foyer fiscal

Le foyer fiscal comprend le contribuable ainsi que son conjoint (marié ou pacsé), les enfants célibataires de moins de 18 ans vivant sous le même toit, les enfants recueillis par le foyer, ainsi que les adultes à charge (personnes âgées, personnes titulaires de la carte d'invalidité…). Les enfants majeurs peuvent être rattachés au foyer sur demande jusqu'à leurs 21 ans ou jusqu'à 25 ans s'ils poursuivent leurs études.

Annexe B2

Extrait de la documentation fiscale – Revenus nets catégoriels en traitements et salaires

Les titulaires de revenus salariés ont le choix entre la déduction des frais réels liés à leur activité professionnelle et la déduction forfaitaire de 10 %. Cette déduction forfaitaire est appliquée automatiquement par l'administration fiscale. Le montant de cette déduction forfaitaire de 10 % pour frais est comprise entre un plancher et un plafond : minimum de 472 € et maximum de 13 522 €.

Annexe B3

Extrait de la documentation fiscale – Imposition des dividendes

Les dividendes ne sont pas considérés comme une rémunération, mais comme des revenus de capitaux mobiliers (actions et parts sociales). Depuis le 1er janvier 2018, les dividendes versés aux dirigeants et aux associés font l'objet d'un prélèvement forfaitaire unique (PFU) de 30 %, composé de :
- 12,8 % au titre de l'impôt sur le revenu ;
- 17,2 % au titre des prélèvements sociaux.

Le PFU est prélevé par l'administration fiscale au terme de la déclaration de revenus. Un acompte du même montant est prélevé à la source par l'organisme payeur (prélèvement forfaitaire obligatoire non libératoire). Cet acompte doit apparaître dans la case « Crédit d'impôt égal au prélèvement forfaitaire non libératoire » et s'impute à l'impôt dû.

Si elles y ont intérêt, les personnes physiques peuvent opter globalement pour le barème progressif. Le revenu net à déclarer doit être calculé de la façon suivante :
- appliquer un abattement de 40 % sur le montant des dividendes bruts (et autres distributions) ;
- soustraire 6,8 % au titre des prélèvements sociaux ;
- soustraire ensuite les dépenses effectuées pour leur acquisition et leur conservation (frais de garde par exemple).

Annexe B4

Imposition des rémunérations des dirigeants

Comme les autres salariés, les dirigeants de sociétés soumises à l'IS sont imposables sur la base des rémunérations qu'ils perçoivent pour leur mandat social. La catégorie d'imposition dépend de leur statut social :
- pour les dirigeants bénéficiant du régime général de la Sécurité sociale (présidents de SA, de SAS, gérants minoritaires ou égalitaires de SARL), dans la catégorie « Traitements et salaires » (TS) ;
- pour les gérants majoritaires de SARL et les gérants associés d'EURL (statut travailleur non salarié), dans la catégorie « Rémunérations relevant de l'article 62 du CGI ».

Annexe B5

Imposition des rémunérations des dirigeants

Lorsque les allocations forfaitaires pour frais professionnels sont perçues par des dirigeants d'entreprises, elles sont toujours imposables.

Annexe C1

Quotient familial et nombre de parts

Le nombre de parts fiscales dont bénéficie le contribuable est fonction de sa situation familiale (célibataire, marié, divorcé, etc.) et du nombre de personnes à charge :
- une personne célibataire qui vit seule est un foyer fiscal comprenant une personne, soit une part fiscale ;
- un couple marié ou pacsé représente un foyer fiscal comprenant deux personnes, soit deux parts fiscales ;
- un couple en concubinage représente deux foyers distincts, chaque foyer comporte une part fiscale.

Les parts fiscales pour enfants à charge se calculent ainsi :
- un couple marié ou pacsé + 1 enfant à charge = 2,5 parts fiscales ;
- un couple marié ou pacsé + 2 enfants à charge = 3 parts fiscales ;
- un couple marié ou pacsé + 3 enfants à charge = 4 parts fiscales ;
- un couple marié ou pacsé + 4 enfants à charge = 5 parts fiscales ;
- à partir de 5 enfants = 1 part par enfant supplémentaire.

Le quotient familial représente le rapport entre le revenu net imposable et le nombre de parts fiscales du foyer.

Annexe C2

Formule de calcul direct de l'impôt dû au titre de l'année N

Barème N de l'impôt sur le revenu pour une part de quotient familial		
Tranche de revenu net (QF en €)	**Taux marginal d'imposition**	**Formule de calcul de l'impôt brut***
Jusqu'à 10 777 €	0 %	
De 10 777 € à 27 478 €	11 %	(R × 0,11) – (1 185,47 × N)
De 27 478 € à 78 570 €	30 %	(R × 0,30) – (6 406,29 × N)
De 78 570 € à 168 994 €	41 %	(R × 0,41) – (15 048,00 × N)
Au-delà de 168 994 €	45 %	(R × 0,45) – (21 808,75 × N)

* Avec N = nombre de parts et R = revenu net imposable.

Annexe C3

Plafonnement du quotient

L'avantage fiscal procuré par les parts ou demi-parts des personnes à charge est plafonné à 1 678 € par demi-part pour l'année N.

Annexe C4

Frais de scolarisation des enfants

Le contribuable peut bénéficier d'une réduction d'impôt sur le revenu si ses enfants à charge poursuivent des études secondaires ou supérieures.
Montant de la réduction d'impôt selon le niveau de l'enseignement :

Niveau	Réduction (par enfant)
Collège	61 €
Lycée	153 €
Enseignement supérieur	183 €

CHAPITRE 16

Les autres impôts directs

SAVOIRS ASSOCIÉS

- Fiscalité des entreprises : contribution économique territoriale, taxe d'apprentissage
- Impôts directs locaux

COMPÉTENCES

- Identifier les impôts (hors TVA et impôts sur les résultats) à payer dont l'entreprise est redevable
- Procéder au paiement et à l'enregistrement des autres impôts selon l'échéancier
- Archiver les documents fiscaux en conformité avec la législation

Situation professionnelle

Vous abordez votre dernière semaine de stage au sein de la société Prod TV. Youssef, le comptable de la société, a mis en place des procédures en matière de fiscalité afin de traiter efficacement et de fiabiliser les opérations en lien avec la TVA et l'impôt sur les sociétés. Il envisage d'élargir le champ de ces procédures aux autres impôts tels que la contribution économique et territoriale et la taxe d'apprentissage. Il souhaite profiter de vos derniers jours à ses côtés pour être aidé dans cette tâche.

> Voir présentation générale, p. 195

1 Dans quel domaine de la fiscalité le comptable de la société souhaite-t-il vous faire intervenir ?

2 Quels sont les objectifs de la mise en place de procédures ?

CHAPITRE 16

Activités professionnelles guidées

Activité 1 Identifier les autres impôts et taxes

Youssef vous fait part de ses craintes, à savoir oublier une déclaration ou un paiement d'impôt autre que la TVA ou l'impôt sur les sociétés. Il souhaite que vous lui rappeliez les différentes taxes et contributions que vous connaissez. Il vous demande de mettre en place un échéancier concernant ces autres impôts avant la fin de votre stage.

Votre mission

1. Listez les autres impôts dont Prod TV serait redevable et précisez la nature de leur assiette.

> Fiches ressource 1 et 2

Présenter la réponse sous forme de tableau. Pour la deuxième partie de la question, porter une attention particulière aux rubriques « Base d'imposition » des fiches ressource.

2. Établissez l'échéancier fiscal de ces différents impôts.

Positionner de façon chronologique l'ensemble des événements (acomptes, soldes, déclarations).

Activité 2 Enregistrer les autres impôts

Nous sommes le 2 juillet 2023. Afin de préparer la prochaine clôture des comptes au 31 décembre 2023, Youssef souhaite compléter les procédures de clôture relatives aux autres impôts. Il souhaite annexer à cette procédure un récapitulatif chronologique de l'ensemble des écritures afférentes à cette contribution.

Votre mission

1. Listez les autres impôts qui doivent faire l'objet d'une comptabilisation de charges à payer à la clôture de l'exercice. Expliquez quelle en est la raison.

> Fiches ressource 1 et 2

Porter une attention particulière aux dates de paiement des soldes.

2. À l'aide de l'extrait du plan comptable de l'entreprise, établissez un schéma de comptabilisation de la cotisation sur la valeur ajoutée des entreprises (CVAE) en lien avec l'échéancier de l'activité 1. Mouvementez les comptes pour les valeurs de la CVAE de 2023 figurant en annexe 2.

> Fiche ressource 1 + Annexes 1 et 2

Appréhender les différentes étapes (acomptes, déclaration, solde, constatation des charges à payer et leur contre-passation).

Annexe 1 Extrait du plan comptable de l'entreprise

447201	Acomptes CVAE
448610	Charges à payer CVAE
512100	Banque régionale
635112	CVAE

Annexe 2 CVAE – Chiffres 2023

Acomptes 2022	6 500 €
Acomptes 2023	3 500 €
CVAE 2022	7 000 €
CVAE 2023	8 000 €

> Voir lexique BTS CG, p. 255

Fiche ressource 1

La contribution économique territoriale (CET)

La CET comprend deux composantes : la cotisation foncière des entreprises (CFE), fondée sur la valeur locative des locaux et des terrains professionnels, et la cotisation sur la valeur ajoutée des entreprises (CVAE), en rapport avec le niveau d'activité des entreprises. La CVAE sera supprimée en totalité en 2024.

I Les règles fiscales relatives à la contribution économique territoriale (CET)

La CVAE
www.lienmini.fr/7022-1619

	Cotisation foncière des entreprises (CFE)	Cotisation sur la valeur ajoutée des entreprises (CVAE)
Champ d'application : principes d'imposition	Cotisation due par toute personne physique ou morale exerçant une activité professionnelle non salariée, lucrative et à titre habituel, au 1er janvier de l'année N.	Cotisation due par les entreprises soumises à la CFE, dont le chiffre d'affaires HT est supérieur à 152 500 €.
Champ d'application : exonérations	• Entreprises créées au cours de l'année N • Activités artisanales, agricoles et non commerciales	Idem CFE + entreprises dont le CA est inférieur à 500 000 €
Base d'imposition	Valeur locative des biens soumis à la taxe foncière de N–2	CA HT et valeur ajoutée N–1 de l'entreprise
Calcul des cotisations	Taux déterminé par les collectivités locales appliqué à la base d'imposition	Barème progressif en fonction du niveau du CA
Plafonnement	La CET (CFE + CVAE) est plafonnée à 1,625 % de la valeur ajoutée de l'entreprise en 2023, ramené à 1,25 % en 2024.	
Versement des acomptes	Le 15 juin N, acompte représentant 50 % de la CFE N–1, si cette dernière était supérieure ou égale à 3 000 €.	Versement de deux acomptes de 50 % de la CVAE N–1 les 15 juin et 15 septembre N, en tenant compte des taux de N.
Versement du solde	Le 15 décembre N	Au deuxième jour ouvré suivant le 1er mai N+1

II Les modalités d'enregistrement comptable

	Commentaires	Opérations	Compte à débiter	Compte à créditer
CFE	La CFE au titre de N est payée en N : il n'y a pas lieu d'enregistrer une charge à payer.	Paiement de l'acompte et du solde	4471 Autres impôts, taxes et versements assimilés – CFE	51 Compte de trésorerie
		Charge (avis d'imposition)	635111 CFE	4471 Autres impôts, taxes et versements assimilés
CVAE	La CVAE due au titre de N est payée en N+1. Il y a donc lieu de constater une charge à payer en N.	Paiement des acomptes	4472 Autres impôts, taxes et versements assimilés – CVAE	51 Compte de trésorerie
		Charge à payer N	635112 CVAE	4486 État – Charges à payer
		Contre-passation de la charge à payer N–1	4486 État – Charges à payer	635112 CVAE
		Paiement du solde et déclaration 2 jours ouvrés après le 1er mai	635112 CVAE	4472 Autres impôts, taxes et versements assimilés – CVAE (pour la somme des deux acomptes) 51 Compte de trésorerie (pour le solde à payer)

Fiche ressource 2

La taxe d'apprentissage

La taxe d'apprentissage et la contribution à la formation professionnelle sont rassemblées dans la contribution unique à la formation professionnelle et à l'alternance (la CUFPA).

I Les règles fiscales relatives à la taxe d'apprentissage

Champ d'application : principes d'imposition	Due par toute entreprise soumise à l'impôt sur le revenu ou à l'impôt sur les sociétés, quelle que soit sa forme juridique.
Champ d'application : exonérations	• Entreprises employant des apprentis dont les rémunérations brutes n'excèdent pas 6 fois le SMIC annuel (soit 115 424 € pour la taxe de 2022) • Personne morale ayant pour activité l'enseignement
Base d'imposition	Salaires bruts du mois
Calcul des cotisations	0,68 % de la masse salariale (0,59 % pour la part principale et 0,09 % pour le solde)
Déclaration	Pas de déclaration spécifique. Les rémunérations sur lesquelles se fonde la taxe d'apprentissage sont déclarées dans la DSN (déclaration sociale nominative).
Paiements	Depuis le 1er janvier 2022, la collecte de la CUFPA est effectuée mensuellement par l'URSAFF, via la DSN : – 0,59 % tous les mois en 2022 à titre de part principale ; – 0,09 % en avril 2023 pour le solde.

II Les modalités d'enregistrement comptable

Le solde de la taxe d'apprentissage étant réglé en N+1, il convient de constater une charge à payer dans le cadre des opérations d'inventaire.

	Compte à débiter	Compte à créditer
Acomptes	4473 Autres impôts, taxes et versements assimilés – TA	51 Compte de trésorerie
Charge à payer	6335 Versements libératoires ouvrant droit à exonération de la taxe d'apprentissage	4386 Organismes sociaux – Charges à payer
Contre-passation de la charge à payer	4386 Organismes sociaux – Charges à payer	6335 Versements libératoires ouvrant droit à exonération de la taxe d'apprentissage
Solde	6335 Versements libératoires ouvrant droit à exonération de la taxe d'apprentissage	4473 Autres impôts, taxes et versements assimilés – TA (pour la somme des acomptes versés) 51 Compte de trésorerie (pour le solde)

Selon les commentaires du règlement ANC n° 2022-01 en cours d'homologation, les contributions de formation professionnelle et la part principale de la taxe d'apprentissage sont comptabilisées dans le compte 6333 Contribution unique des employeurs à la formation professionnelle.

Pour vérifier ses acquis

1 QCM

Retrouvez ce QCM en version interactive www.lienmini.fr/7022-1618

1 Que signifie CET ?
- ☐ Contribution des entreprises de transport
- ☐ Contribution économique territoriale
- ☐ Contribution des établissements techniques

2 Que signifie CFE ?
- ☐ Contribution foncière des entreprises
- ☐ Contribution des fédérations d'équitation
- ☐ Contribution financière et économique

3 Que signifie CVAE ?
- ☐ Cotisation sur la valeur annuelle des entreprises
- ☐ Contribution sur la variation des activités économiques
- ☐ Cotisation sur la valeur ajoutée des entreprises

4 Quelle est la bonne formule de calcul ?
- ☐ CVAE = CET + CFE
- ☐ CET = CFE + CVAE
- ☐ CFE = CET + CVAE

5 La CFE est fondée sur :
- ☐ la valeur locative des locaux et terrains.
- ☐ la masse salariale annuelle.
- ☐ le résultat de l'entreprise.

6 La CVAE et la CFE sont dues :
- ☐ uniquement par les entreprises ayant une activité artisanale.
- ☐ par toutes les entreprises.
- ☐ par toutes les entreprises, sauf celles ayant une activité artisanale.

7 La CFE au titre de N :
- ☐ est payée totalement en N.
- ☐ est payée partiellement en N et partiellement en N+1.
- ☐ est payée totalement en N+1.

8 La CVAE au titre de N :
- ☐ est payée totalement en N.
- ☐ est payée partiellement en N et partiellement en N+1.
- ☐ est payée totalement en N+1.

9 La taxe d'apprentissage est calculée :
- ☐ sur la masse salariale totale.
- ☐ sur le chiffre d'affaires.
- ☐ sur la masse salariale des apprentis.

10 Sont exonérées de taxe d'apprentissage :
- ☐ les entreprises employant des salariés en situation de handicap.
- ☐ les entreprises employant des intérimaires.
- ☐ les entreprises employant des apprentis.

2 Mini-cas

Cas 1

Le dirigeant de l'entreprise Les Déménageurs du Nord souhaite reprendre la gestion des autres impôts initialement confiée à son expert-comptable.

1. Rappelez l'échéancier de la CFE.
2. Rappelez l'échéancier de la CVAE.
3. Rappelez l'échéancier de la taxe d'apprentissage.

Cas 2

Le comptable de l'entreprise Les Déménageurs du Nord souhaite mettre à jour le plan comptable de l'entreprise.

1. Listez les comptes de charges à utiliser pour la CFE, la CVAE et la taxe d'apprentissage.
2. Listez les comptes de dettes à utiliser pour ces trois impôts.

Pour s'entraîner

1 Réviser des comptes liés aux taxes

★★ RÉSULTAT ATTENDU Le contrôle des comptes après enregistrement et la mise en paiement des autres impôts

Situation

Vous avez été embauché au sein du cabinet Reviscan pendant la période fiscale. Vous travaillez avec Mickaël, un collaborateur expérimenté du cabinet. Vous l'accompagnez chez l'un de ses clients : l'entreprise Assistanauto, spécialisée dans le dépannage automobile. Vous intervenez avec Mickaël dans le cadre des travaux de clôture. Claire, la comptable d'Assistanauto, exporte le grand livre, qu'elle n'a pas eu le temps de vérifier. Mickaël vous confie la révision des comptes de taxes (CFE, CVAE et taxe d'apprentissage).

1. À l'aide des informations de l'annexe 1 et du Grand Livre (annexe 2), repérez pour chacune des trois taxes les erreurs de comptabilisation.
2. Listez les écritures de correction à communiquer à Claire.
3. Identifiez le montant du solde de la CVAE de 2023 qui sera à régler.
4. Recherchez sur Internet quelles seront les modalités de liquidation du solde de la CVAE (date, formulaire, modalités de paiement). > P7

Annexe 1 Montants des taxes et contributions dues au titre de 2022 et 2023

	2022	2023
CFE	3 500,00 €	3 520,00 €
CVAE	12 560,00 €	13 000,00 €

Annexe 2 Grand Livre

447100		Acomptes CFE	Débit	Crédit
15/06/2023	BQ	Acompte CFE 2023	1 700,00	
15/12/2023	BQ	Acompte CFE 2023	1 820,00	
31/12/2023	OD	Avis d'imposition CFE 2023		3 520,00
Solde 447100			**0,00**	

447200		Acomptes CVAE	Débit	Crédit
01/01/2023	AN	À nouveau	12 000,00	
02/05/2023	BQ	Solde CVAE 2023		12 000,00
Solde 447200				**0,00**

448601		Charges à payer CVAE	Débit	Crédit
01/01/2022	AN	À nouveau		12 560,00
31/12/2022	OD	Charges à payer CVAE 2023		13 000,00
Solde 448601				25 560,00

448602		Charges à payer CFE	Débit	Crédit
31/12/2023	OD	Charges à payer CFE 2023		3 520,00
Solde 448602				3 520,00

635111		CFE	Débit	Crédit
31/12/2023	OD	Avis d'imposition CFE 2023	3 520,00	
31/12/2023	OD	Charges à payer CFE 2023	3 520,00	
Solde 635111			**7 040,00**	

635112		CVAE	Débit	Crédit
02/05/2023	BQ	Solde CVAE 2022	12 560,00	
15/06/2023	BQ	Acompte CVAE 2023	6 280,00	
15/09/2023	BQ	Acompte CVAE 2023	6 280,00	
31/12/2023	OD	Charges à payer CVAE 2023	13 000,00	
Solde 635112			38 120,00	

2 Archiver les documents fiscaux

★ **RÉSULTATS ATTENDUS** Le contrôle et l'enregistrement d'une déclaration
L'archivage des documents fiscaux en conformité avec la réglementation

Situation

Vous êtes stagiaire dans le cabinet d'expertise comptable Comptacom. L'un des trois experts-comptables vous confie une mission de contrôle d'une déclaration pré-remplie par un client. Il s'agit de la déclaration de liquidation de la CVAE. Ce client a versé en N–1 10 400 € d'acompte au titre de cette CVAE.

1 Contrôlez la déclaration en justifiant les montants figurant dans les rubriques B et I3. Proposez les corrections nécessaires.

2 Comptabilisez la déclaration.

3 Effectuez des recherches sur internet afin de déterminer combien de temps ce client devra conserver cette déclaration.

DONNÉES DE CHIFFRE D'AFFAIRES

MONTANT DU CHIFFRE D'AFFAIRES

01	Montant du CA de la période de référence	A1	5 300 000
02	Montant du CA réel si la période de référence est différente de 12 mois	A2	
03	Montant du CA de référence du groupe	A3	

Le montant porté à cette ligne doit être supérieur ou égal à 7 630 000 €.

CALCUL DU POURCENTAGE DE LA VALEUR AJOUTÉE CORRESPONDANTE

Le pourcentage à calculer et à porter dans la case B varie selon le montant du chiffre d'affaires, mentionné au cadre **A1** ou **A3** conformément au barème suivant :

Si le montant de votre CA est :	Alors, le taux à porter cadre B sera calculé comme suit :
< 500 000 €	0
500 000 € ⩽ CA ⩽ 3 000 000 €	[0,25 x (CA – 500 000) / 2 500 000]
3 000 000 € < CA ⩽ 10 000 000 €	[0,45 x (CA – 3 000 000) / 7 000 000] + 0,25
10 000 000 € < CA ⩽ 50 000 000 €	[0,05 x (CA – 10 000 000) / 40 000 000] + 0,7
Supérieur à 50 000 000 €	0,75

04	(*) *Taux exprimé en pourcentage et arrondi au centième le plus proche*	B	0.40 % (*)

DONNÉES DE VALEUR AJOUTÉE

VALEUR AJOUTÉE PRODUITE

05	C	2 300 000

Le montant à porter dans ce cadre figure sur les imprimés 2059-E (ligne SA), 2033-E (ligne 117), 2035-E (ligne JU) et 2072-E (ligne D 12).

LIMITATION DE LA VALEUR AJOUTÉE

Pour certaines entreprises notamment à caractère financier (Cf. notice), cochez la case ci-contre et ne remplissez pas la case D. D0 ☐

06	D	4 240 000

Si CA ⩽ 7 600 000 €, le montant à porter dans le cadre D correspond à 80% du chiffre d'affaires porté au cadre **A1 ou A2**.
Si CA > 7 600 000 €, le montant à porter dans le cadre D correspond à 85% du chiffre d'affaires porté au cadre **A1 ou A2**.

MONTANT DE LA CVAE BRUTE

Le montant de la cotisation sur la valeur ajoutée à porter dans la case E est obtenue par le calcul suivant :
Si **C** ⩽ **D**, alors le montant de la cotisation sur la valeur ajoutée est égal à **C** multiplié par **B**
Si **C** > **D**, alors le montant de la cotisation sur la valeur ajoutée est égal à **D** multiplié par **B**

Si vous avez coché la case **D0** ci-dessus, alors le montant de la cotisation sur la valeur ajoutée est égal à **C** multiplié par **B**.

07	E	

CALCUL DE LA COTISATION SUR LA VALEUR AJOUTÉE

CALCUL DE LA COTISATION AVANT RÉDUCTION

MONTANT DU CA (cadre **A1**)	CADRE E	MONTANT À REPORTER CADRE F
CA < 2 000 000 €	E ⩽ 500 €	0 €
	E > 500 €	(E – 500 €)
CA ⩾ 2 000 000 €	TOUT MONTANT	E

08	Cotisation avant réduction	F	9 200

MINORATION

09	Exonérations	G	
10	Réduction supplémentaire	H	

CVAE

11	CVAE due (F - G - H) ou cotisation minimum (Cf. notice)	I1	0
12	Acomptes de CVAE versés	I2	
13	Solde de CVAE à payer (I1 - I2)	I3	9 200
14	Excédent de CVAE constaté (I2 - I1)	I4	0

Entraînement à l'épreuve E41

Cabinet Fiducial

Vous préparez votre BTS comptabilité-gestion en alternance au sein du cabinet d'expertise comptable Fiducial Paris La Défense. Depuis l'année N–2, le cabinet est conventionné viseur fiscal pour ses clients soumis à un régime d'imposition BIC. M. Férier, chef de mission, vous confie des dossiers clients à traiter.

Missions

A Contrôle et enregistrement de la déclaration CA12 (10 points)

> Annexes A1 et A2

M. Férier a généré sur PGI la déclaration CA12 de la SAS Astruc. Cette société a pour objet social la fourniture de services de type ingénierie et conseil dans le domaine du bâtiment et de la construction, la réalisation d'études et d'expertises en ingénierie. Elle n'a exercé aucune option en matière de TVA. Elle a réalisé un chiffre d'affaires de 139 300 € en N–1.

1. **Contrôlez cette déclaration en justifiant les chiffres entourés.**
2. **Procédez à la comptabilisation de la TVA due au titre de l'année N sur bordereau de saisie.**

B Contrôle de la déclaration 2059-A (10 points)

> Annexes B1, B2 et B3

La SNC Médico Service est spécialisée dans la location et la réparation de matériel médico-chirurgical. En raison de l'évolution des normes, le gérant a mis au rebut quatre lits médicalisés fin décembre N. Par ailleurs, il a procédé à des cessions de titres pour pallier un découvert bancaire.

- **Procédez à la vérification de la déclaration 2059-A sous forme de tableau.**

C Contrôle de la déclaration 2058-A (15 points)

> Annexes C1, C2 et C3

La SARL La Fourchette, située à Argenteuil, est spécialisée dans la restauration gastronomique française. Lors de la révision des comptes, M. Férier a noté les éléments devant faire l'objet d'un retraitement fiscal.

1. **Contrôlez les différentes lignes du formulaire 2058-A (extrait du PGI).**
2. **Vérifiez également :**
   – le montant de la TVS comptabilisée l'année N sur le véhicule Ford Mondeo, qui sera à déclarer et à payer en même temps que la TVA due au titre de décembre N, entre le 15 et le 24 janvier N+1 ;
   – le montant de l'IS, sachant que l'entreprise est soumise au régime des PME de 15 % à hauteur de 42 500 € (seuil applicable pour les exercices clos à compter du 31/12/2022) et 25 % au-delà. Au cours de l'exercice N, un don de 450 € a été versé aux Restos du Cœur, ouvrant droit à un crédit d'impôt de 60 % du montant du don.

D Détermination de l'impôt sur le revenu (5 points)

> Annexes D1 et D2

M. Ledoux, entrepreneur individuel, souhaite que le cabinet calcule le montant de l'impôt sur le revenu prévisionnel de son foyer fiscal.

- **Déterminez l'impôt sur le revenu de l'année N, en retenant l'option fiscale la plus favorable pour Mme Ledoux en matière de frais professionnels. Faites notamment ressortir le revenu imposable, le quotient familial et le montant de l'impôt net dû.**

Annexes

Annexe A1 Extrait de la déclaration annuelle CA 12 relative à l'exercice N

I – TVA BRUTE

OPÉRATIONS NON IMPOSABLES			Base hors taxe	OPÉRATIONS NON IMPOSABLES			Base hors taxe
01	Achats en franchise	0037	....	4B	Ventes de biens ou prestations de services réalisées par un assujetti non établi en France (article 283-1 du Code général des impôts)	0043	....
02	Exportations hors CE	0032	....				
03	Autres opérations non imposables	0033	....	4D	Livraison de gaz naturel ou d'électricité non imposables en France	0029	....
04	Livraisons intracommunautaires	0034	....				

OPÉRATIONS IMPOSABLES			Base hors taxes	Taxe due
Réalisées en France métropolitaine				
5A	Taux normal 20 %	0206	216 701	43 340
06	Taux réduit 5,5 %	0105		
6C	Taux réduit 10 %	0150	11 200	1 120
.../...				
11	Cessions d'immobilisations	0970	8 500	1 700
12	Livraisons à soi-même	0980		
13	Autres opérations imposables	0981		
14	Acquisitions intracommunautaires	0031		
	dont			
15	TVA sur immobilisations 0982			
16	***TOTAL DE LA TAXE DUE*** (lignes 5 à 14)			46 160
.../...				
19	**TOTAL DE LA TVA BRUTE DUE** (lignes 16 + 17 + 18)			46 160

II – TVA DÉDUCTIBLE

AUTRES BIENS ET SERVICES			Taxe déductible
20	Déductions sur factures	0702	13 838
21	Déductions forfaitaires	0704	
22	***TOTAL*** (lignes 20 + 21)		13 838
IMMOBILISATIONS			
23	TVA déductible sur immobilisations	0703	1 710
.../...			
26	***TOTAL DE LA TVA DÉDUCTIBLE*** (lignes 22+23+24+25)		15 548

III – TVA NETTE

RÉSULTAT DE LA LIQUIDATION			Taxe
28	TVA due : (Ligne 19 – ligne 26)		30 612
29	ou CRÉDIT : (Ligne 26 – ligne 19)	0705	

IMPUTATIONS /RÉGULARISATIONS						
	Col 1 : montant effectivement payé	**Col 2 : montant restant à payer**	30	Acomptes payés et/ou restant dus (Tot. 1 + Tot. 2)	0018	8 681
Acompte 1	5 026				0705	
Acompte 2	3 655			Sommes à imputer	9989	
	Tot 1 : 8 681	Tot. 2 :		Sommes à ajouter	9999	

RÉSULTAT NET			
33	**SOLDE À PAYER** si (ligne 28 + 32) – (lignes 29 + 30 + 31) ≥ 0		21 931
	ou		
34	**EXCÉDENT DE VERSEMENT** si (lignes 30 + 31) – (lignes 28 + 32) ≥ 0		
35	**SOLDE EXCÉDENTAIRE** (lignes 29 + 34) ou (lignes 29 + 30 + 31 – 32)	0020	
.../...			

V - RÉCAPITULATION

CRÉDIT OU EXCÉDENT				SOLDE À PAYER		
49	Solde excédentaire (report de la ligne 35)		0	54	TVA (report de la ligne 33)	**21 931**
50	Remboursement demandé au cadre VI, p. 4	8002		55	Taxes assimilées (total lignes 36 à 4F) – ligne 48	
51	Crédit à reporter (cette somme est à reporter ligne 24 de la prochaine déclaration CA 12)	8003				
52	Crédit imputé sur le ou les prochains acomptes	8004				
53	Taxes assimilées ligne 48 – (total lignes 36 à 4F)			56	**TOTAL A PAYER** (lignes 54 + 55) (N'oubliez pas de joindre le règlement correspondant)	**21 931**

BASE DE CALCUL DES ACOMPTES DUS AU TITRE DE L'EXERCICE SUIVANT			
57	TVA ligne 16 – (lignes 11 + 12 + 15 + 22)		**30 622**

Annexe A2 Données comptables de l'exercice N

M. Férier a synthétisé dans le tableau ci-dessous les éléments nécessaires à l'établissement de la déclaration CA 12.

Opérations	Achats et ventes Montants HT	Encaissements et décaissements TTC
Prestations de services		
70602000 Béton. Structure. 70603000 Maîtrise d'œuvre 20 % 70603500 Maîtrise d'œuvre 10 %	204 970,00 33 732,00 13 900,00	226 200,00 33 841,20 12 320,00
Cessions d'immobilisations		
775 Produits de cession d'éléments d'actif	8 500,00	10 200,00
Achats de biens et services (20 %)		
Comptes 60/61/62 *Dont primes d'assurance non soumise à la TVA* *Dont achats de services à des fournisseurs soumis au régime de la TVA sur encaissement*	93 683,84 *24 495,34* *6 955,30*	108 782,80 *24 495,34* *8 346,36*
Acquisitions d'immobilisations	8 550,00	10 260,00

Bases de calcul des acomptes de l'exercice N	Montants
Montant porté ligne 57 sur la CA 12 de l'exercice N–1	9 138

Acomptes semestriels	Taux à appliquer
1er acompte	55 %
2e acompte	40 %

Annexe B1 Fiche d'immobilisation extraite du PGI

Fiche d'immobilisation lit médicalisé réf. 012					
Numéro	42		**Compte**	215100	
Référence	12		**Nature du bien**	Actif	
Libellé	Lit médicalisé réf. 012		**Type d'entrée**	Acquisition	
Fournisseur	Sotec Médical				
Caractéristiques					
Entrée	12/06/N–4		**Prix unitaire**	695,00 €	
Mise en service	15/06/N–4		**Total HT**	2 780,00 €	
Quantité	4		**Total TVA**	556,00 €	
Taux de TVA	20 %		**Total TTC**	3 336,00 €	
	Amortissement comptable		**Amortissement fiscal**		
	Méthode	Linéaire	**Méthode**	Linéaire	
	Durée	5 ans	**Durée**	5 ans	
	Cumul N–1	**Dotation N**	**Cumul N**		**Valeur nette**
Comptable	1 969,16 €	556,00 €	2 525,16 €		254,84 €
Fiscal	1 969,16 €	556,00 €	2 525,16 €		254,84 €

Annexe B2 Informations relatives au portefeuille de titres de Médico Service

Au 01/01/N, Médico Service possédait 500 actions SOTEC SA, dont 100 acquises au prix unitaire de 33,80 € début N–3 et 400 acquises au prix unitaire de 38,60 € en novembre N–2.

Le portefeuille de titres Sotec SA détenu par la SNC représente 12,5 % du capital de cette société, qui fabrique des lits médicalisés. Au 31/12/N–1, une dépréciation des titres Sotec a été constatée pour 890 € (compte 296100 créditeur).

Au cours de l'année N, le gérant effectue les opérations suivantes :

- acquisition de 150 actions Michelin, au cours boursier de 93,40 €, début février N ;
- cession de 150 actions Sotec SA le 04/09/N, au prix de cession unitaire de 39,50 €.

Les dépréciations de titres de participation sont évaluées à l'inventaire à leur valeur d'utilité, soit à 37,20 €/titre au 31/12/N. Les dépréciations de titres immobilisés sont évaluées au cours boursier, soit 91,50 €/titre.

Annexe B3 Formulaire 2059-A de l'exercice N – SNC Médico Service

DÉTERMINATION DES PLUS ET MOINS VALUES

DGFiP N° 2059-A-SD

Formulaire obligatoire (article 53 A du Code général des impôts)

(12)

Désignation de l'entreprise	SNC MÉDICO SERVICE	Néant ☐ *

A – DÉTERMINATION DE LA VALEUR RÉSIDUELLE

		Nature et date d'acquisition des éléments cédés*	Valeur d'origine*	Valeur nette réévaluée*	Amortissements pratiqués en franchise d'impôt	Autres amortissements*	Valeur résiduelle
		1	2	3	4	5	6
I – IMMOBILISATIONS *	1	Lits médicalisés 15/06/N–4	2 780		2 535		245
	2	Titres Sotec SA N–4	3 380		–		3 380
	3	Titres Sotec SA N–2	1 930				1 930
	4						
	5						
	6						
	7						
	8						
	9						
	10						
	11						
	12						

B – PLUS-VALUES, MOINS-VALUES — **Qualification fiscale des plus et moins-values réalisées ***

		Prix de vente	Montant global de la plus-value ou de la moins-value	Court terme	Long terme 19%	Long terme 15% ou 12.80%	Long terme 0%	Plus-value taxable à 19% (1)
		7	8	9	10			11
I – IMMOBILISATIONS *	1	–	– 245	– 245		–		
	2	3 950	570			570		
	3	1 975	45	45				
	4							
	5							
	6							
	7							
	8							
	9							
	10							
	11							
	12							
II – AUTRES ÉLÉMENTS	13	Fraction résiduelle de la provision spéciale de réévaluation afférente aux éléments cédés	+					
	14	Amortissements irrégulièrement différés se rapportant aux éléments cédés	+					
	15	Amortissements afférents aux éléments cédés mais exclus des charges déductibles par une disposition légale	+					
	16	Amortissements non pratiqués en comptabilité et correspondant à la déduction fiscale pour investissement, définie par les lois de 1966, 1968 et 1975, effectivement utilisée	+					
	18	Provisions pour dépréciation des titres relevant du régime des plus ou moins-values à long terme devenues sans objet au cours de l'exercice				400		
	19	Dotations de l'exercice aux comptes de provisions pour dépréciation des titres relevant du régime des plus ou moins-values à long terme				– 285		
	20	Divers (détail à donner sur une note annexe) *						
		CADRE A : plus ou moins-value nette à court terme (total algébrique des lignes 1 à 20 de la colonne 9)		– 200		685		
		CADRE B : plus ou moins-value nette à long terme (total algébrique des lignes 1 à 20 de la colonne 10)		(A)	(B) avec une ventilation par taux			(C)
		CADRE C : autres plus-values taxables à 19 % (colonne 11)						

* Des explications concernant cette rubrique figurent dans la notice n° 2032-NOT-SD

(1) Ces plus-values sont imposables au taux de 19 % en application des articles 238 *bis* JA, 208 C et 210 E du CGI.

Annexe C1 Imprimé fiscal 2058-A de l'exercice N – SARL La Fourchette

cerfa N° 10951 * 19
Formulaire obligatoire (article 53 A du Code général des impôts)

⑨ **DÉTERMINATION DU RÉSULTAT FISCAL**

DGFiP N° 2058-A-SD

Désignation de l'entreprise : SARL La Fourchette — Formulaire déposé au titre de l'IR ET — Néant ☐ * — Exercice N, clos le :

1er EXEMPLAIRE DESTINÉ À L'ADMINISTRATION

I. RÉINTÉGRATIONS

Libellé	Code	Montant	Libellé	Code	Montant	Code	Montant
BÉNÉFICE COMPTABLE DE L'EXERCICE						WA	58 871
Charges non admises en déduction du résultat fiscal – Rémunération du travail (entreprises à l'IR) – de l'exploitant ou des associés						WB	
– de son conjoint			moins part déductible * / à réintégrer :			WC	
Avantages personnels non déductibles * (sauf amortissements à porter ligne ci-dessous)	WD		Amortissements excédentaires (art. 39-4 du CGI) et autres amortissements non déductibles	WE	2 740	XE	3 605
Autres charges et dépenses somptuaires (art. 39-4 du C.G.I.)	WF		Taxe sur les voitures particulières des sociétés (entreprises à l'IS)	WG	865		
Fraction des loyers à réintégrer dans le cadre d'un crédit-bail immobilier et de levée d'option	RA		(Part des loyers dispensée de réintégration (art. 239 sexies D))	RB			
Provisions et charges à payer non déductibles (cf. tableau 2058-B, cadre III)	WI	230	Charges à payer liées à des états et territoires non coopératifs non déductibles (cf. 2067-bis)	XX		XW	815
Amendes et pénalités	WJ	585	Charges financières (art. 212 bis) *	XZ			
Réintégrations prévues à l'article 155 du CGI *						XY	
Impôt sur les sociétés (cf. page 9 de la notice 2032-NOT-SD)						I7	13 673
Quote-part – Bénéfices réalisés par une société de personnes ou un GIE	WL		Résultats bénéficiaires visés à l'article 209 B du CGI	L7		K7	
Régimes d'imposition particuliers et impositions différées – Moins-values nettes à long terme – imposées aux taux de 15 % ou de 19 % (16 % pour les entreprises à l'impôt sur le revenu)						I8	
– imposées au taux de 0 %						ZN	
Fraction imposable des plus-values réalisées au cours d'exercices antérieurs * – Plus-values nettes à court terme						WN	
– Plus-values soumises au régime des fusions						WO	
Écarts de valeurs liquidatives sur OPCVM * (entreprises à l'IS)						XR	
Réintégrations diverses à détailler sur feuillet séparé DONT * 83 – Intérêts excédentaires (art. 39-1-3e et 212 du C.G.I.)	SU	132	Zones d'entreprises * (activité exonérée)	SW		WQ	781
Déficits étrangers antérieurement déduits par les PME (art. 209 C)	SX		Quote-part de 12 % des plus-values à taux zéro	M8	116		
Réintégration des charges affectées aux activités éligibles au régime de taxation au tonnage						Y1	
Résultat fiscal afférent à l'activité relevant du régime optionnel de taxation au tonnage						Y3	
TOTAL I						WR	77 745

II. DÉDUCTIONS

Libellé	Code	Montant	Libellé	Code	Montant	Code	Montant
PERTE COMPTABLE DE L'EXERCICE						WS	
Quote-part dans les pertes subies par une société de personne ou un G.I.E. *						WT	
Provisions et charges à payer non déductibles, antérieurement taxées, et réintégrées dans les résultats comptables de l'exercice (cf. tableau 2058-B-SD, cadre III)						WU	
Régimes d'imposition particuliers et impositions différées – Plus-values nettes à long terme – imposées au taux de 15 % (12,8 % pour les entreprises soumises à l'impôt sur le revenu)						WV	
– imposées au taux de 0 %						WH	965
– imposées au taux de 19 %						WP	
– imputées sur les moins-values nettes à long terme antérieures						WW	
– imputées sur les déficits antérieurs						XB	
Autres plus-values imposées au taux de 19 %						I6	
Fraction des plus-values nettes à court terme de l'exercice dont l'imposition est différée *						WZ	
Régime des sociétés mères et des filiales * Produit net des actions et parts d'intérêts :			(Quote-part de frais et charges restant imposable à déduire des produits nets de participation)	2A	62	XA	1 178
Mesures d'incitation – Majoration autorisée au titre des investissements réalisés dans les collectivités d'outre-mer *.						ZY	
Majoration d'amortissement *						XD	
Abattement sur le bénéfice et exonérations * – Entreprises nouvelles - (Reprise d'entreprises en difficultés 44 septies)	K9		Entreprises nouvelles (44 sexies)	L2		XF	
Jeunes entreprises innovantes (art. 44 sexies A)	L5						
Pôle de compétitivité hors CICE (Art. 44 undecies)	L6		Société investissements immobilier cotées (art. 208C)	K3			
Zone de restructuration de la défense (44 terdecies)	PA						
ZFU-TE (art. 44 octies et octies A)	ØV		Bassin d'emploi à redynamiser (art. 44 duodecies)	1F			
Zone franche d'activité (art. 44 quaterdecies)	XC						
Zone de revitalisation rurale (art. 44 quindecies)	PC						
Écarts de valeurs liquidatives sur OPCVM * (entreprises à l'IS)						XS	
Déductions diverses à détailler sur feuillet séparé – dont déduction exceptionnelle pour investissement *	X9		Créance dégagée par le report en arrière de déficit	Z1		XG	230
Déduction des produits affectés aux activités éligibles au régime de taxation au tonnage						Y2	
TOTAL II						XH	2 373

III. RÉSULTAT FISCAL

Libellé	Code	Montant	Code	Montant
Résultat fiscal avant imputation des déficits reportables : bénéfice (I moins II)	XI	75 372		
déficit (II moins I)			XJ	
Déficit de l'exercice reporté en arrière (entreprises à l'IS) *	ZL			
Déficits antérieurs imputés sur les résultats de l'exercice (entreprises à l'IS) *			XL	2 600
RÉSULTAT FISCAL BÉNÉFICE (ligne XN) ou DÉFICIT reportable en avant (ligne XO)	XN	72 772	XO	

* Des explications concernant cette rubrique sont données dans la notice n° 2032-NOT-SD

N° 2058-A-SD – (SDNC-DGFIP) - Janvier 2017

Annexe C2 Notes laissées par M. Férier, tuteur, sur espace client – SARL La fourchette

Le résultat comptable après impôt de l'exercice N s'élève à 58 871 €, après prise en compte des écritures de cession de titres de participation Tipiak, générant une plus-value nette à long terme de 965 €. Les plus-values à long terme afférentes à ces titres de participation sont exonérées, sous réserve de la taxation à l'impôt sur les sociétés au taux de droit commun, d'une quote-part de frais et charges de 12 %.
La SARL avait réalisé un déficit fiscal de 2 600 € lors de l'exercice comptable N–1. Ce déficit fiscal n'a pas fait l'objet d'un report en arrière et doit être imputé sur le résultat fiscal N.

Analyse des charges et produits à retraiter	Montant comptabilisé
Dotation aux amortissements sur véhicule de tourisme (Ford Mondeo), correctement calculée et enregistrée à partir des informations suivantes : – acquisition et mise en service le 22/09/N–1 ; – prix d'achat TTC de 32 000 € ; – amortissement linéaire sur 5 ans ; – émission de dioxyde de carbone de 130 g/km (véhicule essence).	6 400,00 €
Taxe annuelle sur les émissions de CO_2 et taxe annuelle sur les émissions de polluants atmosphériques	865,00 €
Amendes et pénalités	585,00 €
Don au profit des Restos du Cœur (association d'intérêt général reconnue d'utilité publique)	450,00 €
Écarts de conversion constatés au 31/12/N avec des fournisseurs étrangers de matières premières et autres fournitures : – écart de conversion passif enregistré au compte 477 ; – écart de conversion actif enregistré au compte 476 (la provision correspondante a été correctement enregistrée en 6865).	83,20 € 230,00 €
La société a connu des difficultés de trésorerie au cours de l'exercice. Ces difficultés ont été surmontées par un apport en compte courant d'un associé-gérant de 20 000 € du 1er avril N au 31 octobre N, rémunéré au taux annuel de 3,38 %. La moyenne annuelle des taux effectifs moyens pratiqués par les établissements de crédit pour des prêts à taux variable aux entreprises d'une durée initiale supérieure à deux ans s'élève à 2,25 % pour N.	350,00 €
Dividendes reçus en juin N de la société Tipiak. La SARL a opté pour le régime des sociétés mères et filiales.	1 240,00 €

Annexe C3 Calcul des taxes annuelles sur véhicules de sociétés - Barème applicable

Une société devait payer chaque année la taxe sur les véhicules de sociétés (TVS). À partir de 2023, elle est remplacée par deux nouvelles taxes : la taxe annuelle sur les émissions de CO_2 et la taxe annuelle sur les émissions de polluants atmosphériques. Les modalités de paiement restent identiques. Elles concernent les voitures particulières (destinées au transport de passagers) ou à usage multiple (destinées principalement au transport de personnes).

En 2023, le calcul de la taxe annuelle sur les émissions de polluants atmosphériques et la la taxe annuelle sur les émissions de CO2 reste identique à ce qui se faisait pour la taxe sur les véhicules de société.

1. Taxe annuelle sur les émission de CO_2

Barème en fonction de la catégorie à laquelle le véhicule appartient :

– s'il a été immatriculé pour la première fois en France à partir de mars 2020, il relève du nouveau dispositif d'immatriculation (WLTP) ;

– s'il est possédé ou utilisé par une société depuis janvier 2006 et dont la première mise en circulation a eu lieu après le 1er juin 2004 (jour compris) alors il relève du dispositif NEDC.

Le nouveau barème applicable est le suivant :

Taux d'émission de CO_2 (en grammes kilomètre)	Tarif applicable par gramme de CO_2 (en euros) aux véhicules ne relevant pas du nouveau dispositif d'immatriculation (NEDC)	Tarif applicable par gramme de CO_2 (en euros) aux véhicules relevant du nouveau dispositif d'immatriculation (WLTP)
Jusqu'à 20 g/km	0 €	0 €
De 21 à 50 g/km	1 €	17 à 40 €
De 51 à 60 g/km	1 €	41 à 48 €
De 61 à 100 g/km	2 €	49 à 150 €
De 101 à 120 g/km	4,5€	162 à 192 €
De 121 à 140 g/km	6,5 €	194 à 392 €
De 141 à 150 g/km	13 €	109 à 600 €
De 151 à 160 g/km	13 €	664 à 1 168 €
De 161 à 170 g/km	19,5 €	1 124 à 1 751 €
De 171 à 190 g/km	19,5 €	1 813 à 3 116 €
De 191 à 200 g/km	19,5 €	3 190 à 3 580 €
De 201 à 230 g/km	23,5 €	3 618 à 4 968 €
De 231 à 250 g/km	23,5 €	5 036 à 6 250 €
De 251 à 270 g/km	29 €	6 325 à 7 747 €
Supérieur à 270 g/km	29 €	29 €

2. La taxe annuelle sur les émissions de polluants atmosphériques

Barème qui tient compte des différences de niveaux de pollution émise par les véhicules selon leur type de motorisation et leur année de mise en service.

Année de première mise en circulation du véhicule	Essence et assimilé	Diesel et assimilé
Jusqu'au 31 décembre 2000	70 €	600 €
De 2001 à 2005	45 €	400 €
De 2006 à 2010	45 €	300 €
De 2011 à 2014	45 €	100 €
À partir de 2015	20 €	40 €

Le nombre de véhicules est déterminé, au premier jour de chaque trimestre civil, dans la période qui s'étend du 1er janvier au 31 décembre de l'année (période d'imposition). Les taxes sur les véhicules de sociétés sont calculées pour chaque trimestre civil (1 trimestre = ¼ du tarif annuel).

Annexe D1 Courriel reçu de M. Ledoux

De : ericledoux@icloud.com
À : férier@fiducial.com
Date : 16/01/N+1 14:03
Objet : Calcul prévisionnel de notre impôt sur le revenu N

Bonjour Monsieur Férier,
Votre collaborateur qui a en charge mon dossier EURL Ledoux m'a transmis un montant de 28 300 € de bénéfice à réaliser au titre des BIC pour l'année N. Je souhaiterais que vous réalisiez le calcul prévisionnel d'impôt sur le revenu de notre foyer fiscal. Mon épouse est responsable commerciale d'une PME. Son salaire net imposable pour l'année N s'élève à 44 650 €. Elle perçoit une allocation mensuelle pour frais d'emploi de 400 € pendant 11 mois. Elle peut justifier, pour l'année N, de frais professionnels réels d'un montant de 5 200 €.
Mariés depuis plusieurs années, nous avons 3 jeunes enfants : Sophie, 13 ans (collégienne), Ouneïssa, 9 ans (écolière), et Naïl, 5 ans (en maternelle).
Merci. Cordialement,
M. Ledoux.

Annexe D2 Documentation sur la détermination de l'impôt sur le revenu

Détermination du nombre de parts (N) d'un foyer fiscal :

Statut du foyer \ Nombre de personnes à charge	0	1	2	3	4	5	
Marié ou lié par un PACS	2	2.5	3	4	5	6	Et ainsi de suite, en ajoutant une part.
Veuf	1	2.5	3	4	5	6	
Célibataire ou divorcé vivant seul	1	1.5	2	3	4	5	

Le quotient familial représente le rapport entre le revenu net imposable et le nombre de parts du foyer.
Barème progressif applicable en 2023 (aux revenus de 2022)

Barème de l'impôt sur le revenu N pour une part de quotient familial	
Tranche de revenu net (QF en €)	**Taux marginal d'imposition**
Jusqu'à 10 777 €	0 %
De 10 777 € à 27 478 €	11 %
De 27 478 € à 78 570 €	30 %
De 78 570 € à 168 994 €	41 %
Au-delà de 168 994 €	45 %

Plafonnement du quotient :
L'avantage fiscal procuré par les parts ou demi-parts des personnes à charge est plafonné à 1 678 € par demi-part pour l'année N.

Extraits du memento fiscal :
§ 22050 : La déduction forfaitaire de 10 % est calculée sur l'ensemble des revenus taxés suivant les règles des traitements et salaires.
§ 21610 : Les salariés qui optent pour la déduction des frais réels doivent inclure dans leur revenu brut imposable la totalité des allocations et remboursements pour frais professionnels perçus.
§ 3325 : Le contribuable peut bénéficier d'une réduction d'impôt sur le revenu si ses enfants à charge poursuivent des études secondaires ou supérieures. Elle est fixée forfaitairement à :
– 61 € par enfant fréquentant un collège ;
– 153 € par enfant fréquentant un lycée d'enseignement général ou technologique ou un lycée professionnel ;
– 183 € par enfant suivant une formation d'enseignement supérieur.

Lexique BTS CG

- **Abattement :** mécanisme fiscal qui permet de réduire le montant de ses revenus imposables.

- **Aliénabilité d'un bien :** un objet est dit aliénable lorsqu'il peut être vendu ou que sa propriété peut être transférée à une autre personne.

- **Balance :** état d'une période, regroupant tous les totaux en débit et crédit des comptes.

- **Barème progressif :** se caractérise par la présence de plusieurs taux d'imposition s'appliquant chacun à une tranche de revenus imposable.

- **BIC :** bénéfices industriels et commerciaux. Ce sont les bénéfices réalisés par les personnes physiques qui exercent une activité commerciale, industrielle ou artisanale (exploitants individuels ou associés de certaines sociétés de personnes). Ils font partie du revenu imposable et sont soumis à des obligations déclaratives qui dépendent du régime fiscal applicable : micro BIC, réel simplifié ou réel normal.

- **Bilan :** document de synthèse donnant une image du patrimoine de l'entreprise.

- **Capital :** somme apportée par les créateurs d'une entreprise. Ces apports peuvent être réalisés en numéraire, en nature ou en industrie. Un montant minimum de capital peut être fixé lors de la création d'une société.

- **Centre de gestion agréé (CGA) :** association loi 1901 qui apporte à ses adhérents (très petites entreprises) une aide en matière de gestion, de fiscalité et de prévention des difficultés.

- **Compte de résultat :** document comptable qui récapitule les charges et les produits d'un exercice.

- **Contrat de professionnalisation :** contrat de travail en alternance (associer un savoir théorique et un savoir-faire pratique) entre un employeur du secteur privé et un salarié. Ce contrat doit être écrit et être un CDD ou un CDI. Le salarié bénéficie du soutien d'un tuteur.

- **EIRL :** entrepreneur individuel à responsabilité limitée. C'est un régime qui s'adresse aux entrepreneurs individuels qui décident de limiter l'étendue de leur responsabilité en constituant un patrimoine d'affectation, dédié à leur activité professionnelle, sans constituer de société. Ce statut est supprimé en 2022.

- **EURL :** entreprise unipersonnelle à responsabilité limitée. L'entreprise appartient à une seule personne, appelée « exploitant ». En cas de défaillance de l'entreprise, le patrimoine personnel de l'exploitant n'est pas touché.

- **Exigibilité :** c'est la date à laquelle l'administration fiscale est en droit de réclamer la TVA due. En termes comptables, c'est la date à partir de laquelle le comptable enregistre la TVA dans le compte TVA collectée. Cette notion est importante dans les entreprises de services. En effet, la TVA est exigible au moment de l'encaissement du service et non au moment de la facturation. Cela implique une difficulté comptable dans les écritures.

- **Foyer fiscal :** terme employé par l'administration fiscale pour désigner l'ensemble des personnes faisant l'objet d'une même déclaration d'impôts.

- **Grand Livre :** il récapitule l'ensemble des écritures pour chaque compte.

- **Impôt sur le revenu (IR) :** impôt direct qui porte sur les revenus des individus ou des entreprises. L'impôt sur le revenu des personnes physiques est calculé au niveau du foyer fiscal et porte sur l'ensemble des revenus des personnes composant ce foyer fiscal.

Lexique BTS CG

- **Immobilisations :** ce sont des biens durables que l'entreprise acquiert dans le cadre de son activité. Il existe trois catégories d'immobilisations : les immobilisations incorporelles (fonds commercial, logiciels...), les immobilisations corporelles (matériel, construction, véhicule de transport...) et les immobilisations financières (titres d'une société, prêt à un salarié...).

- **Liasse fiscale :** ensemble de déclarations fiscales remises par les professionnels ou les sociétés soumises à l'IS.

- **Prélèvement à la source :** permet au contribuable de régler provisoirement son impôt dès la perception de son revenu. Il est en général prélevé par l'organisme payeur.

- **Quotient familial :** désigne le nombre de parts affectées au foyer fiscal pour le calcul de l'IR. Ce nombre de parts est fonction du nombre de personnes qui constituent ce foyer fiscal (célibataire, couple, enfants).

- **Résultat fiscal :** sert à déterminer la base imposable pour le calcul de l'impôt sur les sociétés ou de l'impôt sur le revenu.

- **Retraitement fiscal :** opération permettant le passage du résultat comptable au résultat fiscal. On distingue deux types de retraitements : les réintégrations (qui augmenteront le résultat fiscal) et les déductions (qui diminueront le résultat fiscal).

- **Revenus catégoriels :** le Code général des impôts distingue différentes catégories de revenus (traitements et salaires, bénéfices industriels et commerciaux, revenus des capitaux mobiliers) et établit des règles de détermination des bases imposables, notamment en fonction de la catégorie à laquelle le revenu est rattaché. Les résultats catégoriels constituent la résultante de l'application de ces règles, catégorie par catégorie.

- **Titres immobilisés :** les titres acquis pour être conservés longtemps sont des immobilisations financières (Compte 26 ou 27).
– Si ces titres permettent d'influencer les décisions de l'entreprise émettrice ou d'en prendre le contrôle, on parle de titres de participation. Le compte correspondant est un compte 261 « titres de participation ». Ces titres sont toujours des titres de propriété, actions ou parts sociales. Selon le plan comptable général (PCG), les titres sont dits de « participation », s'ils représentent plus de 10 % du capital social d'une société et s'ils ont été acquis lors d'une offre publique d'achat (OPA) ou d'une offre publique d'échange (OPE). En fiscalité, une participation de 5 % est suffisante pour que ces titres relèvent du régime des plus-values à long terme.
– Si ces titres ne permettent pas d'influencer ou contrôler l'entreprise émettrice ou sont des titres de créance, on parle de titres immobilisés. Le compte à utiliser est alors un compte 271 « titres immobilisés ».

- **TVA :** taxe sur la valeur ajoutée. C'est un impôt indirect sur les consommations de biens et de services.

- **Veille informationnelle :** activité continue en grande partie itérative visant à une surveillance active de l'environnement technologique, commercial, etc., pour en anticiper les évolutions.

- **VMP :** les valeurs mobilières de placement (VMP) sont des titres financiers. Elles sont très souvent acquises par les entreprises qui bénéficient d'un excédent de trésorerie. Pour faire fructifier ce surplus, elles achètent des titres financiers à court terme pour obtenir un taux de rentabilité intéressant, tout en conservant la possibilité de récupérer rapidement des liquidités en les revendant. En comptabilité, les VMP s'inscrivent en comptes financiers, dans les subdivisions de 50. Valeurs mobilières de placement.

Dépôt légal : mai 2023 - Numéro d'éditeur : MAGSI20220627
Achevé d'imprimer en avril 2023 par ISIPrint en France

FABRIQUÉ EN FRANCE

PEFC 10-31-2581 / Certifié PEFC / Ce produit est issu de forêts gérées durablement et de sources contrôlées. / pefc-france.org

IMPRIM'VERT®